LES GRANDES HEURES DU CYCLISME

WILLIAM FOTHERINGHAM

LES GRANDES HEURES DU CYCLISME

Les courses et les champions de légende

HACHETTE

Titre original
« A CENTURY OF CYCLING »

Traduction : Sylvie Le Bras
Réalisation : Philippe Latombe - Zaaping
Couverture : Nicole Dassonville

23 33 6815 01/7
ISBN : 2012368158
Dépôt légal : 30982- avril 2003

AVERTISSEMENT
Les informations concernant les dates des événements sportifs ou le palmarès des coureurs peuvent, selon les sources, être contradictoires. Si, malgré tous nos soins apportés à la réalisation de cet ouvrage, il restait quelques erreurs ou imprécisions, nous vous prions de bien vouloir nous les signaler, et nous en excuser.

SOMMAIRE

6 **Avant-propos**

8 **Introduction**

10 **LE TOUR DE FRANCE**

Portraits

Antonin Magne
Henri Pelissier
Philippe Thys
Louison Bobet
Laurent Fignon
Raymond Poulidor
Federico Bahamontes
Chris Boardman
Greg LeMond
Jacques Anquetil

40 **MILAN-SAN REMO**

Portraits

Costante Girardengo
Erik Zabel
Eddy Merckx

54 **LES CLASSIQUES DU NORD**

LE TOUR DES FLANDRES

Portraits

Johan Museeuw
Fiorenzo Magni

HET VOLK

Portrait

Roger de Vlaeminck

GHENT-WEVELGEM

Portrait

Rik Van Looy

68 **PARIS-ROUBAIX**

Portraits

Octave Lapize
Francesco Moser
Sean Kelly

82 **LES CLASSIQUES DES ARDENNES**

FLÈCHE WALLONNE

LIÈGE-BASTOGNE-LIÈGE

Portraits

Ferdi Kubler
Moreno Argentin
Jan Raas

AMSTEL GOLD RACE

Portraits

Joop Zoetemelk
Bernard Hinault

102 **LE TOUR D'ITALIE**

Portraits

Charly Gaul
Felice Gimondi
Alfredo Binda

120 **LE TOUR D'ESPAGNE**

Portraits

Freddy Maertens
Jan Janssen
Miguel Indurain

134 **CHAMPIONNAT DU MONDE SUR ROUTE**

Portraits

Rik van Steenbergen
Jan Ullrich
Lance Armstrong

148 **LES CLASSIQUES D'AUTOMNE**

PARIS-TOURS

Portraits

Gino Bartali
Tom Simpson

LE TOUR DE LOMBARDIE

Portrait

Fausto Coppi

160 **LES PALMARÈS**

174 **Index**

176 **Remerciements**

AVANT-PROPOS

En tant que coureur, j'ai pris conscience de ce qu'était une grande course, d'une part en entendant les commentaires des supporters et de la presse, et d'autre part en observant mes coéquipiers parler aux Belges lorsqu'arrivait la saison des Classiques du Nord et aux Français lorsqu'approchait le Tour de France. Pour un cycliste professionnel, la valeur des courses est très importante. Remporter un grand Tour ou une classique fait de la publicité à notre sponsor et c'est pour cela que nous sommes payés. Gagnez des courses est notre travail mais aussi notre plus grande récompense. Le plaisir de la victoire n'est pas toujours ressenti immédiatement après l'arrivée : c'est une telle émotion, que l'on ne réalise pas tout de suite ce qui se passe.

À l'époque, je n'avais pas le temps de m'appesantir sur l'importance des grandes courses, j'étais trop occupé à courir. Être en tête, faire mon boulot comme je devais le faire étaient mes seules préoccupations. Par exemple, dans le Tour des Flandres, j'apercevais la foule amassée le long des routes pavées mais j'étais focalisé sur ce qu'il y avait devant moi, pas sur ce qui se déroulait sur les bas-côtés. J'étais concentré sur ce que j'étais en train de faire, je me demandais quand arrivait la prochaine montée, comment avançaient les autres, si j'étais en bonne position dans le peloton. Je ne pensais à rien d'autre. Lors du Tour de France, c'était la même chose dans les étapes de montagne.

Quand je préparais les grandes courses, j'étais envahi de sentiments contradictoires. Paris-Roubaix, par exemple, n'était pas une partie de plaisir car si c'est la meilleure classique à gagner, c'est aussi la plus terrible à courir. Tout pouvait arriver, il y avait un nombre incalculable de chutes collectives sans compter les accidents qui impliquaient les motos et les voitures suiveuses. Je ne me réjouissais pas d'y aller. Mais si je ne pouvais pas, comme cela est arrivé plusieurs fois, à cause d'une fracture suite à une chute, j'étais vraiment très déçu parce que cela signifiait des mois de travail perdus.

Si Paris-Roubaix est la plus grande des classiques, la course qui m'a laissé la plus grosse impression a été le Tour de France. C'est le seul événement cycliste qui ait un tel retentissement en Europe et qui soit réellement connu partout dans le monde. Vouloir bien se placer dans le Tour est un objectif facile à expliquer, les gens savent où se trouve la France et ce qu'est le Tour même si parfois leurs connaissances sont limitées. Quand je demandais, par exemple, combien de jours à leur avis durait la course, il n'était pas rare qu'ils me répondent « cinq ou six, non ? ».

En Irlande, il y a 30 ans, alors que j'étais un jeune cycliste, il était difficile de s'informer sur les grandes courses et les coureurs. Aujourd'hui, mes enfants, Nigel et Stacey qui ont neuf ans, savent qu'Erik Zabel brigue le maillot vert du Tour de France et Lance Armstrong la première place. Ils sont beaucoup mieux informés sur le sujet que je ne l'étais lorsque j'étais un jeune cycliste de 14 ans. De nos jours, il y a les journaux, Internet.

Mais d'un autre côté, l'inconnu que représentait ce milieu pour le jeune pro que j'étais, rendait la chose encore plus exaltante. Voir Eddy Merckx au départ de la course, ou mieux, pédaler à ses côtés était merveilleux. Bernard Hinault aussi avait une présence incroyable, c'était un meneur d'hommes. Quand ils voulaient que ses coéquipiers attaquent, il leur hurlait dessus : « Vous ne remporterez jamais une autre course ! ». Miguel Indurain ne se serait jamais comporté comme ça, il ne disait jamais un mot plus haut que l'autre. J'admirais Miguel, c'était un gentil gars et puis c'était un grand coureur.

Quand on y participe, on voit les grandes courses sous un angle très particulier. La plupart du temps, lorsque je courais les classiques, les principaux Tours et le championnat du monde, j'étais trop impliqué pour me rendre compte de la place que ces événements prenaient dans l'histoire du cyclisme et ce qu'ils représentaient pour les supporters ou la presse. Depuis que je suis à la retraite, ma vision a changé, je passe plus de temps à parler aux commentateurs d'Eurosport et aux fans ; puis j'ai tout le loisir de réfléchir. Aussi, je pense qu'un livre comme celui-ci est essentiel parce qu'il apporte les informations que j'ai eu tant de mal à trouver lorsque j'étais jeune coureur.

Sean Kelly
Octobre 2002

Au crépuscule de sa carrière, l'Irlandais Sean Kelly remporte la prestigieuse classique d'automne : le Tour de Lombardie.

FIAT
PDM
VIDEOCASSETTES

INTRODUCTION

Au cœur des Pyrénées, dans la vallée escarpée entre les cols du Tourmalet et d'Aspin, une vieille grange en pierre se dresse au bout de la route principale. Le bâtiment serait anonyme s'il n'y avait une plaque commémorative où l'on peut lire « forge d'Eugène Christophe ». Ce lieu rappelle l'un des plus cruels épisodes de l'histoire du Tour de France. Lors de l'édition de 1913, en descendant le Tourmalet, Eugène Christophe cassa sa fourche et passa quatre heures à la réparer dans cette forge, perdant ainsi toutes ses chances de remporter la course.

La « légende » de Christophe est la première parmi toutes celles qui ont jalonné l'histoire de la Grande Boucle. Elle est particulièrement représentative de ce microcosme qu'est le Tour et plus généralement le cyclisme sur route : une épreuve lors de laquelle les sportifs fournissent un long et dur effort physique associé à une lutte acharnée contre le mauvais sort. Elle résume à elle seule, l'essence même du cyclisme professionnel sur route, un sport aux multiples facteurs imprévisibles. Tout peut arriver : mauvaises conditions météorologiques, accidents, défaillances physiques, problèmes mécaniques...

Ce fut le contexte dans lequel se déroulèrent les premières éditions du Tour de France ou de Paris-Roubaix, pour ne citer qu'elles. Cet aspect est encore très présent de nos jours. Bien qu'aujourd'hui, les coureurs soient mieux pris en charge que ne l'étaient

les pionniers, ils courent toujours le risque de ne pas voir le nid de poule qui les fera chuter, d'être exposés à un brusque changement de vent ou de se trouver devant une montée abrupte inopinée. De ce point de vue, le cyclisme d'aujourd'hui ne constituerait pas un dépaysement pour les « forçats de la route » de l'époque de Christophe. Il en est de même pour les lieux « historiques » : le Galibier et le Tourmalet du Tour de France, le Stelvio du Giro d'Italie, le Vieux Kwaremont et le Mur de Grammont du Tour des Flandres. Ils n'ont que peu changé depuis que les premiers coureurs les ont grimpés pour la première fois, car si le revêtement des routes a été amélioré, la déclivité est toujours là et l'effort à fournir est le même.

Le cyclisme sur route est le seul sport dont le lieu de la compétition soit aussi vaste. Les grands événements – Tours de France, d'Espagne et d'Italie – traversent en trois semaines tout un pays, et en une seule journée des régions entières avec leur caractère et leur culture propres. Quant aux Classiques, les courses d'un jour, elles sont fortement enracinées dans une culture régionale.

Enfin, c'est une discipline « en libre accès » aux supporters. Pour s'imprégner de l'essence des grandes courses, il leur suffit d'enfourcher eux-mêmes leur vélo et de se frotter à la côte du Koppenberg, la forêt de Wallers-Arenberg ou l'ascension de l'Angliru.

La richesse que représentent 100 années d'histoire du cyclisme a posé un véritable dilemme à l'auteur de cet ouvrage car pour la clarté du propos il lui a fallu faire des choix. À titre d'exemple, c'est à contre-cœur qu'il n'a mentionné parmi les « grandes courses » que les trois Tours les plus importants et les Classiques. Des événements tels que Paris-Nice ou le Dauphiné-Libéré mériteraient à eux seuls de faire l'objet d'un livre.

D'un sport comme le cyclisme, naît un type de héros : le « géant de la route » à la volonté de fer. Au-delà de cette qualité commune, chacun d'entre eux a ses lubies et sa sensibilité. L'attention méticuleuse de Lance Armstrong pour le moindre détail, lui faisant peser sa nourriture au gramme près, rappelle celle d'Eddy Merckx qui chaque nuit allait inspecter ses vélos dans son garage. Dans les années 1980, les protestations virulentes de Bernard Hinault contre les « sadiques » qui eurent la témérité de le faire courir sur les pavés firent échos à celles d'Henri Pélissier qui s'indignait des méthodes des organisateurs du Tour de France 60 ans plus tôt.

Chaque course est un feuilleton dont les acteurs, le décor et les circonstances changent constamment. Le malchanceux coureur du matin peut devenir le héros de l'après-midi, mais la plus grande des stars peut aussi se retrouver à l'énième place du fait d'une crevaison ou d'un malaise.

Depuis qu'Henri Desgrange a fondé le Tour de France, il y a un siècle, des générations de cyclistes se sont succédées mais l'attrait pour les courses sur route reste intacte.

L'Américain Lance Armstrong (au centre) restera dans la légende du Tour de France avec déjà quatre victoires à son palmarès.

CSC
TISCALI
Champion
UNITED STATES POSTAL SERVICE
PMU
Lotto
Adecco
FASSA BORTOLO
Aquarel

LE TOUR DE FRANCE

En 100 ans d'existence, le Tour a survécu aux guerres, aux scandales, aux magouilles, au dopage et aux grèves. La Grande Boucle constitue aujourd'hui le plus prestigieux rendez-vous du monde cycliste. L'effort physique demandé aux concurrents, qui atteint son paroxysme dans les Alpes et les Pyrénées, n'existe dans aucune autre course.

La récompense suprême, le très convoité maillot jaune, est l'incarnation de la gloire pour celui qui l'endosse. Qui sont ces hommes qui ont fait d'un marathon de 3 500 km, créé pour faire de la publicité à un journal, l'événement sportif mondial le plus attendu de l'année, une véritable institution tenant la France en haleine chaque été en juillet ?

Les vainqueurs aux Champs-Élysées à l'arrivée de l'édition du Tour 2002. De gauche à droite : Laurent Jalabert, meilleur grimpeur ; Lance Armstrong, 1re place ; Robbie McEwen, classement par points ; Ivan Basso, meilleur jeune.

LE TOUR DE FRANCE

PLUS ÉPUISANT RENDEZ-VOUS SPORTIF DU MONDE, FORMIDABLE OCCASION DE CÔTOYER DE PRÈS LES GRANDS CHAMPIONS : LE TOUR DE FRANCE EST TOUT CELA ET BIEN DAVANTAGE ENCORE.

Un festival d'été, la fête de toutes nos contrées, une passion toute française, un cauchemar pour ceux qui ne peuvent pas partager cette émotion, cette folie, cet espoir ! C'est en des termes approchant que s'exprimait Aragon pour saluer le retour de la Grande Boucle sur les routes de France au sortir de la guerre, en 1947. Seules les deux guerres mondiales réussirent à arrêter le Tour, l'événement français de l'été par excellence qui a aujourd'hui un siècle. Coup de pub extraordinaire au départ, il s'est transformé en l'événement sportif mondial le plus attendu de l'année. Jusqu'à nos jours, il est resté étonnamment proche de sa formule d'origine : passer par toutes les régions de France, être couru sur route, être gratuit pour le public.

Regarder passer le Tour, que ce soit au bord d'un vignoble ou sur un col de montagne est une tradition pour les familles françaises. Les parents serrant contre eux leurs enfants alors que le peloton prend de la vitesse, étaient eux-mêmes là dans les bras des leurs pour voir passer Eddy Merckx et Bernard Thévenet. Le grand-père assis sur sa chaise au bord de la route menant au Galibier n'a pas dû rater le duel Coppi-Bartali qui s'est déroulé sur la même portion de goudron il y a un demi-siècle.

Des millions de supporters venant du monde entier se pressent aujourd'hui. Certains montent à vélo jusqu'aux cols des Pyrénées et des Alpes pour peindre le nom de leurs héros sur la route avant de venir les acclamer. Ce qui fait du Tour un événement à part dans le monde du sport, est la manière dont il est perçu par ses fans. Il est à portée de main, devant chez soi. Chaque ville, chaque village, chaque hameau espère se réveiller un jour de juillet en voyant sur le bord de la route un cordon de gendarmes. Et les préparatifs commencent : allumer le barbecue, installer la table et les chaises dehors, accrocher les drapeaux et les banderoles, inscrire le nom de son coureur préféré sur une pancarte en carton, sortir le tracteur pour grimper dessus afin de mieux voir. Ensuite, il n'y a plus qu'à attendre que le plus grand événement cyclisyte de la planète se déroule devant ses yeux.

LES ORIGINES DU TOUR

Le Tour plonge ses racines dans un scandale qui divisa la Nation : l'affaire Dreyfus. Accusé par le chef d'État major d'avoir livré des secrets militaires aux Allemands, Dreyfus était soutenu par *Le Petit Journal,* dans lequel Pierre Giffard rédacteur au *Vélo,* le journal cycliste le plus en vue du pays, signa un éditorial où il demandait qu'on guillotinât l'accusateur de l'officier. Le très anti-dreyfusard Conte de Dion, qui finançait *Le Vélo,* lui coupa les vivres et créa un autre quotidien sportif, *L'Auto-Vélo.* Son rédacteur en chef, Henri Desgrange, était un ancien cycliste professionnel et un ex-avocat qui avait été contraint d'abandonner la robe sous la pression des clientes choquées qu'il courût les mollets nus. *L'Auto-Vélo* devant trouver un moyen de concurrencer son rival dont il atteignait à peine le quart des ventes, Desgrange adopta l'idée de son assistant Géo Lefèvre qui proposait de mettre sur pied une course cycliste à travers la France. Elle durerait 19 jours et serait divisée en 6 étapes dont le parcours serait Paris, Lyon, Marseille, Toulouse, Bordeaux, Nantes, Paris.

Elle ne comporterait pas de meneurs de train comme c'était le cas pour les grandes courses de l'époque où des tandems et moto à trois roues assistaient les coureurs. Il fallait surpasser les courses sponsorisées par *Le Vélo,* à savoir Bordeaux-Paris et Paris-Brest-Paris. Aussi Desgrange et ses deux rédacteurs, lancèrent-ils le Tour à grand renfort de publicité. Deux jours avant le départ de la première édition, le journal rebaptisé *L'Auto* décrivait la course comme suit : « un événement gigantesque qui sera adulé par la France entière, non pour quelques heures mais pendant 19 jours [...]. Des hommes comme vous s'engagent dans une bataille dix fois plus difficile que Bordeaux-Paris. Rappelez-vous la stupéfaction et l'admiration que vous avez ressenties lorsque Maurice

L'époque héroïque : Fausto Coppi devant Gino Bartali en 1949, année ou Coppi sera le premier cycliste à remporter le Tour de France et le Tour d'Italie.

L'ITINÉRAIRE

Le Tour de France emprunte un parcours différent chaque année (ici l'itinéraire de l'édition 2002) qui se termine cependant toujours à Paris et passe immanquablement par les Alpes et les Pyrénées. Les régions de prédilection du cyclisme français – Bretagne, Normandie, Nord – y sont intégrées en moyenne tous les deux ans. Selon les années, le parcours change de sens, passant d'abord par les Alpes ou par les Pyrénées.

Paris
La capitale de l'Hexagone fut le point de départ et d'arrivée du premier Tour. Depuis, elle n'a cessé d'accueillir l'arrivée. La victoire sur les Champs-Élysées représente l'un des prix les plus convoités de la course.

Bordeaux
Si la Grande Boucle ne s'y arrête pas tous les ans, la capitale du Bordelais n'en reste pas moins, avec Paris, la seule ville d'étape de la première édition, qui soit régulièrement intégrée au parcours. Traditionnellement, la portion finale, un quai le long de la Garonne, est le domaine des sprinters de haut vol.

Mont Ventoux
Le « géant de la Provence », un pic isolé, visible à 100 km à la ronde, a été introduit dans le parcours en 1951. Devenu incontournable dès lors, il est tristement connu depuis le décès du plus grand coureur britannique, Tom Simpson, non loin du sommet en 1967.

Pau
Le « Belvédère des Pyrénées » est habituellement inclus dans les étapes de montagne.

Garin ou Hippolyte Aucouturier sont arrivés à Paris couverts de boue et de poussière après avoir couru pendant des heures et des heures, escaladant les côtes, s'envolant dans les descentes, regardant le soleil pointer à l'est et la lune prendre la place du soleil dans le ciel. Rappelez-vous et vous pourrez imaginer la grandeur de la tâche qui attend ces hommes ».

Le matin du 1er juillet 1903, quelque 60 cyclistes payèrent leurs 5 francs de droits avant de se placer sur la ligne du départ à côté du café *Le Réveil-Matin,* à Montgeron, en banlieue parisienne. Des surnoms leur avaient été donnés : « le Champion ébéniste », « le Prince des mineurs », etc. Ce fut le moustachu Garin, connu sous les pseudonymes du « Bouledogue blanc » et du « Petit ramoneur » qui domina du début à la fin, et entra dans le Parc des Princes, 19 jours plus tard, escorté par 2000 supporters brandissant leur chapeau.

ANTONIN MAGNE

Surnommé « Tonin le sage », Antonin Magne avait une devise : « Pas de gloire sans vertu ». Il remporta son premier Tour de France dans un style qui pourrait être comparé à celui de Lance Armstrong. Pendant les 4 semaines qui précédèrent la course, il alla s'installer dans les Pyrénées, grimpant les cols de l'étape Pau-Luchon tous les deux jours pour étudier les développements. Durant la reconnaissance des lieux, il se rendit compte que la descente d'Aubisque, jonchée de grosses pierres, était excessivement dangereuse.

Il sera ensuite pendant plus de 25 ans, un directeur d'équipe très influent en particulier pour Louison Bobet, Raymond Poulidor et le Britannique Barry Hoban.

NATIONALITÉ	Française
NAISSANCE/DÉCÈS	15/02/1904 – 08/09/1983
SURNOM	Tonin le sage, le Taciturne
PROFESSIONNEL	De 1926 à 1939
PALMARÈS	
1931	1er du Tour de France
1934	1er Tour de France, G P Nations
1935	G P Nations
1936	Championnat du monde, G P Nations

La course de Desgrange fut un triomphe. Une immense procession fut organisée dans Lens, la ville du vainqueur. *Le Petit journal* écrivit que le succès et le prestige du Tour de France mis sur pied par *L'Auto* dépassaient toutes les espérances. Les ventes de ce dernier s'envolèrent de 30 000 à 65 000 du jour au lendemain. Son grand rival, *Le Vélo,* n'avait plus qu'à mettre la clé sous la porte. Et dire que tout ceci naissait d'une concurrence entre journaux ! Avant de retourner dans ses foyers, Garin écrivit un témoignage de son expérience dans L'Auto, il y disait, entre autres, « Vous avez révolutionné le cyclisme, le départ du Tour de France est une date clé dans l'histoire de des courses sur route ». Il n'imaginait pas combien ses mots seraient encore d'actualité un siècle plus tard.

DES MODIFICATIONS DE PARCOURS

En 100 ans, le Tour a étonnamment peu changé si on le compare à d'autres sports comme la course automobile, par exemple. Un peu plus de 20 ans après la création de l'événement, Desgrange décida que la victoire serait basée sur un classement par points après l'avoir été sur un classement de cumul de temps, mais cette option fut vite écartée. Les coureurs furent d'abord groupés dans des équipes appartenant à une marque, puis elles furent remplacées par des équipes nationales, et l'on en revint ensuite à la version initiale.

La longueur du parcours fut plus que doublée, passant de 2 400 km lors de la première édition à 5 400 km dans les années 1920. Les étapes furent réduites pour minimiser la course de nuit car les coureurs étaient parfois victimes de l'hostilité des supporters. Il en résulta que leur nombre fut augmenté réduisant d'autant les jours de repos. Dans les années 1930, la formule était similaire à ce qu'elle est aujourd'hui, bien que les étapes étaient plus longues et les jours de repos au nombre de quatre ou cinq alors qu'aujourd'hui on n'en compte plus que deux.

Constamment à la recherche de gros titres pour son journal, en 1905 Desgrange envoya deux coureurs en Alsace-Lorraine, alors annexée par l'Allemagne, pour demander au gouverneur, le Conte Zeppelin, l'autorisation d'y faire passer l'itinéraire qui engloba alors la totalité de la France. Les Pyrénées y furent intégrées en 1910 et un an plus tard ce fut au tour des

L'Auto

AUTOMOBILE – CYCLISME

ATHLÉTISME, YACHTING, AÉROSTATION, ESCRIME, POIDS et HALTÈRES, HIPPISME, GYMNASTIQUE, ALPINISME

Henri DESGRANGE

LE TOUR DE FRANCE – LE DÉPART

Organisé par L'AUTO du 1er au 19 Juillet 1903

LA SEMENCE

L'ITINÉRAIRE DU TOUR DE FRANCE

QUI ?

Dans notre prochain numéro : LA GALERIE DES CÉLÉBRITÉS SPORTIVES
LE PORTRAIT DE GARIN

LA VIE AU GRAND AIR

ABONNEMENTS

24 Juillet 1903. — N° 254.

Rédaction et Administration : 9, Avenue de l'Opéra, PARIS (1er Arr^t)

PUBLICITÉ

MAURICE GARIN, VAINQUEUR DU TOUR DE FRANCE

(Voir l'article page 499 et suiv.)

Le Tour de France, la plus gigantesque course cycliste qui ait été organisée jusqu'à ce jour, vient de prendre fin par la victoire de Maurice Garin, qui a couvert les 2400 kilomètres du parcours en 94 h. 33 m. — Notre photographie a été prise au moment où Brillouet, le masseur bien connu dans les milieux sportifs, vient de s'emparer de Garin, pour lui octroyer une douche et un massage bien gagnés. Près de Garin se trouve son plus jeune fils, un futur champion de la route !

Présentation du Tour de France en première page de *L'Auto*, en 1903 et Maurice Garin en couverture d'un magazine après sa victoire de la première édition de la Grande Boucle.

Alpes avec le col du Galibier où s'élève aujourd'hui une statue du « Père du Tour ». Le public se plaignant de ne pouvoir reconnaître, parmi les autres, le coureur le mieux placé au classement, en 1919 on lui fit endosser un maillot jaune, de la couleur des pages de *L'Auto*.

Lors des premiers Tours, chacun courait pour soi. À mesure que les cycles et le revêtement des routes s'amélioraient, la tactique au sein d'équipes se développa, les coureurs tendant à rester groupés dans ce que l'on appela le peloton. En 1930, Desgrange supprima les équipes de marque pour briser l'emprise des grands constructeurs de cycles sur la course et constitua des équipes nationales dont les frais étaient payés par son journal. Cette source de financement étant insuffisante, il imagina une caravane publicitaire qui ferait la promotion de toutes sortes de produits allant du fromage aux pneus de voiture. Élément clé du Tour, la longue caravane était autant attendue que les coureurs. Ses souvenirs kitch – porte-clés, badges, échantillons gratuits – alimentaient la frénésie des supporters.

NATIONALITÉ	Française
NAISSANCE/DÉCÈS	22/01/1889 – 01/05/1935
SURNOM	La Ficelle
PROFESSIONNEL	De 1911 à 1928
PRINCIPALES VICTOIRES	
1911	Tour de Lombardie
1912	Milan-San Remo
1913	Tour de Lombardie
1919	Paris-Roubaix, Championnat de France, Bordeaux-Paris
1920	Paris-Bruxelles, Tour de Lombardie
1921	Paris-Roubaix
1922	Paris-Tours, Paris-Nancy
1923	Tour de France
AUTRES RECORDS	10 victoires d'étape
	1914 : 2e du Tour de France, 8 jours en maillot jaune

HENRI PELISSIER

C'est dans la rébellion que le plus grand cycliste français de l'entre-deux guerre trouva l'énergie nécessaire à ses exploits. Excédé par un père trop rigide qui voyait davantage son fils dans la crémerie familiale que sur un vélo, Henri Pélissier quitta la maison parentale.

UNE FAMILLE DE CYCLISTES

L'histoire d'Henri est aussi celle de ses frères, Francis et Charles. Ils constituèrent à eux trois la première famille de cyclistes. Henri se fit un nom en Italie avant la Grande Guerre grâce à ses victoires dans le Tour de Lombardie et Milan-San Remo. Francis passa professionnel après l'Armistice. À l'époque, les grandes marques françaises de cycles étaient regroupées dans un cartel « La Sportive », dont le but était d'éviter la surenchère des salaires des cyclistes professionnels. Les Pélissier ne voulant pas en entendre parler, en 1921 ils se firent parrainés par un petit fabricant, J. B. Louvet, à la condition de gagner Paris-Roubaix : eux deux contre les 120 coureurs de « La Sportive » dirigée par Alphonse Baugé, dit « le Maréchal ». Ils terminèrent premier et second.

Lors du premier Tour après la guerre, en 1919, Henri endossa le maillot jaune très tôt mais il fut attaqué par tous ses concurrents dans l'étape Brest-Les Sables-d'Olonne. Après avoir été pris en chasse pendant 290 km, il était sur le point de regagner du terrain avec l'aide de son frère lorsque l'organisateur du Tour vint leur dire d'arrêter de travailler ensemble car cela allait à l'encontre du règlement. Dégoûté, Pélissier abandonna. En 1920, il fit de même après que Desgrange l'eut pénalisé de 2 min pour avoir jeté un pneu, qui comme le reste de l'équipement des coureurs, appartenait aux organisateurs.

DUEL PÉLISSIER-DESGRANGE

Le grand champion avait des relations tendues avec le puissant organisateur de la course et rédacteur en chef de *L'Auto*. Il n'en est pas moins vrai que Desgrange était un secret admirateur du coureur. Dans l'un de ses éditoriaux, il avait écrit qu'il avait tout d'un champion y compris un sale caractère. En 1923, alors que le Tour était dominé par les Belges depuis 1912, Pélissier remporta une victoire d'autant plus admirable qu'il avait fait une longue échappée sur le col de l'Izoard. Le rédacteur se répandit en éloges dans une envolée lyrique où il écrivit que cette victoire avait le classicisme de Racine, la perfection d'une statue, l'harmonie d'une partition de musique : un parcours sans faute qui resterait gravé dans toutes les mémoires.

Mais la trêve fut brisée suite à l'incident qui rendit le coureur célèbre. En 1924, avant une étape au départ du Havre qui commençait au milieu de la nuit, Pélissier avait enfilé deux maillots, l'un appartenant aux organisateurs du Tour et l'autre étant le sien. Lorsqu'il commença à faire chaud, il se débarrassa du deuxième. Desgrange en fut averti et une altercation publique entre les deux hommes eut lieu, il était interdit aux coureurs de jeter des effets, fussent-ils personnels, dans le fossé. Pélissier abandonna le Tour (avec Francis et Maurice) dans la bourgade de Coutances en Normandie, ville, l'un de leurs proches amis.

Le journaliste Albert Londres les trouva au Café de la gare devant un chocolat et les interviewa. Intitulé à l'origine, « Les Martyrs de la Route », l'article qui en découlera deviendra célèbre sous le nom « Les Forçats de la Route ». Par ce titre, il illustrait parfaitement les efforts surhumains qui étaient exigés des coureurs du Tour. Pélissier se plaignit « Vous n'avez pas idée de ce qu'est le Tour de France. C'est un calvaire. Et encore, le chemin de croix n'avait que quatorze stations. Le nôtre en compte quinze. Nous souffrons sur la route, mais voulez-vous voir comment nous marchons ? Tenez... De son sac, il sort une fiole : ça, c'est de la cocaïne pour les yeux, et ça du chloroforme pour les gencives. [...] Et des pilules, voulez-vous voir des pilules ? Ils en sortent trois boîtes chacun. Bref, dit Francis, nous marchons à la dynamite » [...] Ce que nous ne ferions pas faire à nos mulets, nous le faisons ».

La vie peu rangée de Pélissier se termina tragiquement. Sa femme, Léonie, se suicida en 1933. Deux ans plus tard, lors d'une violente dispute, son amie Camille le tua de cinq balles de revolver, celui-là même qu'avait utilisé Léonie pour mettre fin à ses jours. Francis, quant à lui, continua sa carrière en tant que directeur d'une équipe qui se tailla le monopole des victoires dans Bordeaux-Paris. Charles remporta 8 victoires d'étape dans le Tour de 1930 et devint le cycliste français le plus populaire de la décennie.

Henri Pélissier, le premier et plus grand rebelle qu'ait connu le cyclisme dans la tenue typique de l'époque, lunettes sur le front et pneus de rechange autour des épaules.

Philippe Thys, le bouquet du vainqueur dans un bras, après la 7e étape du Tour en 1920. Il fut le premier coureur à remporter trois fois la prestigieuse course.

Le journal de Desgrange faisait de l'argent en présentant les hommes du Tour comme des *supermen* – « le plus courageux champion depuis l'antiquité » – mais l'organisateur de la course plaçait devant eux des obstacles quasi infranchissables. Le calcul était simple : la course était intéressante pour le public à partir du moment où les capacités des cyclistes allaient au-delà des niveaux normaux d'endurance et de souffrance. « Un mélange de gros sous et d'héroïsme », comme le souligna Aragon, en 1947.

En 1930, des prix furent créés pour récompenser les premiers coureurs qui franchirent les cols des hautes montagnes et en 1933 fut instauré le « Grand Prix de la montagne » qui gratifiait le meilleur grimpeur sur l'ensemble de la course. Les fondations du Tour tel qu'il se présente aujourd'hui étaient posées. Les étapes de montagnes furent intégrées dès 1905 avec le Ballon d'Alsace. René Pottier parvint le premier au sommet, après avoir grimpé 12 km en 40 min, côte à côte avec le vainqueur de l'édition de 1904, Henri Cornet. « Haletant, dégoulinant de sueur, leur thorax émettant le bruit d'un souffle de forge... » écrivit Desgrange. S'étant froissé un muscle pour avoir fourni un trop gros effort durant l'ascension, Pottier se retira de la course un peu plus tard. Il revient l'année suivante et remporta la victoire. Il ne vécut pas longtemps pour savourer son succès : il se pendit en janvier 1907 dans l'entrepôt de son sponsor à la suite d'un chagrin d'amour.

Cependant, les montagnes introduites en 1905, le Ballon d'Alsace ainsi que le col Bayard et la côte de Laffrey dans les Alpes, étaient de la rigolade à côté de ce qui fut réservé aux coureurs en 1910 : un marathon de 320 km reliant Bayonne à Luchon à travers les Pyrénées. C'est Steinès qui suggéra l'idée à Desgrange. Celui-ci le traita de fou : « Il n'y a pas de route, lui dit-il, personne ne se risque sur l'Aubisque à part les bergers et les bûcherons. Les ornières sont tellement grosses qu'on pourrait y enterrer un âne ». Cela ne l'empêcha pas d'envoyer son journaliste reconnaître les lieux : les cols d'Aubisque, du Tourmalet, d'Aspin et de Peyresourde.

Steinès négocia avec les ingénieurs du cru le prix pour construire une route et monta ensuite au Tourmalet en voiture. À un certain moment, le véhicule ne put plus avancer, la neige étant trop profonde. Le journaliste fut contraint de continuer à pied dans ses chaussures de ville. « Vous voyez les poteaux qui sortent de la neige, lui avait dit le guide en le quittant, ils font plus de 3,50 m de hauteur et délimitent le chemin. » Très vite les poteaux disparurent sous des congères. Le journaliste, épuisé, finit par atteindre Barèges, de l'autre côté, au moment où une équipe s'apprêtait à partir à sa recherche. « Parfaitement praticable », télégraphia-t-il à son patron. « Le Père du Tour » n'était pas présent le 21 juillet 1910 lorsque les coureurs quittèrent Bayonne à 3 h 30 du matin. Il était d'ores et déjà retourné à Paris, apparemment mort d'inquiétude : si les cyclistes ne parvenaient pas à grimper de si dures ascensions, sa course perdrait toute crédibilité.

Steinès avait pour mission d'attendre non loin du sommet de l'ultime côte de la journée, l'Aubisque, pour voir si les coureurs arriveraient à grimper le vertigineux chemin de chèvres sur le flanc de la montagne, où l'on craignait la présence d'ours. « Notre voiture avait gravi les trois-quarts du chemin, écrivit-il, je calculai qu'il faudrait un quart d'heure aux coureurs pour nous rejoindre. Une heure après, je commençai à pressentir l'ampleur du désastre : nous allions tout droit à la faillite avec l'ajout de cette étape, le Tour ne serait bientôt plus qu'un vague souvenir ». Le premier coureur qui arriva, François Lafourcade, fut bombardé de questions sur le sort des autres mais il ne sut pas leur dire où ils en étaient. Le second, Octave Lapize était « à pied, cassé en deux sur son vélo, réussissant à peine à le pousser. Dans ses yeux anéantis, se lisait une immense détresse. Il nous insulta, " Assassins, assassins ! " cria-t-il ». Desgrange et Steinès prirent note, l'année suivante, ils firent passer les coureurs dans les Alpes à 2645 m d'altitude par le col du Galibier, long de 34 km.

Cette aventure de trois semaines, riche en rebondissements, suscita la passion des foules. Avec tant d'éléments en jeu – hommes, vélos, routes, météo – tout pouvait arriver aux coureurs, le meilleur comme le pire. Dans aucun autre événement, on ne pensa à récompenser le plus malchanceux des participants, et pourtant ! Lors des premières éditions du Tour, casser son vélo était fréquent, vu le mauvais état des routes et la pauvre qualité de l'équipement. Il n'était pas rare que les cyclistes perdent des heures à réparer leurs machines. Les premiers infortunés marquèrent les esprits. Jean Alavoine, « Le Gars Jean », qui compta à son actif 14 victoires d'étape et termina 4 fois le Tour dans les trois premiers, franchit la ligne d'arrivée, en 1909, le vélo sur l'épaule après avoir marché pendant 10 km. Lors de l'édition de 1919, il creva 46 fois ! En route vers la victoire en 1928, Le Luxembourgeois, Nicolas Frantz, brisa sa bicyclette entre Metz et Charleville. Il continua, parcourant plus de 90 km sur un vélo de femme. Bien qu'il eût perdu 28 min dans l'aventure, il avait une telle avance qu'il conserva le maillot jaune.

LA POISSE POUR « LE VIEUX GAULOIS »

Mais la plus célèbre victime d'incidents mécaniques du Tour fut Eugène Christophe, « Le vieux Gaulois ». Il fut le premier coureur à endosser le maillot jaune en 1919 mais ne s'imposa jamais à la première place. En descendant le Tourmalet en 1913, il fut heurté par une voiture qui cassa sa fourche. Son vélo sur l'épaule, il courut pendant 13 km jusqu'à la bourgade de Sainte-Marie de Campan où il se fabriqua, non sans mal, une fourche de fortune chez le forgeron. La réparation dura 4 heures sous le regard d'officiels, dont Desgrange, qui surveillaient les opérations pour s'assurer qu'il n'obtenait aucune aide extérieure comme le prévoyait le règlement. Une plaque commémore cet acte de volonté légendaire.

Mais, il n'en avait pas fini avec sa fourche, la malchance le poursuivait. La victoire lui échappa en 1919 à cause d'un autre bris de fourche.

PHILIPPE THYS

Surnommé « Le Basset » parce qu'il se couchait sur sa selle, Philippe Thys fut le premier coureur à remporter trois fois la Grande Boucle, un record qui ne fut renouvelé que 35 ans plus tard. Il en aurait certainement gagné cinq si la guerre n'avait ajourné le Tour. Lors de l'édition de 1914, il domina du début à la fin. L'avant dernier jour de la course, il fut pénalisé d'une demi-heure pour avoir négligé de montrer sa roue cassée à un officiel après un accident. Il gagna malgré cela, grâce à son avance. Tacticien, il attendait toujours le moment où ses rivaux se relâchaient pour attaquer.

Il avait l'habitude de se lever chaque jour avant le petit matin et d'aller faire un tour en vélo pour voir l'aube poindre.

NATIONALITÉ	Belge
NAISSANCE/DÉCÈS	08/10/1890 – 08/09/1983
SURNOM	Le Basset
PROFESSIONNEL	De 1912 à 1927
PALMARÈS	
1913	3e Tour de France
1914	3e Tour de France, Paris-Menin
1917	Paris-Tours, Tour de Lombardie
1920	Tour de France

Cette fois-ci, il trouva un petit atelier de bicyclettes à Valenciennes et perdit 2 h 30 à réparer. Jamais deux sans trois : en 1922, il cassa à nouveau sa fourche alors qu'il descendait le Galibier et dut emprunter le vélo du curé de Valloire. L'incident de 1913 lui avait déjà fait gagner la sympathie du public car les commissaires l'avaient pénalisé de 3 min pour avoir laissé un petit garçon actionner le soufflet de la forge alors qu'il avait les deux mains prises pour fabriquer sa fourche. Il avait enfreint le règlement !

En 1996, aux Arcs dans les Alpes, le grand Miguel Indurain perdit le Tour. Il tombait une pluie froide mêlée de grêle. Dans la côte finale, il n'en pouvait plus et il demanda quelque chose à manger ou à boire à une voiture suiveuse appartenant à une équipe rivale. Cela étant interdit par le règlement, il fut mis à l'amende : ajout de 20 secondes sur son cumul de temps !

LA CORVÉE DES ÉQUIPIERS

Les équipes du Tour de France sont organisées selon une structure féodale avec un ou deux leaders assistés d'un groupe à leur dévotion, les équipiers appelés aussi « porteurs d'eau ». Leur mission est variée : aller chercher les bouteilles d'eau dans les voitures des équipes qui se trouvent derrière la course ; mener le train lorsque le leader doit rejoindre le groupe après une crevaison ; prendre en chasse de dangereux fuyards ; protéger le leader si le vent souffle de côté ; le pousser lorsqu'il se soulage en route, etc. L'un des gros problèmes du Tour est la différence colossale de salaire entre les supérieurs et leurs « sous-fifres ».

Être équipier demande un grand esprit de sacrifice qui attire la sympathie du public se muant parfois en une grande popularité. En 1934, le grimpeur René Vietto entra dans l'histoire de la Grande Boucle : il dut faire demi-tour dans la descente du col de Portet-d'Aspet pour aller chercher une roue à son leader Antonin Magne, ce qui lui valut l'ascension du col sur les deux versants ! La veille, il avait dû céder son vélo à son chef de file, perdant toutes chances de s'imposer dans l'épreuve alors qu'il avait remporté deux victoires d'étape et était à la cinquième place au classement général, malgré une crevaison.

Ce sacrifice toucha profondément les esprits et les cœurs. Mais ce qui le rendit le cycliste le plus populaire de France fut une photo où on le voyait assis sur un mur, désespéré et résigné, alors qu'il attendait la voiture qui devait lui apporter la roue.

Mais il arrive aussi que la chance sourit aux équipiers. En 1994, le plus puissant coureur du peloton, l'Italien Eros Poli, conquit le Mont Ventoux en tête de tous les grimpeurs. Après une journée de gloire, la plupart d'entre eux retourne dans l'ombre de leur chef de file, comme ce fut le cas de Roger Walkowiak, le vainqueur totalement inattendu de l'édition de 1956. Mais certains, comme Claudio Chiappucci, deviennent célèbres contre toute attente. En 1990, tous les favoris avaient décidé d'économiser les forces de leur équipe lors de la première étape laissant « Chiappuccino » prendre 10 min d'avance. Résultat : il endossa le maillot jaune jusqu'à l'avant-dernière étape et eut même la témérité d'attaquer Greg LeMond, double vainqueur du Tour, dans la plus pénible étape de montagne des Pyrénées, le jour où tous pensaient qu'il allait ôter le maillot jaune. Il s'imposa deuxième au classement général. Il prouva que sa prestation n'était pas qu'un coup de chance en remportant Milan-San Remo sous une pluie torrentielle l'année suivante et en menant la vie dure à Miguel Indurain en 1991 et 1992.

Une équipe prend des risques à partir du moment où elle compte plusieurs leaders. Elle s'expose à ce qu'ils créent des équipes dans l'équipe et se livrent une guerre fratricide. Dans les années 1950, les équipes nationales en témoignèrent. Celles d'Italie et de France étaient minées par les querelles intestines, avec Fausto Coppi et Gino Bartali, les ennemis jurés, ou Jacques Anquetil et Roger Rivière, toujours à couteaux tirés. Les équipes de marque qui les remplacèrent ne furent pas en reste non plus. La cohabitation entre Hinault et LeMond dans La Vie Claire, lors des éditions de 1985 et 1986 en illustre aussi parfaitement les dangers. En 1985, LeMond fut contraint de renoncer à ses espoirs pour permettre au Breton de se hisser au palmarès des cyclistes cinq fois vainqueurs du Tour. Il s'y résolut, considérant que celui-ci lui aurait donné un coup de main à remporter l'édition suivante. Mais l'année d'après, LeMond fut déçu par l'attitude du Français qui s'échappa lors de la première étape de montagne remportant le maillot jaune. Dans les Alpes,

Cette crevaison, lors de l'édition de 1925, est vraiment peu de chose à côté des bris de fourche qui coûtèrent deux victoires au « vieux Gaulois », Eugène Christophe.

Hinault joua au coéquipier dévoué et ils terminèrent tous deux main dans la main à l'Alpe d'Huez. Cependant l'Américain était convaincu, et ce, encore 8 ans après, que le Blaireau n'aurait pas raté l'occasion pour s'adjuger une sixième victoire. Lorsque sa fourche cassa, la première chose à laquelle il pensa fut un sabotage. Hinault n'y vit qu'une réaction paranoïaque de la part de son coéquipier.

TOUR MEURTRI, TOUR ENDEUILLÉ

De nos jours les cycles sont de véritables petites merveilles, aussi la chute est-elle l'incident imprévisible le plus redouté. Les contusions et les blessures ouvertes sont le lot quotidien des coureurs mais il n'est pas rare qu'ils terminent une étape avec une clavicule ou bien un poignet cassé, risquant de remettre en cause leur participation. Il y a aussi des cas extrêmes comme celui d'Honoré Barthélemy, qui termina 8e en 1920 avec une omoplate cassée et un poignet déboîté ou encore du Suisse Alex Zülle, un célèbre abonné aux accidents, qui commença le Tour de 1997 avec une clavicule cassée. Cependant, aucun n'a égalé Pascal Simon, aîné d'une fratrie de quatre cyclistes qui remportèrent tous des victoires d'étape ou endossèrent le maillot jaune. Dans l'édition de 1983, il prit une avance décisive dans les Pyrénées avant de se fracturer l'omoplate gauche le lendemain. Il lutta, agonisant, pendant cinq jours, ses 4 min 30 d'avance s'envolant. Il finit par abandonner en larmes.

Champs-Élysées, 1991 : Djamolidine Abdujaparov fait un vol plané spectaculaire sur les Champs-Élysées. Olaf Ludwig (au centre, tête baissée), pris au dépourvu, réduit sa vitesse tandis que la victoire d'étape revient à Dimitri Konychev (à droite de Ludwig).

Cette conclusion était inévitable, il n'avait aucune chance d'arriver à Paris revêtu du maillot jaune. Ses coéquipiers de Peugeot suspectèrent que cet étalage d'héroïsme inutile ne fut une meilleure publicité pour le fabricant de cycle que le retrait pur et simple du coureur. Après cela, il ne fut plus jamais le même.

Il n'y a rien de plus terrifiant que les chutes collectives qui se produisent lorsque le peloton sprint à l'approche de l'arrivée telle une vague ondulante déferlant à 70 km. Elles sont parfois dues à la volonté des coureurs d'élargir leur espace, mais résultent plus souvent d'un mauvais calcul. À Armentières en 1994, le coupable fut un gendarme qui, de sa place privilégiée, voulut prendre une photo de l'arrivée ne réalisant pas que les coureurs fonçaient sur lui. Djamolidine Abdujaparov arriva la tête relevée et put éviter la masse de corps et de vélos enchevêtrés. Il réussit à manœuvrer et remporta la victoire. De cet épisode, Laurent Jalabert porte encore des cicatrices sur le visage.

Et puis, il y a les chutes spectaculaires. En 1991, Abdujaparov se précipita tête baissée dans une cannette publicitaire de Coca de deux mètres de haut pour aller s'écraser sur le bitume des Champs-Élysées. Abdu, « la terreur de Tachkent », était revêtu du maillot vert, la condition pour le conserver était de finir l'étape. Aussi lui fit-on franchir la ligne d'arrivée, vacillant, groggy et plein de sang avant de le transporter à l'hôpital. Le maillot lui fut remis lors d'une cérémonie qui se déroula en octobre, où était écrit « Merci pour le spectacle » : sa chute fut diffusée au ralenti plusieurs fois sur le petit écran.

Il arrive que le Tour brise des carrières. Le favori de l'édition de 1960, Roger Rivière, ne recourut plus jamais après la chute qu'il fit dans une gorge en Auvergne et qui lui valut une fracture de la colonne vertébrale. La rumeur circula qu'il était sous amphétamines au moment de l'accident. En 1955, c'est le Mont Ventoux qui eut raison de l'extravagant Ferdi Kübler, vainqueur du Tour cinq années auparavant. Il avait été prévenu que ce n'était pas une montagne comme les autres. « Ha ha ! répondit-il mais Ferdi n'est pas un coureur comme les autres » et il fila à fond de train. Il faisait une chaleur caniculaire, Kübler implora les spectateurs de le pousser, il tomba trois fois dans la descente et se trompa de route une fois qu'il était arrivé en bas. Le soir, il réunit une conférence de presse et annonça qu'il se retirait de la course.

Mais il y a plus dramatique, car il arrive aussi que les chutes endeuillent le Tour. À mi-parcours de la descente du col de Portet-d'Aspet dans les Pyrénées, se dresse un monument en marbre représentant une roue et une aile. Le 18 juillet 1995, lors d'une collision qui au départ ne semblait pas plus grave qu'une autre, Fabio Casartelli, vainqueur de l'épreuve sur route des jeux olympiques de Barcelone, alla se fracasser le crâne sur un bloc de pierre alors qu'il roulait à vive allure. Il décéda peu après.

Le lendemain, les concurrents étaient en état de choc et la course n'eut pas lieu. À la place, les coureurs avancèrent à la vitesse d'une procession funéraire à travers le cirque d'Aubisque, avant de laisser les équipiers de Casartelli de l'équipe Motorola prendre la tête à l'arrivée à Pau. Aujourd'hui, le mémorial est recouvert de messages laissés par des supporters.

Le Tour fit d'autres victimes. En 1960, au Parc des Princes, André Darrigade, 28 victoires d'étape à son actif, chuta lors de son sprint final, payant de sa vie. Une stèle à la mémoire de Tom Simpson se dresse non loin du sommet du Mont Ventoux, le « Géant de la Provence », à l'endroit où il s'effondra le 13 juillet 1967, victime d'un coup de chaleur associé à la prise d'amphétamines et d'alcool. Le monument dédié au plus grand coureur britannique est, à l'instar de celui de Casartelli, recouvert de messages. Tous les étés, un flot sans fin de cyclistes amateurs pédale péniblement jusque-là pour saluer sa mémoire.

LES ROIS DES MONTAGNES

Si les sprints de peloton, qui dominent la première semaine, aiguisent l'appétit, les contre-la-montre et la montagne constituent le plat principal de la Grande Boucle.

Depuis les années 1930, le Tour est devenu une lutte entre les spécialistes du contre-la-montre, qui font preuve d'une grande concentration et d'une puissance phénoménale, et les grimpeurs, habituellement de petits gabarits aux jambes fines, qui ont la capacité d'accélérer sans faire trop d'efforts, dans les grands cols. Les grands coureurs du Tour sont ceux qui associent toutes ces qualités à la fois. Ils utilisent leur force pure pour larguer leurs rivaux, comme le faisait Miguel Indurain qui remporta la course cinq fois d'affilée la dynamisant littéralement. Fausto Coppi, « il Campionissimo », courait la plupart des étapes de montagne seul comme s'il se battait dans un long contre-la-montre.

Jacques Anquetil, le plus grand des spécialistes du contre-la-montre de tous les temps, enleva aussi deux importantes étapes de montagne lors de l'édition de 1963. Eddy Merckx, le titan de la discipline, fit une échappée époustouflante dans le Tourmalet pour enlever sa plus belle étape à Mourenx en 1969, les journaux saluèrent son exploit titrant : « Merckx-issimo ». Bernard Hinault, qui fondait sa suprématie sur le contre-la-montre fut primé deux fois meilleur grimpeur.

C'est le combat entre les spécialistes du contre-la-montre et les grimpeurs qui fait du Tour un spectacle, lui offrant ses moments les plus mémorables. L'imbattable Merckx ne sembla jamais aussi vulnérable quand, en 1971, le gracile espagnol Luis Ocaña, lui tint la dragée haute dans les Alpes lors de l'étape conduisant à Orcières-Merlette. Deux jours plus tard, le Belge répondit par le plus grand acte de défi de sa carrière. À peine le drapeau était-il baissé, qu'en compagnie de ses équipiers, il attaqua. Il dévala la pente à une allure vertigineuse, laissant derrière lui la station de ski, et pédala jusqu'à Marseille avec Ocaña et ses équipiers à ses trousses pendant 250 km. Deux jours après, l'Espagnol fit une chute dans les Pyrénées et abandonna mais cela n'enlevait rien aux formidables prestations du « Cannibale ».

CI-CONTRE : le Tour de 2002 dans le col de la Madeleine lors de l'étape Les Deux Alpes-La Plagne qui sera remportée par le Hollandais Michael Boogerd.

À DROITE : « L'Aigle de Tolède » prend son envol. Plus grand grimpeur de l'histoire du cyclisme, Federico Bahamontes remporta le Grand Prix de la montagne sept fois sur les dix Tours auxquels il participa. Il était capable d'abandonner sur un coup de tête, comme il le fit en 1957.

Un grimpeur déchaîné est un spectacle rare. De tels exploits s'inscrivent dans la mémoire du Tour, faisant revivre ceux des aînés. La tentative éperdue de Claudio Chiappucci de désarçonner Indurain dans quatre cols de la région de Sestrières, son Italie natale, en 1992, était un clin d'œil à la fabuleuse échappée de Coppi dans la même étape 40 ans plus tôt. L'attaque de Marco Pantani en route pour la victoire, sous une pluie battante dans le Galibier en 1988, laissant le Maillot jaune, Jan Ullrich, loin derrière lui, nous ramena aussi 40 ans en arrière lorsque Charly Gaul, « l'Ange des montagnes », fit une échappée époustouflante dans le massif de la Chartreuse par une journée humide et glaciale.

LOUISON BOBET

« Certaines personnes naissent avec un handicap : Louison vint au monde avec le désir fou de vaincre », disait de son frère, Jean Bobet. L'élégant Louison, propriétaire d'un avion privé, était aussi la quintessence du Breton. Façonné très jeune par l'effort, il se levait avant l'aube pour travailler dans la boulangerie familiale. Il excellait au tennis de table et au foot.

Lors de son second Tour en 1948, le bruit courut qu'il quittait la course à cause d'un douloureux furoncle au pied. Le lendemain, il remportait l'étape à Cannes. Sur ses trois victoires consécutives, il en dut deux à ses exploits dans les pentes caillouteuses de l'Izoard où une plaque se dresse en son hommage. Elles constituèrent un triomphe sur les furoncles à l'entrejambes qui le firent souffrir pendant toute sa carrière : il fallait en vouloir.

DU CRAN

C'est bien grâce à son courage qu'il fut aussi sacré champion du monde en 1954, à Soligen en Allemagne. Bobet s'était échappé en compagnie du Suisse Fritz Schaer lorsqu'il creva sur le dernier tout de piste. Bien qu'il perdît du temps, retournant en arrière pour faire réparer sa roue, il réussit à combler l'écart d'une minute qui le séparait du Suisse et franchit la ligne avec quelques mètres d'avance.

Il remporta sa dernière victoire du Tour en 1955, malgré une plaie béante à l'entrejambes qui lui vaudra 150 points de suture lorsqu'il se fera opérer à la fin de l'année. Bobet était aussi un formidable coureur de classiques et fut le premier Français à s'imposer dans le Tour des Flandres.

Durant le Tour de France en 1959, malade, il avait été lâché par le peloton dans le Col de l'Iseran (Alpes) qui est à 2 770 m d'altitude. Il se força à arriver au sommet mais, contraint à quitter la course, il partit dans une voiture de journalistes et, leur empruntant un chapeau pour se cacher le visage, leur dit qu'il ne voulait pas qu'on le reconnaisse : il avait tellement honte d'abandonner !

NATIONALITÉ	**Française**
NAISSANCE/DÉCÈS	**12/03/1925 – 13/03/1983**
SURNOM	**Le Boulanger de Saint-Méen, Zonzon, La Bobette, Louison**
PROFESSIONNEL	**De 1947 à 1961**
PALMARÈS	
1950	**Championnat de France**
1951	**Championnat de France, Milan-San Remo, Tour de Lombardie**
1952	**G P Nations**
1953	**Tour de France**
1954	**Tour de France, Championnat du monde**
1955	**Tour de France, Tour des Flandres, Dauphiné-Libéré**
1956	**Paris-Roubaix.**
1959	**Paris-Roubaix,**
AUTRES RÉSULTATS	**1950 : 3e du Tour de France + meilleur grimpeur; 1951 : meilleur grimpeur du Tour d'Italie; 1957 : médaille d'argent au Championnat du monde, 2e du Tour d'Italie; 1958 : médaille d'argent au Championnat du monde; 11 victoires d'étape du Tour de France; 34 jours en maillot jaune.**

Jan Ullrich, qui perdit 9 min et le Tour derrière le Luxembourgeois ne peut que nous rappeler les 12 min de retard de Raphaël Geminiani.

Très occasionnellement, le Tour est remporté grâce à un record sur le plat. En 1951, le Suisse Hugo Koblet fit une attaqua fulgurante à Agen dans son style parfait, exploit resté dans toutes les mémoires sous le nom du « coup d'Agen ». Défiant toute logique, il passa à l'offensive sur les collines de la Dordogne et pédala seul pendant plus de 120 km avec dans son sillon la crème du Tour des années 1950 : Coppi, Bartali et le triple vainqueur Bobet. Ses 2,35 min d'avance lors de son arrivée étaient minimes en proportion de la durée de l'effort mais l'avantage psychologique qu'il en tira le fit gagner.

LE CHOC DES TITANS

Depuis la Deuxième Guerre mondiale et l'ère moderne du cyclisme avec l'apparition de machines décentes et de bonnes routes, le Tour a suivi l'implacable logique de la force physique. Plus un coureur est robuste, plus vite il se remet des efforts de la journée et moins rapidement son corps se dégrade. Il en résulte généralement que le cycliste dominant la première étape clé, que ce soit une étape contre-la-montre ou de montagne, sera le vainqueur de la course.

Le Tour déchaîne davantage les passions lorsqu'il n'est pas dominé par un seul et unique coureur. La plus exaltante fut l'édition à suspens de 1989, mettant aux prises deux anciens vainqueurs légèrement au-dessous de leurs capacités maximales, Laurent Fignon et Greg LeMond et un troisième coureur, Pedro Delgado qui, perdant 7 min au départ du premier contre-la-montre commençait avec un handicap. Le Français et l'Américain se repassèrent le maillot jaune plusieurs fois : LeMond l'endossa dans le premier contre-la-montre à Rennes et dans le contre-la-montre de montagne à Orcières-Merlette tandis que Fignon lui reprit deux fois dans les Pyrénées et les Alpes. Pendant quinze jours, le couple ne fut jamais séparé par plus de 50 secondes et il fallut attendre les Champs-Élysées pour que la sentence tombe.

Louis Bobet, dit « Louison », seul dans la Casse déserte (col de l'Izoard) en route pour sa deuxième victoire du Tour de France en 1954.

Les années où l'événement était dominé par un Hinault, un Indurain, ou un Armstrong, l'arrivée n'était rien de plus qu'une nouvelle démonstration de force. Mais lors de cette édition, Fignon et LeMond en firent un véritable spectacle. L'Américain s'imposa à la première place, le Français revêtu du maillot jaune arrivant 2 min plus tard, ses 50 secondes d'avance étant partie en fumée. LeMond monta sur la première marche du podium avec seulement 8 secondes d'avance au classement général sur son rival. Jamais le retour d'un cycliste ne fut plus remarqué car le vainqueur revenait de loin : victime deux ans plus tôt d'un accident de chasse dans lequel il avait frôlé la mort, il avait encore du plomb dans certains organes vitaux.

Ce duel rappelait la longue lutte de Bernard Hinault contre Joop Zoetemelk dix ans plus tôt dans une course qu'ils terminèrent ensemble en tête du gros du peloton, ou encore Jacques Anquetil et Raymond Poulidor qui se livrèrent une bataille épique en 1964.

LAURENT FIGNON

Cet épisode pourrait résumer à lui tout seul la carrière du Parisien. Après avoir pris sa retraite, il rencontra le directeur d'une entreprise pour conclure une affaire et fut accueilli par un « Ah, mais vous avez perdu le Tour de 1989 à 8 secondes ». Ce à quoi, il répondit : « Et oui... mais je l'ai aussi remporté deux fois ». Cette dramatique défaite avait jeté une ombre au tableau de ses deux grands triomphes, dont la raclée mémorable qu'il mit à Hinault, avec 5 victoires d'étape, et qui lui valut le surnom d'« Ogre » par la presse.

Fignon, avec ses lunettes, avait le « look » du studieux diplômé de l'école vétérinaire. Il ne cacha jamais sa lassitude pour sa profession. Il fut victime de quelques curieux coups de malchance : un frein arrière cassé en 1982 dans Paris-Tours qu'il remporta et un accident dans un tunnel lors du Tour d'Italie de 1990. Mais rien ne le blessa plus que la miraculeuse victoire de Greg LeMond en 1989.

NATIONALITÉ	Française
DATE DE NAISSANCE	12 août 1960, à Paris
SURNOM	L'Intello, L'Ogre
PROFESSIONNEL	De 1982 à 1993
PRINCIPALES VICTOIRES	
1982	Critérium International
1983	Tour de France
1984	Tour de France, Championnat de France
1986	Flèche Wallonne
1988	Milan-San Remo, Tour de la CEE
1989	Tour d'Italie, Milan-San Remo, G P Nations

Coiffé de son casque, qui lui valut le surnom de « Tête de cuir », Jean Robic à l'attaque dans le premier Tour de France d'après guerre, en 1947, lors de l'étape reliant Lyon à Grenoble.

Le Tour connut aussi des arrivées finales chocs : l'attaque de Jean Robic en 1947 ou la victoire du contre-la-montre de Jan Janssen en 1968.

Mais tout cela n'était rien à côté de 1989. Depuis, les organisateurs ont résisté à la tentation d'introduire un contre-la-montre à l'arrivée à Paris de peur que le public ne soit déçu.

SCANDALES ET MAGOUILLES

Le premier Tour fut accueilli avec une telle passion par les foules que les dérives ne manquèrent pas et qu'il s'en fallut de peu pour que la seconde édition soit la dernière. Courir de nuit sur des routes désertes, avec pour seul officiel Géo Lefèvre, l'assistant de Desgrange, était dangereux : les coureurs étant vulnérables aux actes de malveillance et aux intimidations. Des clous étaient régulièrement retrouvés sur les routes, déposés à dessein par des supporters pour faire obstacle aux concurrents de leur favori. Garin et Pottier, respectivement vainqueur et numéro deux en 1903, furent menacés par des hommes au visage

RAYMOND POULIDOR

Chaleureux et bon enfant, « Poupou » fut le coureur français le plus populaire des années 1960, d'abord parce qu'il fut l'éternel perdant dans ses duels avec Anquetil ensuite pour sa générosité à aider les autres à gagner comme ce fut le cas avec Roger Pingeon en 1967. Poulidor remporta de grandes courses mais n'était pas doté de la puissance nécessaire pour enlever le Tour. Cependant, il avait encore assez de ténacité pour terminer 3e en 1976 à l'âge de 40 ans. Selon un sondage, où l'on demandait aux Français de choisir un hôte de marque à inviter à leur table, il fut sélectionné par la moitié de la population.

NATIONALITÉ	Française
DATE DE NAISSANCE	15/04/1936, à Masbaraud-Merignat (Creuse)
SURNOM	Poupou
PROFESSIONNEL	De 1960 à 1977
PRINCIPALES VICTOIRES	
1961	Milan-San Remo, Championnat de France
1963	Flèche Wallonne, G P Nations
1964	Tour d'Espagne, Super Prestige Pernod
1966	Dauphiné-Libéré
1972	Paris-Nice
1973	Paris-Nice

masqué, au volant de leur voiture, qui tentèrent de les envoyer dans le fossé. Au sommet du col de la République, non loin de Saint-Étienne, les participants durent faire face à une foule armée de gourdins et hurlant des slogans favorables au coureur local, Fauré. L'Italien Gerbi fut gravement frappé. L'officiel fut obligé de sortir son revolver et de tirer en l'air pour disperser les attaquants. À Nîmes, deux jours plus tard, malgré une massive présence policière, 150 personnes se ruèrent sur les coureurs, furieuses que le cycliste local, Payan, eût été disqualifié. Une fois encore, on fit usage de pistolets.

En 1906, trois cyclistes furent disqualifiés pour avoir pris le train. En 1911, le favori de la course, Gustave Garrigou dut se déguiser, portant lunettes et perruque, en traversant Rouen de peur d'être lynché par les supporters du coureur local, Paul Duboc dont on avait empoisonné la bouteille d'eau. Aussi tard qu'à la fin des années 1950, toute l'équipe italienne se retira du Tour – dont le Maillot jaune, Fiorenzo Magni – pour protester contre l'agression subie par Gino Bartali dans les Pyrénées.

Vu les prestations surhumaines qui ont toujours été exigées des coureurs, il n'y a rien d'étonnant à ce qu'ils aient tenté de biaiser avec les implacables officiels, souvent avec la sympathie du public parfois avec son aide. Par le passé, le règlement était draconien. Les cyclistes étaient sujets à des pénalités pour de multiples raisons, par exemple pour ne pas avoir dormi dans leur hôtel. Encore récemment, on a assisté à des cas extrêmes : en 1991, le Suisse Urs Zimmerman, qui avait la phobie de l'avion fut disqualifié pour ne pas avoir voyagé dans l'avion officiel de son équipe comme cela était prévu mais dans l'une de ses voitures. Il fut réintégré après que les coureurs eurent fait grève pour le soutenir.

Cette action n'était rien à côté de la vague de protestation qui secoua l'édition de 1978 à Valence-d'Agen et mit fin à une nouvelle, et lucrative, stratégie des organisateurs. Ils avaient décidé que les cyclistes courraient trois courtes étapes par jour, ce qui triplerait les subsides qu'ils recevaient des villes d'étapes. Mais les coureurs ne digérèrent pas d'avoir dû se lever à l'aube et franchirent la ligne d'arrivée à pied Bernard Hinault en tête. Le champion eut une violente altercation avec le maire de la ville avant que celui-ci ne fasse marche arrière. Le pugnace Hinault resta le « meneur » des participants pendant 7 ans.

Les stratégies pour enfreindre les règles ou prendre de vitesse un rival relèvent souvent du comique. Le Belge Sylvère Maes remporta la course en 1934 en passant par-dessus un passage à niveau larguant ainsi ses poursuivants bloqués par le passage du train. Jean Robic avait caché au sommet d'un col, une bouteille contenant 5 kg de plomb qui, lestée à son vélo, lui donna des ailes dans la pente. Le plus audacieux fut certainement Pierre Beuffeuil, qui en 1960, alors que les coureurs s'étaient arrêtés pour rencontrer le Général de Gaulle alors en vacances à Colombey-les-deux-églises, profita de leur halte pour rattraper son retard et remporta l'étape.

Le médecin du Tour, Pierre Dumas, en T-shirt noir, tente vainement de sauver la vie de Tom Simpson sur le Mont Ventoux en 1967. Il a déjà trouvé les cachets dans la poche du coureur et sait que le scandale éclatera sous peu.

Marco Pantani lors de la grève des cyclistes durant le « Tour de Farce » en 1998. L'année suivante, le champion italien se trouvera lui-même au cœur d'un gros scandale de dopage.

Quant à Anquetil, il coupa délibérément le câble de son frein, qui plus est à la barbe des commissaires, pour obtenir un vélo plus léger au pied du col du Forclaz en 1963 – la substitution d'un vélo étant uniquement permise en cas d'incident mécanique

Tous ces « trucs » relèvent de la plaisanterie comparés au mal qui gangrène aujourd'hui le Tour : la prise de produits dopants permettant aux coureurs de tenir le coup. Avant la mort de Simpson, il n'y avait aucune réglementation, peu de cas était fait de l'usage des stimulants, pour la plupart des amphétamines, qui étaient souvent consommés en grande quantité. Déjà en 1955, Jean Mallejac s'était effondré au Mont Ventoux et avait failli mourir, mais le décès du Britannique en 1967 déclencha le signal d'alarme. L'année suivante, des tests anti-dopage furent effectués quotidiennement. Depuis, des substances prohibées ont été régulièrement décelées mais les plus communes et les plus efficaces sont difficilement détectables : les stéroïdes dans les années 1970, la cortisone et la testostérone lors de la décennie suivante et l'érythropoïétine, une hormone qui permet d'augmenter le taux de globules rouges, dans les années 1990.

Environ tous les dix ans depuis 1967, un scandale impliquant un célèbre coureur a éclaté. Après Simpson, ce fut le tour du Belge Michel Pollentier qui endossa le maillot jaune à l'Alpe d'Huez en 1978. Pour ne pas être dépisté lors des tests, il avait attaché à son pénis un tube contenant de l'urine qui n'était

BIC

Le grand Eddy Merckx suivi de Luis Ocaña qui resta collé à sa roue dans l'édition de 1971. Les initiales HD qu'on peut lire sur la manche de son maillot jaune rendent hommage à Henri Desgrange, « Le Père du Tour ».

pas la sienne mais son truc fut découvert. En 1988, ce fut encore le Maillot jaune, Pedro Delgado, qui fut testé positif. Cependant, il ne fut pas inquiété dans la mesure où la substance, de la probénécide masquant des stéroïdes, n'était pas incluse dans la liste des produits interdits par l'Union cycliste internationale. Dix ans plus tard, la Grande Boucle connut son plus gros scandale lorsque le masseur de Festina, Willy Voet, fut arrêté par la douane en possession d'une grande quantité d'EPO et d'hormones de croissance alors qu'il rejoignait la course. Ce fut le coup d'envoi de ce qui allait devenir « le Tour de Farce ».

Festina, la première équipe du monde, dont le leader, Richard Virenque, était sûrement le cycliste le plus populaire de France, fut exclue. La police enquêta sur cinq autres équipes, interpellant directeurs et cyclistes pour les entendre et procédant à des fouilles dans les hôtels et les voitures. La réponse des coureurs ne se fit pas attendre, ils organisèrent un sit-in dans la rue et refusèrent de courir pendant deux étapes faisant curieusement écho à la protestation de 1966, lors des premiers contrôles pratiqués au hasard. Durant la seconde grève, entre Albertville et Aix-les-Bains, on eut parié que la fin du Tour était arrivée, comme l'avait annoncé Desgrange en 1904. Le directeur de la course, Jean-Marie Leblanc et le vainqueur de 1996, Bjarne Riis, finirent par convaincre les participants de terminer. Le scandale Festina ébranla l'événement dans ses fondements mêmes mais il eut au moins le mérite de mettre en lumière ce qui le gangrenait.

SUPPORTERS OU FANATIQUES ?

L'un des plus beaux aspects du Tour est le contact entre ses vedettes et le public qui lui est resté fidèle en dépit des affaires de dopage. En revanche, cela ne les empêcha pas de manifester leur colère en écrivant des slogans sur les routes tels que « Non à l'EPO ». Lors de la grève des cyclistes, certains exprimèrent leur dégoût jusqu'à aller montrer leurs fesses dénudées aux organisateurs.

Les supporters sont parfois excentriques, mais il est rare que les coureurs soient l'objet de menaces. Le dernier cas d'agression vint de la part d'une Française surexcitée qui, en 1975, donna un coup de point dans les reins d'Eddy Merckx au sommet du Puy de Dôme. Cependant, l'atmosphère du Tour est davantage celui d'un pique-nique bon enfant que celui d'un match de football.

Aujourd'hui, les supporters sont moins enclins à fournir des bouteilles d'eau aux coureurs ou à leur donner un coup de main dans les côtes. Il arrive qu'ils s'approchent trop près d'eux risquant de causer un accident, comme ce fut le cas pour Giuseppe Guerini en 1999 à l'Alpe d'Huez lorsqu'un jeune portant une caméra le fit tomber. Fort heureusement il était en pleine ascension, à 16 km/h, et ne fut pas blessé. La perte de concentration que cela lui valut ne l'empêcha pas de gagner l'étape.

FEDERICO BAHAMONTES

« Dans la montagne, il était de rigueur que Bahamontes attaque. Toujours. La montagne c'était son territoire », disait l'un de ses équipiers. « L'Aigle de Tolède » remporta 6 fois le titre de meilleur grimpeur, record que seul le Belge Lucien Van Impe égala.

Il s'imposa à la première place en 1959. Lors du Tour de 1963, il prétendit que les organisateurs avaient monté un coup contre lui. Il s'était rendu célèbre dès son premier Tour, en 1954, en passant à l'offensive dans la montagne puis en mangeant une glace une fois arrivé au sommet, le reste de la course étant loin derrière lui. Mais, la vérité est plus prosaïque car il avait cassé sa roue arrière et attendait son mécanicien.

NATIONALITÉ	**Espagnole**
DATE DE NAISSANCE	**09/07/1928 à Santo Domingo-Caudilla (Tolède)**
SURNOM	**L'Aigle de Tolède**
PROFESSIONNEL	**De 1954 à 1965**
PRINCIPALES VICTOIRES	
1954	**Meilleur grimpeur du Tour de France**
1957	**Tour d'Espagne**
1958	**Championnat d'Espagne, Tour d'Espagne, meilleur grimpeur du Tour de France**
1959	**Tour de France + meilleur grimpeur**
1962	**Meilleur grimpeur du Tour de France**
1963	**Meilleur grimpeur du Tour de France**
1964	**Meilleur grimpeur du Tour de France**

Le Tour constitue parfois une opportunité pour faire valoir des revendications politiques. En 1974 et en 1992, l'ETA fit sauter des voitures appartenant à la course, la deuxième fois ce fut la chaîne britannique Channel Four qui en fit les frais. Un autre groupe basque, demandant la libération des prisonniers politiques, réussit un coup spectaculaire en 2000 à Courchevel : revêtus de tenues de cycliste, ils se joignirent à la course dans les dernières centaines de mètres, franchissant la ligne d'arrivée aux côtés de Pantani, le vainqueur de l'étape et d'Armstrong, Maillot jaune. Mais les acteurs sociaux ne sont pas en reste. En 1982, les sidérurgistes en grève entravèrent le cours d'une étape. Les agriculteurs gênèrent plusieurs fois le bon déroulement du Tour. En 1990, dans le Poitou, ils obligèrent la course à dévier d'itinéraire en bloquant la route avec des mobylettes. Cependant, ces actions restent isolées et les coureurs les acceptent plutôt bien dans l'ensemble, exception faite d'Armstrong qui, craignant pour sa sécurité, arriva en 2001 avec deux imposants gardes du corps et l'année suivante consulta les organisateurs sur les mesures prises après les attentats du 11 septembre 2001.

CHRIS BOARDMAN

Spécialiste talentueux du contre-la-montre et pistard qui s'essaya relativement tard à la course sur route, Chris Boardman devint quasiment imbattable dans le prologue. Il brisa le record de la rapidité lors de sa première victoire dans le prologue en 1994, à Lille. Connu pour être resté loin des scandales de dopage des années 1990, il était légendaire pour son obsession de l'entraînement et était injustement accusé de consulter sans arrêt son moniteur cardiaque. En fin de carrière, il souffrait de décalcification. Il battit le record du monde de l'heure détenu par Eddy Merckx.

NATIONALITÉ	Britannique
DATE DE NAISSANCE	26/08/1968, à Hoykal, Wirral
PROFESSIONNEL	De 1993 à 2000
VICTOIRES/ROUTE	
1993	G P Eddy Merckx
1994	Championnat du monde du contre-la-montre, Prologue du Tour de France
1996	Critérium international, G P Nations, Prologue du Tour de France
RECORDS/PISTE	
1993	Record du monde de l'heure, 52,270 km
1996	Record du monde de l'heure, 56,379 km
2000	Record du monde de l'heure sur un vélo conventionnel, 49,442 km

LE TOUR AUJOURD'HUI

Desgrange cessa d'organiser l'événement en 1933 et *L'Auto* fut rebaptisé *L'Équipe* après la Deuxième Guerre mondiale. Tous les deux ans, le parcours dépasse le cadre géographique de l'Hexagone, il avait même été envisagé dans les années 1980 de le faire passer par les États-Unis avant que l'idée ne soit abandonnée. En 1994, la Grande-Bretagne fut englobée dans l'itinéraire et en 1998 le départ se fit en Irlande. L'Euro-Tour de 1992, qui intégrait tous les pays de L'Union européenne frontaliers de la France ne fut pas considéré comme un grand succès car il ne traversait pas les Pyrénées. Un prologue, courte course contre-la-montre en guise de première étape mis en place en 1967, permet d'instaurer une hiérarchie. En 1975, Jacques Goddet – le fils de Victor, directeur financier de Desgrange puis son successeur à la tête *de L'Auto* et du Tour en 1933 – ajouta un dernier élément à la course telle qu'elle se présente aujourd'hui : l'arrivée sur les Champs-Élysées.

Le visage du Tour changea véritablement dans les années 1980, avec l'arrivée en masse de cyclistes originaires de pays non représentés jusque-là. La participation des Britanniques depuis 1934, n'avait pas eu de réel impact, à part celle de Barry Hoban avec ses huit victoires d'étape. Mais le Tour prit une autre allure avec l'arrivée de l'Australien Phyl Anderson, Maillot jaune en 1981 ; de l'Irlandais Sean Kelly, Maillot vert en 1982 ; d'une équipe entière de Colombiens en 1983 ; de l'Écossais Robert Millar, sacré meilleur grimpeur en 1984 ; et de Greg LeMond, qui remporta son premier Tour en 1986. Le tableau fut complété par une équipe de Russes, qui courut pour la première fois en 1990.

Greg LeMond escaladant une côte dans le Tour de 1989, une course où il lutta férocement dans la montagne. Il triompha avec une toute petite marge d'avance dans le contre-la-montre final.

GREG LEMOND

Durant le Tour de 1990, le responsable des mécaniciens de l'équipe Z, Julien De Vriese, fut pris de panique. Le tout nouveau cycle de Greg LeMond, un bijou de forme aérodynamique en fibre de carbone, avait été volé ! En larmes, il envoya illico un de ses jeunes mécaniciens en chercher un, il fallait pour cela aller jusqu'en Belgique ! Mais il le rappela bientôt s'apercevant que le champion avait fait monter son vélo dans sa chambre d'hôtel pour s'assurer qu'il ne lui arriverait rien pendant la nuit. L'anecdote résume parfaitement la personnalité du coureur : méticuleux et irréfléchi à la fois. Vainqueur de trois Tours en cinq ans, il se démarqua du cyclisme européen en refusant d'alimenter les potins.

UN SALAIRE SANS PRÉCÉDENT

En 1984, le cyclisme n'était pas un sport rentable. Lorsque LeMond intégra La Vie Claire, il fut le premier cycliste à négocier un contrat d'un million d'euros. En 1989, après son retour sur la scène, son salaire atteignit 5,5 millions d'euros. En outre, il introduisit un certain nombre de changements se déplaçant avec son propre cuisinier, emportant son système de climatisation et imposant que sa femme et ses enfants l'accompagnent durant la course, brisant ainsi un tabou.

Lors de son retour en 1989, il révolutionna l'équipement du cycliste en popularisant le guidon de triathlon de forme aérodynamique, les lunettes de soleil Oakley, le casque radio, les freins en titane et la fourche à suspension. Première star américaine du cyclisme, LeMond internationalisa la discipline en attirant les médias de son pays sur le Tour. Lance Armstrong en récupère aujourd'hui les bénéfices.

Il reste néanmoins une inconnue en ce qui concerne le champion : jusqu'où aurait-il été sans l'accident de chasse qui faillit lui coûter la vie en 1987 ? Ce drame mit entre parenthèses ses meilleures années, à un moment où il était au zénith de ses capacités, et risqua de ruiner sa carrière. Greg LeMond est convaincu qu'il aurait remporté cinq Tours de France.

NATIONALITÉ	**Americaine**
DATE DE NAISSANCE	**26/06/1961, à Lakewood, Californie**
PROFESSIONNEL	**De 1981 à 1994**
PRINCIPALES VICTOIRES	
1982	**Tour de l'Avenir**
1983	**Dauphiné-Libéré, Championnat du monde, Super Prestige Pernod**
1985	**Coors Classic**
1986	**Tour de France**
1989	**Tour de France, Championnat du monde**
1990	**Tour de France**
1992	**Tour DuPont**
PALMARÈS	**1982 : médaille d'argent au Championnat du monde ; 1984 : 3e du Tour de France ; 1985 : 2e du Tour de France ; 3e du Tour d'Italie, médaille d'argent au Championnat du monde.** **Victoires d'étape : 5 au Tour de France, 1 au Tour d'Italie ; 22 étapes en maillot jaune.**

À la fin des années 1980, le Tour était devenu un monstre tentaculaire. Il entraînait un embouteillage infernal dans son sillage. Les hôtes représentant des entreprises ne se comptaient plus. Le nombre des voitures ouvrant la course à vive allure était devenu incontrôlable et les cyclistes étaient plus de deux cents. Sa renommée internationale attirait un millier de journalistes tandis que les télévisons de toute la planète débarquaient avec leur cohorte de véhicules et de techniciens par centaines. Pour satisfaire les sponsors, 16 prix étaient remis à chaque arrivée d'étape.

Le Tour risquait d'être atteint de gigantisme, ce qui pouvait constituer une nouvelle menace pour son avenir. Cette expansion coïncida avec une crise au sein de la direction, Jacques Goddet, qui était au gouvernail depuis un demi-siècle, prenant sa retraite. Après un intérim d'une année, en 1988, marqué par les scandales de dopage, l'ancien journaliste et coureur du Tour Jean-Marie Leblanc prit la relève tentant de donner à la course plus de cohérence à l'approche du XXIe siècle. Sa tâche fut davantage de gérer l'ampleur prise par l'événement plutôt que d'y mettre un frein. L'organisation de la Grande Boucle fut simplifiée, les interminables présentations de prix réduites et les entreprises y prirent plus de place. En 1998, après la découverte de l'affaire Festina, il se trouva cependant démuni et fut réduit à menacer et à implorer tour à tour les coureurs en grève pour qu'ils continuent. Des mesures drastiques furent également prises pour réduire le nombre de véhicules après l'accident qui entraîna la mort d'un petit garçon durant l'édition de 2000. La longueur des étapes fut raccourcie pour redonner plus d'animation à l'événement. Il est prévu que Leblanc prenne sa retraite après le centenaire du Tour, en 2003. Aujourd'hui, organisé par l'Équipe en collaboration avec l'entreprise Amaury Sport, il semblerait qu'après cette date, la course ne soit plus dirigée par un journaliste et ce pour la première fois de son histoire. Cela devrait constituer un grand changement pour un événement qui fut conçu par un éditeur en chef puis mit sur pied et géré par des journalistes.

Lance Armstrong, en jaune, et Marco Pantani semblent bien petits au milieu de toute cette foule ainsi que des innombrables motos et voitures lors de leur ascension du Mont Ventoux en 2000.

DIT LYONNAIS
PHOTO

NATIONALITÉ	Française
NAISSANCE/DÉCÈS	08/01/1934 – 18/11/1987
SURNOM	Maître Jacques
PROFESSIONNEL	De 1954 à 1969
ÉQUIPES	1955 La Perle ; 1956-1961 Helyett ; 1962-1964 St-Raphaël ; 1965-1966 Ford-Gitane ; 1967-1969 BIC
PRINCIPALES VICTOIRES	
1953	G P Nations (indépendant)
1954	G P Nations
1955	G P Nations
1956	G P Nations, record de l'heure 46,159 km à Vigorelli (Milan)
1957	Tour de France, G P Nations, Paris-Nice
1958	4 jours de Dunkerque, G P Nations
1959	Quatre Jours de Dunkerque
1960	Tour d'Italie
1961	Tour de France, Paris-Nice, G P Nations, Critérium National, Super Prestige Pernod
1962	Tour de France
1963	Tour de France, Tour d'Espagne, Paris-Nice, Dauphiné-Libéré, Critérium National, Super Prestige Pernod
1964	Tour de France, Tour d'Italie, Gand-Wevelgem
1965	Bordeaux-Paris, Dauphiné-Libéré, Paris-Nice, Critérium National, G P Nations, Super Prestige Pernod
1966	Liège-Bastogne-Liège, Paris-Nice, Tour de Sardaigne, G P Nations, Super Prestige Pernod
1967	Tour de Catalogne, Critérium National,
1969	Tour du Pays Basque
PALMARÈS	1959 : 3e du Tour de France, 2e du Tour d'Italie ; 1961 : 2e du Tour d'Italie ; 1966 : 3e du Tour d'Italie, médaille d'argent au Championnat du monde ; 1967 : 3e du Tour d'Italie ;
	Victoires d'étape : 16 au Tour de France ; 3 au Tour d'Italie ;
	51 jours en maillot jaune
	65 victoires du contre-la-montre ; 158 victoires en tant que professionnel

JACQUES ANQUETIL

À certains sports sont associées des images qui feront à jamais partie de l'imaginaire collectif d'une nation. Pour la France, le cyclisme sera toujours évoqué par celle de Jacques Anquetil et Raymond Poulidor, coude à coude, dans l'ascension du Puy de Dôme en 1964 : « deux frères siamois en train de souffrir », dira Poulidor. Ce fut le plus grand moment d'Anquetil, il illustre l'approche qui fit de lui le premier coureur à remporter cinq fois la Grande Boucle : gagner du temps au contre-la-montre et se cramponner de toutes ses forces dans la montagne. Il était parfaitement capable de surpasser les grimpeurs mais son point fort était le contre-la-montre qu'il enleva 65 fois durant sa carrière dont neuf fois au Grand Prix des Nations. Indurain, Hinault et Armstrong courront dans son sillage.

LUTTER POUR ÊTRE RESPECTÉ

Sa tactique faisait de lui un coureur plus respecté qu'aimé par le public. En 1961, Anquetil domina le Tour du début à la fin mais l'organisateur de la course, Jacques Goddet, le railla dans son éditorial, l'affublant du nom de « nain » à côté des « géants » du Tour qui l'avait précédé. Même après sa cinquième victoire, en 1964, il fut sifflé par une partie des spectateurs à son arrivée au Parc des Princes. Maître Jacques devait s'entraîner à courir avec panache.

1961 : Maître Jacques revêtu du maillot jaune, donnant le meilleur de lui-même dans une côte, est sur le point de remporter son deuxième Tour de France. Trois autres victoires suivront.

Il surpassa « L'Aigle de Tolède », Federico Bahamontes et lui arracha la victoire dans deux importantes étapes de montagne en 1963, de Pau à Bagnères-de-Bigorre dans les Pyrénées et de Val-d'Isère à Chamonix dans les Alpes.

En 1965, encouragé par son directeur et ancien équipier Raphaël Geminiani, il réalisa son plus grand exploit. Aucune victoire n'égala celles d'Anquetil dans la course d'étapes du Dauphiné-Libéré ayant lieu pendant huit jours dans les Alpes et la classique Bordeaux-Paris se déroulant sur 560 km pendant 15 heures. Défiant toute logique sportive, la première se terminait à 17 heures et la seconde démarrait à 2 heures le matin suivant. Anquetil voyagea dans un avion officiel avec l'autorisation de De Gaulle en personne. Il fit un petit somme d'une heure en route et se retrouva à Paris sous une pluie à transpercer les os face à des concurrents frais et dispos. Sa victoire fut un triomphe. Après neuf jours de course, il avait 2 500 km dans les jambes.

Très tôt talentueux, Anquetil battit le record de l'heure à 22 ans, améliorant celui de Fausto Coppi, quatorze ans après. Il parvint à atteindre la vitesse qui lui fit remporter ses contre-la-montre en courant derrière la moto de son entraîneur André Boucher. Il faisait 80 km à 64 km/h, souffrant comme une bête, sans broncher. À côté de cela, il ne se serait pas passé des petits plaisirs de la vie. « Un régime ? me dit-il un jour, ne dites pas de gros mots, s'il vous plaît ! ». Il adorait le homard, le champagne et le whisky, même s'il arrivait que le contenu des verres fût jeté dans l'évier une fois les journalistes partis.

Sa rivalité avec Poulidor était bien réelle. En 1967, il buvait un whisky avec Geminiani à 3 heures du matin après avoir décidé de ne pas courir le Critérium national le lendemain à cause d'une toux. « Demain, Poulidor va gagner, buvons à sa victoire », lui dit « Gem ». Cela ne le fit pas rire du tout, il dit à sa femme de mettre le réveil à 7 heures et s'imposa à la première place le lendemain.

UN HOMME INTRANSIGEANT

C'était un esprit indépendant, il admettait l'usage des produits dopants et fit campagne contre l'introduction des tests. Il attaqua les « hypocrites » qui soutenaient que l'on pouvait courir 200 jours par an sans prendre des amphétamines. Ses relations avec les femmes frôlèrent l'inceste, il eut des enfants avec la fille que sa femme avait eue d'un premier mariage et avec sa belle-fille.

Vers la fin de sa vie, il était très préoccupé par les conséquences des drogues qu'il avait prises sur sa santé et craignait terriblement la mort. Refusant d'aller se coucher de peur de ne pas se réveiller, il rôdait dans sa propriété de Normandie, sa région natale, à l'affût des animaux de la nuit. Il fut emporté par un cancer de l'estomac.

Même sur son lit de mort, il ne put oublier sa rivalité avec « Poupou », ayant pour lui ses derniers mots non dénués d'ironie : « Je suis désolé Raymond, mais là encore, tu vas être le deuxième derrière moi. »

7-ELEVEN
deltongo
ARIOSTEA
CERAMICHE

MILAN - SAN REMO

Le grand rite cycliste de printemps se tient chaque année à Milan, le troisième samedi du mois de mars. À l'ombre de l'immense dôme, les coureurs se préparent pour le départ dans une atmosphère d'agitation. Ils ignorent les cris des supporters italiens endossant l'équipement de leur équipe préférée ou revêtant le Loden que les Milanais aisés portent jusqu'en mai.

La tension est palpable et compréhensible car c'est avec Milan-San Remo que les professionnels du cyclisme remontent en selle « pour de bon » après la pause hivernale et les épreuves d'entraînement qui se sont intensifiées depuis le début du printemps, atteignant leur point culminant avec deux événements de huit jours : Paris-Nice, « la Course au soleil » et Tirreno-Adriatico, « la Course des deux mers ». Mais tout ceci n'est que de l'échauffement au regard de Milan-San Remo, « la Primavera » (le printemps) ou « la Classicissima » (la Classique des classiques) comme les Italiens ont coutume de l'appeler.

MILAN-SAN REMO

CRÉÉE POUR FAIRE LA PROMOTION D'UNE STATION BALNÉAIRE VIEILLISSANTE DE LA RIVIERA, LA PRIMAVERA EST DEVENUE UNE COURSE QUE TOUS LES CYCLISTES ITALIENS RÊVENT DE REMPORTER.

Parmi les grandes courses d'Europe, Milan-San Remo est la seule dont l'itinéraire soit quasi identique à celui tracé en 1907 par les organisateurs de *La Gazzetta dello Sport*, qui sponsorisent encore l'événement près d'un siècle plus tard. C'est la plus longue des classiques, près de 300 km en une seule journée : un goût de retour aux origines du cyclisme, celui de la Belle Époque. Mis à part de petits ajouts, la *Classicissima* emprunte les mêmes routes, aujourd'hui rénovées. Elle traverse la plaine après la chartreuse de Pavie, gravit peu à peu les Apennins jusqu'au col du Turchino, plonge ensuite vers la banlieue de Gênes et suit la vieille route romaine du bord de mer traversant Alassio et Imperia pour arriver à San Remo, la dernière ville avant Ventimille et la frontière française.

Un an avant la première édition, sur une route similaire passant par Acqui Terme, non loin du Turchino, avait eu lieu une terrible course automobile que seuls deux participants avaient terminée. Les organisateurs de Milan-San Remo n'étaient pas sûrs que les cyclistes auraient fait mieux, ils envoyèrent en reconnaissance Giovanni Gerbi, le vainqueur du Tour de Lombardie. C'était l'un des favoris de cette course avec Gustave Garrigou. Ils s'échappèrent tous deux mais, approchant la ligne d'arrivée, ils se disputèrent et furent rattrapés par Lucien Petit-Breton, un équipier de Gerbi chez Bianchi. Celui-ci, sachant qu'il ne pourrait vaincre Garrigou au sprint final, l'empoigna pour protéger la manœuvre de Petit-Breton qui l'emporta. Arrivé second, Gerbi fut relégué à la troisième place pour irrégularité. « Un succès formidable avec beaucoup d'animation car on s'attendait à ce que ce soit lui le vainqueur », écrit l'hebdomadaire catholique *L'Armonia.* Petit-Breton, de son vrai nom Mazan, avait adopté ce pseudonyme car son père désapprouvait qu'il coure. Cette année-là et la suivante, il remportera le Tour de France. Il fut le premier à le gagner deux années d'affilée. Il mourut durant la Grande Guerre : en route pour le front des Ardennes en 1917, il fut fauché par camion conduit par un paysan ivre.

Se déroulant en mars, Milan-San Remo connut souvent des conditions météo exécrables les premières années. La course de 1907 eut lieu sous une pluie glaciale, mais la pire fut celle de 1910. Le vainqueur fut Eugène Christophe, « Cricri le vieux Gaulois », dont la fourche s'était cassée au moment le plus inopportun du Tour de France. Lorsque les coureurs quittèrent Milan, le froid était mordant mais ils furent plus gênés par la boue dans la plaine entourant Pavie. Ils ne pouvaient rouler que sur le bord de la route, esquivant les pierres qui la jonchaient tous les 20 mètres. Lors de l'ascension au Turchino, il se mit à neiger. Les coureurs abandonnaient les uns après les autres. Christophe arriva à pied au tunnel situé au sommet et prit la tête. Mais, sa réputation de cycliste malchanceux le poursuivait et les choses commencèrent à se gâter quand il redescendit. « Il y avait 20 cm de neige, plus par endroits », confia-t-il au magazine *le Miroir des Sports,* en 1922. « Je posais les pieds par terre, courais, marchais, remontais sur le vélo, à un certain moment je ne pouvais plus pédaler. Alors j'ai couru, mais j'ai dû ralentir. Un peu plus loin, j'ai été pris de crampes d'estomac. Une main sur ma bicyclette et l'autre sur le ventre, je me suis appuyé sur un rocher. Le froid me paralysait : je pouvais légèrement bouger la tête, c'était tout ». Alors qu'il était couché, pensant à l'argent qu'il perdrait s'il ne gagnait pas – sans réaliser qu'il était sur le point de mourir de froid – un homme passa. « Il ne s'est pas arrêté » raconta Christophe, qui cria les seuls mots d'italien qu'il connaissait « Signor, signor, casa, casa » (Monsieur, Monsieur, maison, maison). Il fut alors traîné, sans pouvoir bouger, jusqu'à une auberge. Pendant qu'il se réchauffait près du poêle, buvant de l'eau chaude avec du rhum et faisant des exercices pour réactiver la circulation dans ses membres, ses yeux restaient fixés sur la route. Il se fit donner un pantalon et repartit 25 minutes après.

Col du Turchino
Après la plaine de Lombardie, la course traverse les Apennins avant de rejoindre la côte ligurienne. Le Bric Berton, une pénible montée escarpée suivie d'une descente terrifiante vers la banlieue de Gênes, a été rajouté pour augmenter la difficulté. Il est rare que la victoire se décide ici comme ce fut le cas en 1991 pour Claudio Chiappucci sous une pluie battante.

Poggio di San Remo
Juste avant l'arrivée, il reste une pente en épingles à cheveux serrées puis deux kilomètres sur le plat dans le centre ville. Jusqu'au milieu des années 1990, le Poggio fut le point privilégié de l'attaque finale mais depuis la victoire de Laurent Jalabert en 1995 le résultat a tendance à se dessiner dans les rues de San Remo.

Cipressa
Avant cette petite ascension raide, en épingles à cheveux, qui traverse les oliveraies à la sortie d'Imperia, les concurrents se livrent une féroce bataille pour les premières places. Invariablement, le peloton se divise pour la première fois alors que la course s'enfonce dans l'intérieur du pays. Un grand nombre de chutes a lieu dans la dangereuse descente vers la mer.

Capi
Trois petites collines – Capo Mele, Capo Cervo et Capo Berta – constituent le test pour les jambes des cyclistes dans la phase finale. Ce ne sont que de courtes côtes sur une série de petits promontoires serpentant le long de la mer mais les six heures déjà passées en selle éprouvent leur endurance.

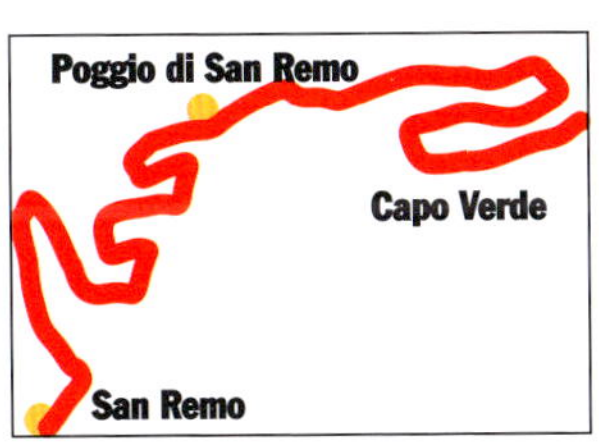

L'ITINÉRAIRE

Fait unique parmi les grandes courses, le parcours de Milan-San Remo est resté essentiellement le même depuis sa naissance il y a 90 ans. Comme le montre ici l'itinéraire de 2002, la première partie se déroule sur la plaine de Lombardie où les concurrents filent à toute allure. Il arrive que la course se divise, à cause du vent, au pied des Apennins. Ensuite, c'est l'ascension du col du Turchino, autrefois un chemin poussiéreux, devenu aujourd'hui une route importante bien asphaltée, puis la descente vertigineuse vers la périphérie de Gênes. La portion finale a pour cadre les eaux bleues de la Méditerranée et le paysage de collines bordant la côte où les petites bosses cassent le rythme avant la montée décisive du Poggio et la terrifiante pente en épingle à cheveux qui dévale vers San-Remo.

D'autres coureurs l'avaient dépassé – ou plutôt « quatre tas de boue » comme il le précisa au *Miroir* –, mais il réussit à les rejoindre et à triompher. Ayant franchi la ligne en second, Luigi Ganna, vainqueur du premier Tour d'Italie deux ans après, fut disqualifié pour s'être accroché à une voiture. La deuxième place fut donc attribuée à Cocchi qui arriva 1 h 10 après Christophe. Seuls deux autres participants terminèrent. Cet enfer avait duré 12 heures et le prix était cher payé : Christophe passa un mois à l'hôpital pour se remettre d'une hypothermie et mit presque deux ans avant de recourir.

Contrairement aux autres classiques dont certaines n'ont gardé de leur parcours que les villes de départ et d'arrivée plus une partie d'itinéraire, la course Milan-San Remo a seulement trois petites ascensions en plus depuis l'époque de Petit-Breton et de Christophe. Le raisonnement a toujours été le même : le revêtement des routes s'étant amélioré, il est plus dur de départager les concurrents. D'où l'ajout des côtes, qui donne la possibilité aux non-sprinters de s'échapper. En 1960, fut intégré le Poggio, la plus célèbre boucle s'écartant de la route côtière pour traverser une petite colline aux alentours de San Remo. En 1982, c'est au tour de la Cipressa, située à la sortie d'Imperia, qui sera suivi en 2001 par le Bric Berton, une côte escarpée évitant le Turchino qu'un éboulement rendait impraticable cette année-là. Le Berton a été gardé après la réouverture du col.

Ce qui était un exercice d'endurance où entrait une part de chance dans les premières années, devint une bataille tactique d'une formidable ingéniosité dans les années 1960. La course est rarement gagnée au niveau du Turchino ou de la Cipressa. Le moment clé est le Poggio, une série d'épingles à cheveux serpentant au-dessus de la mer jusqu'à un petit village situé sur la crête. Il est précédé d'une féroce lutte de 48 km pour prendre la tête du peloton, lors de la descente vers la route côtière après les petits promontoires de Capi et Cipressa. La principale préoccupation des coureurs est le Poggio : il faut être dans les 10 premiers lorsque l'itinéraire s'écarte de la côte. « Il faut se battre sans fléchir, il y a des chutes à la pelle », assure Sean Kelly, deux fois vainqueur de la course. « Ils sont tous très nerveux parce qu'ils savent que celui qui a 100 m d'avance au sommet du Poggio a triomphé. Il a déjà franchi la ligne d'arrivée », précise un autre coureur. « Il faut être dans les 20 premiers. Si on reste derrière, on se retrouve au milieu des équipiers qui font obstruction et, en quelques secondes, on peut être à la énième place. » Mais la lutte est encore plus intense à l'approche de la Cipressa. La descente vers la mer est dangereuse, les chutes sont nombreuses et il reste peu de temps pour regagner du terrain avant le Poggio.

Durant les premières années, les cyclistes français et belges dominèrent la course, mais à partir de la Première Guerre mondiale, peu d'étrangers y participèrent. En 1938, ses organisateurs réalisèrent que la course se mourait et commencèrent à encourager les cyclistes d'autres pays à faire le voyage vers Milan. Durant les quarante années précédant la victoire de Louison Bobet en 1954, seul un coureur étranger, le Belge Joseph Demuysere, réussit à s'infiltrer parmi les « campionissimi » italiens – les super champions – tels que Gaetano Belloni, Costante Girardengo et Alfredo Binda dans les années 1920, ainsi que Gino Bartali et Fausto Coppi dans les années 1930 à 1940.

RIVALITÉ ENTRE « CAMPIONISSIMI »

Les super champions italiens ont souvent laissé leurs sentiments dominer leur carrière. Course après course, vaincre le rival numéro un est devenu plus important que de triompher. Il y a quelques années, Binda regrettait d'avoir mis toute son énergie à chercher à battre Girardengo en 1927, laissant ainsi un « inconnu », Pietro Chesi, gagner une avance décisive à laquelle il réagit trop tard. Mais cela ne l'arrêta pas. Il recommença cinq ans plus tard avec un nouvel adversaire, Learco Guerra, favorisant ainsi Alfredo Bovet.

La rivalité est une des pierres angulaires de la tradition cycliste italienne depuis plus de soixante ans. Elle est en partie fondée sur un réel antagonisme, et en partie fabriquée par une presse s'alimentant des querelles entre deux champions. Ce fut le cas pour Binda et Girardengo dans les années 1920, Bartali et Coppi dans la période 1940 à 1950, Francesco Moser et Giuseppe Saronni – surnommé « il Beppe » – à la fin des années 1970 et au début de la décennie suivante, et enfin pour Marco Pantani et Michele Bartoli à la fin du siècle dernier. Moser fut l'un des rares à exprimer sans ambages cette rivalité. En 1981, alors qu'ils approchaient de San Remo, Saronni et lui-même étaient dans le groupe de tête lorsque Fons De Wolf se

FAUSTO COPPI, en 1948 : une grande victoire pour celui qui est déjà le super champion italien. Le photographe s'est approché trop près du théâtre de l'action et l'officiel sur la moto lui indique de laisser le passage.

détacha. Moser refusa d'aider Saronni à le poursuivre et le Belge l'emporta. « Il Beppe » s'en plaignit amèrement, mais Moser répondit qu'il n'était pas payé pour aider Saronni et qu'il avait tout fait pour qu'il perde.

Après quatre victoires manquées de peu, le fort et pugnace Saronni, toujours la moue sur les lèvres, revêtit deux ans plus tard le maillot de champion du monde. En 1981, Moser était déjà une légende après ses trois victoires consécutives de Paris-Roubaix. Son jour de gloire dans la « Classicissima » vint en 1984. Ce fut une année de grâce suite à ses aveux sur les transfusions sanguines du Dr Conconi, et après sa victoire du record du monde de l'heure à Mexico.

Triompher dans la Primavera est un passage obligé pour un coureur italien prétendant au titre de champion ou super champion. Pour tous, depuis les années 1960, le moment décisif est l'attaque du Poggio, où l'on se détache du peloton pour se lancer dans les épingles à cheveux de la difficile descente vers côte, avec la gloire à quelques kilomètres.

« ARRIVA COPPI ! »

Le règne du plus grand d'entre eux, Fausto Coppi, a commencé en 1946, avec la première course d'après-guerre. C'est sans doute la plus éclatante victoire de l'histoire du Milan-San Remo. Peu après le départ, Coppi était déjà en tête. Au col du Turchino, il était seul à attaquer le tunnel. Pierre Chany décrit la scène dans son livre *Arriva... Coppi* : « Le tunnel du Turchino ne fait que 50 m. Mais le 19 mars 1946, il prit une dimension exceptionnelle pour ne pas avoir été emprunté par la course depuis six ans. Il faisait noir à l'intérieur car malgré la paix, l'électricité n'avait pas encore été rétablie. Il y eut un grondement, une voiture émergea, soulevant un

nuage de poussière. Puis une deuxième, puis une autre et encore une autre... " Arriva Coppi ! Arriva Coppi ! " criait la foule. Il arrivait, très vite... Il avait les jambes fines, démesurément longues, le buste court, la tête enfouie dans les épaules, l'œil globuleux et la bouche en appel d'air dans un ensemble paradoxalement harmonieux... Le " héron " revêtu des couleurs de l'Italie, perché sur son invisible selle, les avait tous lâchés. » Coppi l'emporta en arrivant à San Remo avec 14 min d'avance sur le second coureur, après avoir été en tête pendant 250 km. Selon Chany, il ouvrait une nouvelle ère pour le cyclisme avec ses positions radicales sur l'entraînement et la diète. Durant les six années suivantes, il transformera ce sport.

Tous les champions italiens ont participé à la Primavera. Felice Gimondi fut assailli par la foule Via Roma lorsqu'il triompha enfin en 1974, seul, à l'âge de 31 ans alors que l'on pensait ses meilleures années dernières lui. La victoire de Claudio Chiappucci, en 1991, le fit passer d'équipier chanceux

Moment décisif de la course pluvieuse de 1991 : Claudio Chiappucci devant, en maillot blanc, a compris que le Danois Rolf Sorensen faiblissait dans l'ascension du Poggio juste avant l'arrivée.

lors du Tour de France de 1990, à un statut beaucoup plus important. « El diablo », comme il fut surnommé plus tard, s'échappa dans la descente du Turchino sous une pluie battante et dans des conditions dangereuses. Ses yeux brillants se détachaient de son visage boueux et de l'obscurité régnante. Sur la route côtière, il épuisa un à un ses compagnons d'échappée. Pour finir, seul le Danois Rolf Sorensen tint bon, il donna le meilleur de lui-même dans le Poggio. Mais Chiappucci le lâcha et arriva seul à San Remo, à la manière des grands.

À son grand regret, le plus formidable coureur italien de classiques des années 1980, Moreno Argentin, ne triompha jamais à San Remo. Champion du monde, il fut porté aux nues par la presse avant la course de 1987. *La Gazzetta dello Sport,* organisant toujours l'événement, avait intérêt à attiser les polémiques autour des stars nationales. Argentin ne supporta pas la tension et abandonna, prétendant qu'un coup de fil anonyme durant la nuit avait perturbé son sommeil. Cinq ans plus tard, il eut l'opportunité de remporter la victoire qui aurait couronné sa carrière et il la rata. Dans un style classique, il attaqua dans le Poggio, atteignant le sommet avec quelques secondes d'avance et se lança dans la pente, la gloire à porter de main. Mais derrière lui, malgré ses 36 ans, l'Irlandais Sean Kelly avait décidé de risquer le tout pour le tout dans la dernière descente vers San Remo.

Il faut préciser que celle-ci ne consiste pas simplement à se caler sur sa selle et à se laisser aller en roue libre. Selon Laurent Fignon, deux fois vainqueur de la course, il faut effectuer une série de sprints, freiner au dernier moment, ne pas prendre les virages rapidement pour ensuite regagner immédiatement de la vitesse et sprinter dans les lignes droites. Cette descente n'est pas seulement un test de courage, c'est aussi une épreuve de concentration, après sept heures de course, qui culmine dans l'intense sprint du Poggio. Kelly avait plus d'énergie mentale qu'il n'en fallait : filant à toute allure dans les courbes et les lignes droites, il se rapprocha mètre après mètre d'Argentin et finit par le rejoindre alors qu'ils entraient dans San Remo. Argentin regarda autour de lui et n'en crut pas ses yeux lorsqu'il vit Kelly dans sa roue. Une minute après, celui-ci l'emportait grâce à son sprint. Mais en réalité, sa victoire avait été assurée à partir du moment où Argentin l'avait aperçu. Elle reviendrait au coureur prêt à prendre les plus gros risques dans la descente, alors qu'il la sentait à porter de main. Argentin n'y était pas prêt, Kelly si : il n'y a pas de meilleure illustration de la différence entre un sportif et un grand champion.

La Primavera n'est pas toujours dominée par les coureurs italiens. Il arrive, en effet, qu'ils perdent de vue l'essentiel. En 1982, dans le Poggio, les supporters italiens restèrent bouche bée en voyant arriver un coureur à lunettes et à l'allure gauche, Marc Gomez, devant Saronni, Moser et les autres. Pas Espagnol, comme on le crut, mais Français, il courait pour la première année comme professionnel et participait à sa première classique. L'année précédente, trop modeste pour faire le pas, il avait été persuadé par sa femme de quitter l'amateurisme. Les champions et leur équipe laissèrent Gomez ainsi qu'Alain Bondue, un autre Français, gagner trop de terrain après leur échappée dans la périphérie de Milan. Ils engagèrent une poursuite, mais elle fut trop courte et trop tardive. Bondue chuta dans la descente entre le Poggio et San Remo tandis que Gomez savourait son moment de gloire. En 1987, ils commirent la même erreur et ce fut un solide équipier suisse, Erich Maechler, qui triompha tandis que « les stars, assises sur leurs selles, regardaient » écrivit le magazine italien *Bicisport* avec amertume. La Primavera de 1990 offrit le plus curieux des spectacles : dans la plaine entre Milan et Pavie, la course se divisa avec 122 coureurs dans le peloton de tête. Des champions comme Kelly et Fignon furent laissés à l'arrière alors qu'ils discutaient en fin de peloton et ne surent plus comment faire face à la situation car la majorité de leurs équipiers se trouvaient devant. Il en résulta que la course se déroula à une vitesse record de presque 46 km/h, la victoire revenant à l'Italien Gianni Bugno, le plus novice de tous.

« SUPER MARIO »

Milan-San Remo reste la course de rêve des cyclistes italiens. Alors qu'il était petit, Mario Cipollini, protégé de la neige par le manteau de son père, attendait le passage de son frère Cesare au Turchino. Devenu le coureur le plus charismatique des années 1990 et le sprinter le plus rapide, il fit de la Primavera son but ultime. La victoire lui tendait les bras mais il y avait toujours un obstacle.

En 1993, après la victoire en solitaire de Maurizio Fondriest, la foule envahit la ligne d'arrivée, bloquant la voiture du directeur de la course assez longtemps pour que le peloton des poursuivants, dont faisait partie Cipollini, vienne s'y encastrer dans un amoncellement de corps meurtris et de bicyclettes cassées. Dans sa rage, face à un tel désastre, Cipollini lança son vélo sur le pare-brise arrière de la voiture. En 1994, alors qu'il était le premier au sprint de peloton, Giorgio Furlan lui vola la victoire. En 2001, à sa 13e tentative, il termina encore second, cette fois derrière l'Allemand Erik Zabel. Il semblait ne jamais pouvoir remporter « la Classicissima ». Cependant le 23 mars 2002, Zabel tomba avant la Cipressa. « Super Mario » trouva la force d'affronter le Poggio avant de finir en beauté le sprint sur la Via Roma. À 35 ans, c'était la consécration.

Cipollini allie deux dimensions, une spirituelle et l'autre très terre à terre. Il est à tour de rôle dur et doux. Dans le Poggio, confesse-t-il, alors qu'il souffrait pour ne pas être distancé, il fut soutenu par l'esprit du commentateur de la télévision, Adriano de Zan, une figure centrale du cyclisme italien décédée peu de temps auparavant.

Avant la course, le maître mot était entraînement, rien d'autre, y compris le sacrifice ultime pour le plus macho des cyclistes : une longue période d'abstinence sexuelle.

Chacun a sa méthode pour se préparer. Avant sa victoire de 1977, le Hollandais Jan Raas étudiait les films sur Merckx pour travailler son échappée dans la descente du Poggio. Gianni Bugno se détendait en écoutant Mozart pour surmonter le vertige qui l'empêchait de se lancer le premier dans la pente mythique avant sa victoire de 1990, un formidable tremplin pour une carrière dans laquelle il réussira à se maintenir en tête du Tour d'Italie du début à la fin et où il sera deux fois champion du monde.

LES CHAMPIONS DE LÉGENDE

Trois noms ont dominé la Primavera : Costante Girardengo et Eddy Merckx qui, a eux deux, l'ont remportée treize fois ; puis Erik Zabel qui gagna quatre fois en cinq ans, de 1997 à 2001, et termina second en 1999 lors d'une course inhabituelle derrière le Belge d'origine Moldave, Andreï Tchmil.

Les sept victoires de Merckx encadrent la période où il domina le monde du cyclisme. L'année 1966 fut celle de la première grande victoire professionnelle du « Cannibale » : dans le sprint final de la Via Roma, les coudes écartés et un large sourire, il devança de peu Adriano Durante. Il avait tout juste 20 ans. Son triomphe eut le même écho que celui de Coppi en 1946 : après lui, le cyclisme ne sera plus jamais pareil. En 1976, il l'emporta avec plusieurs mètres d'avance sur Jean-Luc Vandenbroucke qui fut disqualifié pour dopage. Avec cette 7e victoire, il faisait mieux que Girardengo qui en avait comptabilisé six. Mais Merckx dira que c'était plus effrayant que rassurant. Du fait de ses problèmes de santé, il avait réalisé plus tard combien il avait forcé toutes ces années. Ce fut son dernier grand succès.

L'homme qui s'est le plus approché du record de Merckx est sans aucun doute Zabel. À la fin du XXe et au début du XXIe siècle, le cyclisme est aussi différent de celui de l'époque de Merckx qu'il ne l'était de la période Girardengo : il est de moins en moins prévisible. Grâce aux améliorations, vingt ou trente coureurs ont une chance de gagner la plupart des classiques, il est donc infiniment plus dur pour chacun d'eux de dominer la course. Remporter Milan-San Remo quatre fois en cinq ans est devenu un exploit beaucoup plus improbable que de triompher quatre fois au Tour de France, car la compétition est plus intense.

Zabel est unique en son genre pour plusieurs raisons. Le second déplacement de la ligne d'arrivée l'a favorisé. Entre 1985 et 1994, la course se terminait sur le Corso Cavalotti, non loin du pied du Poggio. Depuis 1994, elle a retrouvé sa place d'origine quelques kilomètres plus loin, Via Roma.

COSTANTE GIRARDENGO

Girardengo fut le premier « campionissimo » (super champion) à dominer le cyclisme italien entre 1919 et 1925 malgré sa petite taille qui lui valut le surnom de petit bonhomme de Novi. Après sa victoire écrasante au Tour d'Italie en 1923, où il remporta 7 étapes sur 10, le numéro deux Gaetano Belloni confessa : « Je ne serai jamais un super champion, mais les noms de quelques jolies filles sont gravés dans mon cœur » et le nom fut immédiatement adopté à la place de « Gira ». Dans les années 1920, on disait Girardengo plus populaire que Mussolini. Il fut décrété que tous les trains s'arrêteraient dans sa ville, un honneur habituellement réservé aux chefs d'États.

NATIONALITÉ	Italienne
NAISSANCE/DÉCÈS	Novi Ligure 18/03/1893 – Alessandrie 02/02/1978
SURNOM	Il Campionissimo ; Gira ; le petit bonhomme de Novi
PROFESSIONNEL	1912 à 1936
PRINCIPALES VICTOIRES	
1913, 1914, 1919-1995	Championnat d'Italie
1918, 1921, 1923, 1925, 1926, 1928	Milan-San Remo
1919, 1921, 1922	Tour d'Italie, Tour de Lombardie

En 2001, l'Allemand Erik Zabel arrive en tête au sprint de groupe, arrachant la victoire devant Mario Cippollini (maillot rouge, lunettes blanches). Ce dernier remportera la Primavera l'année suivante.

Il est donc plus difficile pour les échappés, dans le Poggio, de ne pas être évincés avant l'arrivée et pour les survivants de la dernière côte de s'engager dans un sprint de peloton. L'itinéraire de Milan-San Remo tel qu'il se présente aujourd'hui convient parfaitement à Zabel. Étant légèrement meilleur grimpeur que les autres sprinters et ayant un peu plus d'endurance qu'eux, il parvient à les devancer sur la distance et dans les montées. Même s'ils réussissent à tenir bon, ils doivent faire plus d'efforts que lui. Aujourd'hui, il compte parmi les cyclistes les plus professionnels : il s'entraîne sérieusement pendant l'hiver et son équipe, Telekom, a engagé nombre de coureurs pour l'aider dans ses sprints, notamment Gian Matteo Fagnini, ancien équipier de Mario Cipollini, qui le conduisit avec perfection à la première place en 2001. Ses victoires, il les a remportées lors de sprints de peloton de toutes tailles où jamais un coureur, ni un groupe, n'a pu prendre l'avantage sur lui dans le Poggio. Une telle domination a soulevé l'inévitable question : Milan-San Remo est-elle devenue trop facile ? Peut-être est-il temps de modifier légèrement l'itinéraire en intégrant une autre colline près de la ligne d'arrivée pour que le résultat soit moins prévisible.

ERIK ZABEL

Produit du système sportif de l'ex-RDA, initialement perçu par ses entraîneurs comme un coureur non motivé, Zabel est un grand sprinter. Dans sa maison de Unna, trônent les trophées et maillots qu'il a remportés. On y trouve aussi treize vélos et les multiples paires de chaussures avec lesquels il a gagné.

En 2001, il atteint le record du classement par points du Tour de France avec six victoires d'affilée. Comme pour les cinq victoires précédentes, il apparaît sur le podium avec son fils Rik – prénommé ainsi en hommage à Rik Van Looy – qui grandit au rythme des maillots verts de son père.

NATIONALITÉ	Allemande
DATE DE NAISSANCE	07/07/1970, à Berlin
PROFESSIONNEL	Depuis 1993
PALMARÈS	
1994	Paris-Tours
1996	Maillot vert du Tour de France 1997, 1998, 1999, 2000, 2001
1997	Milan-San Remo 1998, 2001, 2001
1998	Championnat d'Allemagne
1999	GP de Frankfort
2000	Amstel Gold Race; score total de la Coupe
2001	Hew-Cyclassics

EDDY MERCKX

Chaque sport a son symbole : Pelé, Ali, Senna... Pour le cyclisme, c'est Eddy Merckx. Si son record a pu être égalé, la domination de ce titan, qui a duré plus cinq ans à partir du début des années 1970, ne le sera jamais. Dans aucune autre discipline, on ne trouve d'équivalent.

En 1971, « le Cannibale » remporta 54 victoires sur 120 courses. Aujourd'hui, un cycliste ne court pas plus de 100 jours par an et s'imposer dans 20 compétitions apparaît comme un record exceptionnel. Au summum de sa gloire, entre 1969 et 1973, le Belge gagna 250 courses sur les 650 auxquelles il prit part. C'est le coureur le plus compétitif que le cyclisme ait jamais connu.

L'IMPITOYABLE

Pour lui, aucune course n'était à négliger, si petite fût-elle. Selon Barry Hoban, l'un de ceux qui tentèrent de le battre et y parvinrent occasionnellement, il était toujours prêt à en découdre. « S'il restait 10 jours sans gagner, ça n'allait pas », confie son masseur, Guillaume Michiels.

À partir du 3 avril 1973, pendant un peu plus de neuf semaines, le Belge a remporté quatre grandes classiques en 19 jours : Gand-Wevelgem, Amstel Gold Race, Paris-Roubaix, Liège-Bastogne-Liège. Après une pause de quatre jours, il a enchaîné sur le Tour d'Espagne : victoire au classement général et premier dans six étapes. Quatre jours d'arrêt et en route pour le Tour d'Italie où il domina du début à la fin, remportant la victoire et s'imposant dans une demi-douzaine d'étapes.

L'année suivante, entre mai et juin, il fonce à nouveau avec le même insatiable appétit, ne faisant qu'une bouchée du Tour d'Italie puis du Tour de Suisse et du Tour de France avec un record de 8 victoires d'étape dans ce dernier. En 1971, dans le Grand Prix du Midi Libre, Christian Raymond, l'un de ses malheureux rivaux le surnomma « le Cannibale » après que Merckx eut lâché le peloton dès la première étape, le distançant d'une demi-heure. Ce nom lui collera à la peau.

Tout jeune, il était déjà fait de ce bois. Un jour, alors qu'il jouait avec ses copains dans un chantier, ils firent une course à qui grimperait le plus vite à une grue. Il gagna, devançant de 20 m le deuxième. À trois ou quatre ans, ses voisins l'appelaient « Tour de France » parce qu'il passait des heures sur son vélo. Adolescent, il s'essaya à la boxe, au foot, au tennis et au basket avant de choisir le cyclisme.

Merckx est bien plus qu'une liste de victoires. Il se détache du lot par la manière qu'il avait d'écraser ses adversaires : sans merci, comme un rouleau compresseur. L'organisateur du Tour de France, Jacques Goddet, écrivait qu'il en faisait toujours plus qu'il n'en fallait pour gagner, la simple gloire ne lui suffisait pas.

« Autant que cela lui était physiquement possible, chaque victoire devait être décisive. Cela trahissait un manque de confiance en soi, une insécurité profonde me confia-t-il. "Quand on est seul en tête dans une course d'un jour, on est sûr de gagner. Mais dans une course par étapes, on n'est jamais sûr. On peut ne pas être en forme le lendemain. Alors il faut y aller à fond, toujours. Comme ça, si ça arrive, on a déjà des points d'avance", me dit-il. "Et dans les petites courses, celles qui sont organisées pour le plaisir du public ?", lui dis-je. "Les

Sallanches, 1964. En remportant le Championnat du monde amateur, Eddy Merckx donne un avant goût de ce dont sera capable « le Cannibale » : il dominera la scène cycliste pendant les douze ans à venir.

NATIONALITÉ	Belge
LIEU DE NAISSANCE	17/06/1945, à Meensel-Kiezegem (Brabant)
SURNOM	Le Cannibale, l'Ogre de Tervuren
PROFESSIONNEL	De 1965 à 1978
ÉQUIPES	
1965	Solo-Superia
1966-1967	Peugeot
1968-1969	Faema
1970	Faemino
1971-1976	Molteni
1977	Fiat
1978	C&A
PALMARÈS	
1964	Championnat du Monde (amateur)
1966	Milan-San Remo, Grand Prix Pino Cerami
1967	Championnat du Monde, Milan-San Remo Gand-Wevelgem, Flèche Wallonne
1968	Tour d'Italie : + 4 étapes, meilleur grimpeur, classement par points; Paris-Roubaix, Tour de Sardaigne, Tour de Romandie, Tour de Catalogne, Trois Vallées Varésines
1969	Tour de France : + 6 étapes, meilleur grimpeur, classement par points; Milan-San Remo, Tour des Flandres, Liège-Bastogne-Liège, Paris-Nice, Paris-Luxembourg, Super Prestige Pernod
1970	Tour de France : + 8 étapes, meilleur grimpeur; Tour d'Italie : + 3 étapes; Paris-Roubaix, Gand-Wevelgem, Flèche Wallonne, Tour de Belgique, Coppa Agostini, Championnat de Belgique, Super Prestige Pernod
1971	Championnat du Monde, Tour de France : + 4 étapes, classement par points; Milan-San Remo, Het Volk, Liège-Bastogne-Liège, G P Frankfort, Tour de Lombardie, Tour de Belgique, Tour de Sardaigne, Paris-Nice, Dauphiné-Libéré, Midi Libre, Super Prestige Pernod. 54 victoires dans 120 courses
1972	Tour de France : + 6 étapes, classement par points; Tour d'Italie : + 4 étapes; Milan-San Remo, Liège-Bastogne-Liège, Flèche Wallonne, G P Escaut, Tour de Lombardie, Flèche Brabançonne, Tour d'Émilie, Super Prestige Pernod
1973	Tour d'Italie : + 6 étapes, classement par points; Tour d'Espagne : + 6 étapes, classement par points; Het Volk, Gand-Wevelgem, Paris-Roubaix, Amstel Gold Race, Liège-Bastogne-Liège, Paris-Bruxelles, Tour de Sardaigne, G P des Fourmies, G P Nations, Super Prestige Pernod
1974	Championnat du Monde, Tour de France : + 8 étapes; Tour d'Italie : + 2 étapes; Super Prestige Pernod
1975	Milan-San Remo, Amstel Gold Race, Tour des Flandres, Liège-Bastogne-Liège, Tour de Sardaigne, Semaine Catalane, Super Prestige Pernod
1976	Milan-San Remo, Semaine Catalane

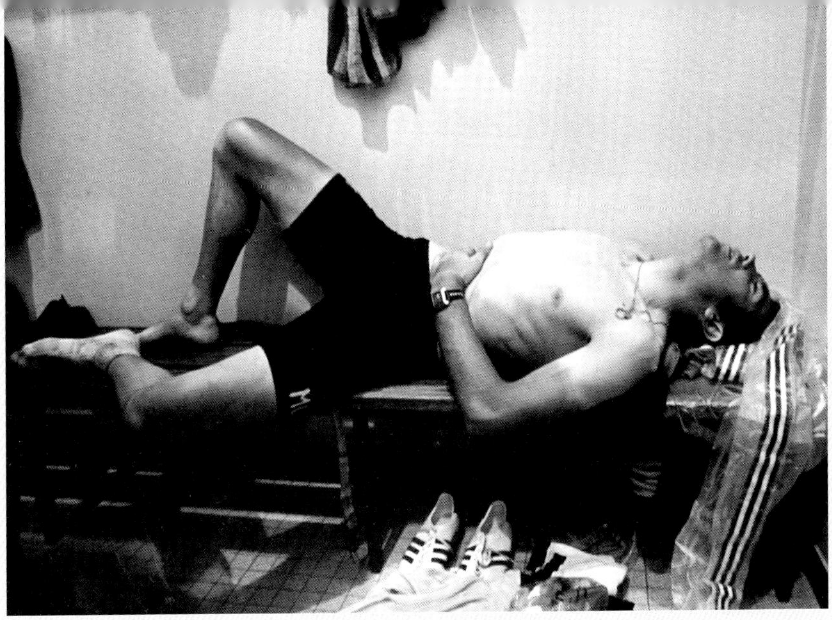

Ci-dessus : Merckx, après avoir reçu un coup de poing dans les reins de la part d'un supporter pendant le Tour de 1975. Lors du procès qu'il lui intentera, il demandera un franc symbolique de dommages-intérêts qu'il obtiendra.
Ci-contre : « le cannibale » dans sa conquête de Paris-Roubaix en 1970. Ses rivaux sont loin derrière...comme d'habitude.

gens travaillent pour gagner l'argent qu'ils dépensent en venant nous voir, on ne peut pas les décevoir". D'où les légendaires exploits de Merckx : son arrivée au sommet de l'étape des *Tre cime di Lavaredo* du Tour d'Italie en 1968, après avoir lutté dans une échappée contre une tempête de neige, avec 9 min d'avance sur ses concurrents dès le début de la montée; sa fuite de 136 km, seul à travers les Pyrénées lors du Tour de l'année suivante, terminant avec 8 min 30 s devant le second à Mourenx Ville-Nouvelle, alors qu'il portait déjà le maillot jaune et n'avait donc pas besoin d'être offensif; son solo de 60 km la même année pendant le Tour des Flandres malgré les conseils du directeur de l'équipe... »

« MI-HOMME, MI-VÉLO »

Merckx frustrait autant ses supporters que les journalistes. Trouver des photos de lui souriant était devenu un vrai boulot pour la presse. En 1970, le journaliste Lucien Bodard écrivait que Merckx, le super champion au style sans précédent, l'emportait haut la main, sans aucune trace de fatigue, sans avoir rien à ajouter, avec à peine un soupçon de lassitude. Selon lui, on aurait dit un robot, sans aspirations, ni notion du destin, juste avec la conscience d'être unique, d'être différent. Il s'était transformé en une machine d'une extrême minutie : moitié homme, moitié vélo.

Le moment le plus mémorable de la vie de Merckx eut lieu à Mexico le 25 octobre 1972, où il pulvérisa le record du monde de l'heure. Après avoir couru toute la saison, il trouva la force mentale de passer six semaines à se préparer en s'entraînant six fois par jour sur son *home trainer* avec un masque relié à des bouteilles d'air identique à celui qu'il allait respirer à cette altitude. Il commença comme une furie, résistant de toutes ses forces et dut se faire aider pour descendre de son vélo.

Son image extérieure dissimulait un génie passionné de jazz et de football, aujourd'hui elle cache un père attentif dont la forte présence se fait sentir à chaque grande course. Elle camouflait la nervosité du coureur qui se levait la nuit précédant les événements décisifs pour s'assurer que ses vélos étaient en parfait état. Rien n'était laissé au hasard. Dans sa maison de Tervuren, près de Bruxelles, son garage contenait 110 roues de rechange et 200 boyaux, qu'il gardait pendant deux ans. Au Tour d'Italie de 1970, il emporta 18 vélos comprenant tous des pièces qu'ils avaient luimême perforées avec une perceuse pour réduire leur poids.

Son trac et sa réserve provenaient en partie du fait qu'il était Bruxellois et francophone, alors que le cyclisme belge était dominé par les Wallons. Mais ils étaient surtout dus à deux événements qui le choquèrent profondément. Le premier fut le test positif anti-dopage à Savona lors du Tour d'Italie de 1969, où il jura qu'il avait été victime d'un coup monté. Le deuxième fut un terrible accident avec une moto dans une course, en septembre 1969, où le conducteur fut tué et Merckx blessé; il gardera de cette chute une douleur permanente au dos. Le cycliste déclara que désormais il ne serait jamais plus le même mais cela n'influa pas réellement sur ses résultats.

REBEL À LA DÉFAITE

Il n'y avait rien de tel que ses défaites pour faire renaître en Merckx « le Cannibale ». Deux jours après avoir été battu de presque 9 min par Luis Ocaña dans la descente de la station de ski de Orcières-Merlette lors du Tour de 1971, il répondit en attaquant dès le départ de l'étape et domina la course jusqu'à Marseille, 250 km plus loin, avec 30 min d'avance sur toutes les prévisions.

En 1975, il fut battu par Bernard Thévenet. Alors qu'il n'était plus en tête depuis deux jours, il se fractura la mâchoire lors d'une chute. Il avait toutes les raisons de rentrer chez lui pour panser ses plaies. Mais, il s'accrocha à la course en dépit de l'avis des médecins, alors qu'il ne pouvait avaler que des liquides, et réussit même à freiner quelque temps le Français. Il voulait ainsi être sûr qu'il n'y avait pas de doute sur la victoire de Thévenet et sur sa propre défaite.

SAFIR
Concorde
marc
SAFIR
PUCH
ROYAL
Wrangler

LES CLASSIQUES DU NORD

Pour les professionnels du cyclisme, les mois de mars et d'avril sont synonymes d'un enchaînement de courses aussi prestigieuses que redoutables. Le point culminant de ces épopées faisant subir aux coureurs la rudesse des pavés, la boue, la pluie et les vents violents est le Tour des Flandres, précédé, en début de saison, par Het Volt, Gand-Wevelgem et quelques événements de moindre importance. Le Tour des Flandres, et les diverses courses qui le précèdent, occupent une importance primordiale dans le cœur des Flamands et déplacent, chaque année, plusieurs générations de supporters qui se massent sur leurs parcours.

Une fois n'est pas coutume, le soleil est de la partie lors du Tour des Flandres de 1982. Cela n'empêchera pas les chutes en cascade du peloton dans la côte de Koppenberg, redoutée pour sa raideur et ses pavés. Nombre de coureurs seront réduits à marcher.

LE TOUR DES FLANDRES

POUR LES CYCLISTES FLAMANDS, AUCUNE COURSE N'EST PLUS IMPORTANTE QUE LE TOUR DES FLANDRES : UNE JOURNÉE SUR LES PAVÉS ET LES BOSSES, SOUVENT PAR UN TEMPS EXÉCRABLE.

Lorsque Johan Museeuw endossa le maillot jaune en 1993 lors d'une étape du Tour de France, on lui demanda si cela représentait le couronnement de sa carrière. « Non, répondit-il, amer, ce sera quand j'enlèverai la victoire du Tour des Flandres. C'est la course la plus importante pour un coureur belge. »

Les supporters flamands partagent la même passion pour cette course qu'ils appellent « De Ronde » (le Tour) et pour laquelle ils se déplacent par dizaines de milliers. Avant le départ, ils font la chasse aux autographes, grelottant dans le maillot de leur équipe préférée. Exposés au vent froid au sommet d'une côte pavée pour voir démarrer les coureurs, ils courent ensuite jusqu'à leurs voitures pour les regarder passer plus loin.

Dans cette région d'Europe qui a été foulée par tous les envahisseurs, des Espagnols aux Allemands, l'identité locale est fièrement revendiquée. Bordée par la mer du Nord, la France et la Wallonie, francophone et industrielle, le petit pays flamand est courageux, fier et nombriliste.

Les vedettes wallonnes sont rares, le cyclisme belge étant dominé par les Flandriens. Eddy Merckx, francophone originaire de Bruxelles, qui était considéré par tous comme le monstre sacré de cette discipline, ne fut jamais adulé ici comme le fut son contemporain flamand Walter Godefroot.

LA LÉGENDE DES FLANDRIENS

Dans une région ravagée par la guerre, aux routes défoncées et chaotiques, être un cycliste flamand requérait un esprit de sacrifice générateur d'une grande souffrance. L'histoire du cyclisme flamand n'est pas tant celle du Tour des Flandres et de ses deux rejetons, Gand-Wevelgem et Het Volk, que celle d'une culture en soi, dominée par de solides lascars.

Un événement survenu en 1930 la résume à lui tout seul. Cette année-là, alors que le légendaire Frans Bonduel remporta le Ronde avec 9 min d'avance sur le second, dans la foule se trouvait un garçon qui deviendrait lui aussi plus tard une véritable légende : Albéric Schotte. Il sera surnommé « le Dernier des Flandriens ». Son histoire est typique. Fils d'une famille de paysans de six enfants, il se levait à 3 h 30 du matin pour commencer à travailler à 5 heures dans une usine de Courtrai et allait courir à partir de 13 heures, une fois sa journée terminée. Lorsqu'il partit pour Paris afin d'intégrer l'équipe Mercier en 1939, il fut pris de panique quand, après un changement à Lille, il vit le train repartir dans l'autre sens : il s'était trompé ! Il participa à plus de vingt Tours des Flandres, remportant la victoire en 1942 et 1948, et fut sacré deux fois champion du monde sur un vélo datant des années 1930.

Mais, il existe aussi ses Flandriens d'adoption. Ce fut le cas de l'Irlandais Sean Kelly, dont le comportement austère cadrait parfaitement dans le paysage des Flandres. Élevé à la dure dans un milieu paysan, il était imprégné des valeurs selon lesquelles l'effort rapporte. Il passa les cinq premières années de sa carrière à courir pour des équipes flamandes, et pendant la plupart des 18 ans où il demeura sur le Continent, il fut hébergé par une famille flamande et parlait la langue. Que le Ronde lui échappe fut une grande déception. Le Russe, Andreï Tchmil, aujourd'hui citoyen belge, en est un deuxième exemple. Il devint l'enfant du pays après avoir été le leader de la meilleure équipe belge, Lotto, pendant 9 ans. Mais cela prit du temps : petit, des cuisses dures comme du fer et égoïste, Andreï Tchmil se mit d'abord à dos les supporters flamands. Il se fit traiter de Judas après avoir refusé de servir Johan Museeuw lors du Championnat du monde. Il remporta le Tour des Flandres en 2000, grâce à une ultime attaque courageuse dans Meerbeke.

Le peloton se répartit sur les bas-côtés pour éviter les pavés et minimiser ainsi les tensions qu'ils provoquent tant sur les corps que sur les vélos. Dans ce Tour des Flandres de 1997, le vainqueur de l'année précédente, l'Italien Michele Bartoli, est en tête de la file de gauche.

L'ITINÉRAIRE

Le parcours du « Ronde » a maintes fois été modifié au cours des années, mais depuis peu c'est la bourgade de Meerbeke qui accueille l'arrivée comme le montre l'itinéraire de 2002. Le lieu du départ a été récemment fixé dans la magnifique ville médiévale de Bruges pour le plus grand plaisir des spectateurs. La route fouettée par les vents, qui passe le long de la mer du Nord, est nettement moins du goût des cyclistes. Durant la deuxième partie de la course, l'itinéraire zigzague par d'étroites routes s'étirant entre des bosses le plus souvent pavées. C'est la portion la plus dure, elle ne laisse pas un moment de répit aux coureurs qui ont peu de temps pour manger ou boire quelque chose entre deux montées. Le favori du jour n'est pas à l'abri de la défaite sur ces pavés mal ajustés et jonchés de bouses de vache, responsables des nombreuses crevaisons et collisions. Obtenir une roue de rechange peut devenir un cauchemar, car sur ces venelles exiguës les voitures des équipes se trouvent souvent bloquées derrière les retardataires.

JOHAN MUSEEUW

« Le Lion des Flandres », fils timide et taciturne d'un garagiste de Gistel, ville située non loin de la mer du Nord, est sûrement le dernier d'une lignée d'hommes coriaces. Ses 12 victoires de classiques en 12 ans de carrière et son triomphe dans l'un des plus durs Championnat du monde, le circuit vallonné de Lugano, fait de lui le meilleur cycliste des courses d'un jour de la fin du XXe siècle.

UN PARCOURS ACCIDENTÉ

Qui sait quel serait le record de Museeuw, sans les terribles accidents dont il a été victime ? En avril 1999, juste après avoir enlevé son troisième Tour des Flandres, il fit une grave chute à 65 km/h dans la forêt de Wallers-Arenberg, sur l'itinéraire de Paris-Roubaix. Sa plaie au genou, bientôt gangrenée, faillit lui coûter la jambe. Au printemps 2000, il était de retour, au mieux de sa forme. Il fit deux incroyables démonstrations de force, remportant Het Volk et Paris-Roubaix où, lors de l'arrivée, il pointa de son doigt son genou pour rappeler au monde qu'il revenait de loin. Dix-huit mois plus tard, il fit une chute à moto qui lui valut un coma. Nombreux sont les cyclistes qui auraient décidé d'arrêter, mais « le Lion des Flandres » repartit pour s'imposer dans un épique Paris-Roubaix en 2002. Il franchit la ligne d'arrivée brandissant les mains, les doigts écartés pour signifier à la foule qu'il triomphait dans sa 10e classique. Trois fois il menaça de prendre sa retraite et trois fois il revint pour vaincre. En 1991, après une dispute avec son directeur d'équipe, il prétendit vouloir abandonner, mais continua, enlevant la première place au Championnat de Zurich, sa première classique. Son titre de champion du monde suivit aussi un nouvel adieu après qu'il eut été battu dans Paris-Tours en 1996. En 2002, déçu de ne pas avoir remporté son 4e Tour des Flandres, il abdiqua avant de triompher peu après dans Paris-Roubaix.

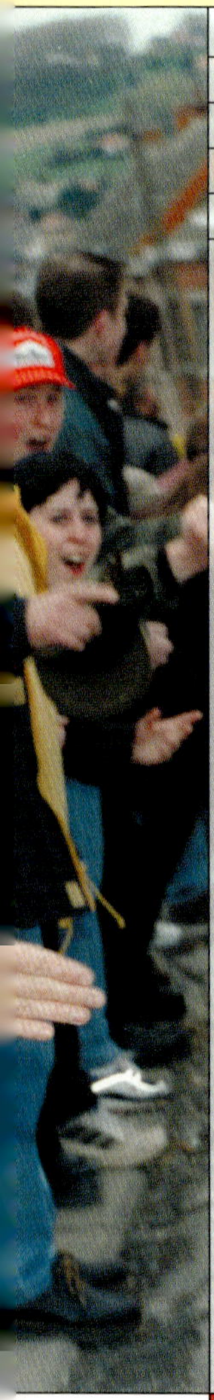

NATIONALITÉ	**Belge**
DATE DE NAISSANCE	**13/10/1965, à Varsenare**
SURNOM	**Le Lion des Flandres**
PROFESSIONNEL	**Depuis 1988**
PRINCIPALES VICTOIRES	
1990	**À Travers le Morbihan**
1991	**Championnat de Zurich, Championnat des Flandres**
1992	**Championnat de Belgique, G P E3**
1993	**Tour des Flandres, Paris-Tours, G P Wielerrevue, À Travers la Belgique**
1994	**Amstel Gold Race, Küurne-Bruxelles-Küurne**
1995	**Tour des Flandres, Championnat de Zurich, Coupe du monde, Quatre jours de Dunkerque, G P Eddy Merckx, Trophée Laigueglia, Circuit des Ardennes flamandes**
1996	**Championnat du Monde, Coupe du monde, Paris-Roubaix, Flèche Brabançonne, Championnat de Belgique, Circuit Mandel-Lys-Escaut**
1997	**Küurne-Bruxelles-Küurne, 3 jours de la Panne, 4 jours de Dunkerque**
1998	**Tour des Flandres, Flèche Brabançonne, G P E3**
1999	**À Travers la Belgique**
2000	**Paris-Roubaix, Het Volk, Flèche Brabançonne**
2002	**Paris-Roubaix**
AUTRES RECORDS	**2 étapes du Tour de France**

La passion des Flamands pour le cyclisme dépasse de loin celle des Italiens ou des Espagnols. L'histoire d'une bosse du Tour des Flandres, le Patersberg, en est une parfaite illustration. En 1984, un paysan fou de jalousie parce que la montée la plus célèbre du parcours, le Koppenberg, passait par le champ de son voisin fit annoncer par la presse qu'il allait créer sa propre côte. Dix-huit mois plus tard, une bande de pavés traversait son champ et, en 1986, cette portion était intégrée à la feuille de route !

LES ORIGINES DU « RONDE »

Curieusement, vu l'engouement pour le cyclisme en Flandres, cette discipline démarra plus tard qu'en France, au Royaume-Uni et en Italie. Le Tour des Flandres fut créé en 1913 par le journaliste Karel Van Wijnendaele, un coureur raté, grand supporter du premier champion régional Cyrille Van Hauwaert. Il s'inspira des parcours de Paris-Bruxelles et Paris-Roubaix pour proposer la création d'un Tour des Flandres à son hebdomadaire, *Sportwereld,* qui fusionnera plus tard avec *Het Nieuwsblad,* aujourd'hui organisateur de la course.

La première édition mettait aux prises 37 concurrents et se déroulait sur 330 km à travers les Flandres orientales et occidentales, se terminant par quatre tours de piste à Mariakerke, non loin de Gand. Faite de bois, la piste avait été disposée autour d'un petit étang où l'un des cyclistes tomba d'épuisement. Les spectateurs étaient si peu nombreux que les organisateurs ne réussirent pas à rassembler suffisamment de fonds pour remettre les prix. Le Tour des Flandres fut couru encore une fois avant la Guerre, en 1914. L'arrivée eut lieu à Evergem, également sur une piste mais il n'y avait pas d'étang !

Lorsque la guerre éclata, Paul Deman, le vainqueur de la première édition, entra au service du contre-espionnage allié, sa mission étant d'acheminer, à vélo, des documents secrets cachés dans une dent en or. Arrêté par les Allemands lors de sa 15e mission, peu avant l'armistice, il fut condamné à mort pour espionnage, sentence à laquelle il échappa à la capitulation, jour même où il aurait dû être exécuté. Une fois la paix revenue, il reprit le cyclisme mais une intervention chirurgicale réduisit ses chances dans le Tour de France. En fin de carrière, alors qu'il avait 34 ans, il remporta sa plus grande victoire dans Paris-Tours.

Johan Museeuw, ici dans toute sa puissance, applaudi par la foule sur une portion typique du parcours. Devenu une véritable légende, le coureur s'envole vers sa troisième victoire du « Ronde », en 1998.

Jusque dans les années 1930, le Ronde demeura un événement local. Sa tenue deux dimanches avant Pâques, le jour de la course Milan-San Remo, le privant des meilleurs coureurs italiens et français. En 1948, un profond changement intervint avec la création de l'ancêtre de la Coupe du monde, le prestigieux Challenge Desgrange-Colombo, auquel fut intégré le Tour des Flandres. Du nom des organisateurs des Tours de France et d'Italie, il récompensait le meilleur coureur de la saison. Il fut mis sur pied par les organisateurs des grandes courses : *L'Équipe* en France, *La Gazzetta dello Sport* en Italie, *Les Sports* et *Sportwereld-Het Nieuwsblad,* en Belgique. La grande nouveauté était le remboursement des frais de transport pour les cyclistes les mieux placés et un prix nettement plus conséquent.

Les étrangers arrivèrent alors en force pour participer au Tour des Flandres et celui-ci entra dans l'arène internationale grâce à la triple victoire consécutive de Fiorenzo Magni en 1949, 1950 et 1951.

De nos jours, l'événement se tient le premier ou le second dimanche d'avril et constitue le point culminant d'une série de classiques belges commençant le premier week-end de mars avec Het Volk.

Après une brève pause correspondant à la période lors de laquelle se déroule Paris-Nice, les courses se succèdent : À travers la Belgique, Küurne-Bruxelles-Küurne, la Flèche Brabançonne et le Grand Prix E3 (du nom de l'autoroute toute proche) à Harelbeke. Le parcours de la Flèche Brabançonne, situé en pays flamand au sud de Bruxelles, comprend une côte qui fait toute sa réputation, l'Alsemberg, qui est aussi le moment clé de Paris-Bruxelles, l'événement le moins palpitant de l'automne.

L'itinéraire des autres courses est très lié au Tour des Flandres, tellement lié que par le passé leurs organisateurs attendaient que la feuille de route de ce dernier soit annoncée pour y intégrer les mêmes ascensions.

Le cœur du Tour des Flandres est une zone très vallonnée où les montées pavées sont raides. Désignée sous le nom d'Ardennes flamandes, elle s'étend le long des cours d'eau Scheldt et Dendre : la plus grande partie des Ardennes et ses plus hauts sommets se trouvant en pays wallon, il fallait que les Flamands aient aussi leur montagne.

LES PAVÉS

L'itinéraire sinueux monte et descend au gré des collines sur des routes comme le Vieux Kwaremont, étroite bande pavée au milieu des champs ouverts à tous les vents. C'est là que les « monts » commencent, alignés tels les coureurs que le cycliste Allan Peiper, Flamand d'adoption, décrivait comme « une file de chevaux sauvages ».

FIORENZO MAGNI

Magni réussit l'impensable pour un étranger : remporter trois fois de suite le Tour des Flandres alors qu'aucun gars du pays ne l'avait fait. Il fit encore bien davantage pour le cyclisme lorsqu'il persuada l'entreprise Nivéa de le parrainer, les fabricants de vélo n'étant plus à même d'injecter de l'argent dans le sport. D'autres suivirent et ce fut grâce à Magni que la discipline trouva des sponsors en dehors du domaine sportif. Aujourd'hui le cyclisme professionnel est largement financé par des sociétés venant d'autres horizons.

NATIONALITÉ	Italienne
DATE DE NAISSANCE	07/12/1920, à Vaiano di Prato (Florence)
SURNOM	Le Lion des Flandres
PROFESSIONNEL	De 1941 à 1956
PRINCIPALES VICTOIRES	
1947	Trois Vallées Varésines
1948	Tour d'Italie
1949	Tour des Flandres, Tour de Toscane
1950	Tour des Flandres
1951	Tour des Flandres, Championnat d'Italie, Milan-Turin, Tour du Latium, Tour d'Italie
1953	Championnat d'Italie
1954	Championnat d'Italie
1955	Tour d'Italie
1956	Tour du Latium

Le Mur de Grammont ou Mur de la chapelle, une côte qui grimpe en serpentant jusqu'à une petite chapelle, est le cœur spirituel du cyclisme flamand.

Ce sont les pavés qui font tout le « charme » de ces bosses. Surnommés « kinderkopje » – les têtes des enfants – à cause de leur taille et de leur forme, ils constituent un revêtement irrégulier, envahi par la mousse et donc glissant. Les coureurs inexpérimentés ou nerveux ont vite fait de se retrouver par terre. Les concurrents sont tellement au coude à coude sur ces venelles étroites qu'il suffit d'une chute pour en entraîner une quantité d'autres et bloquer la route.

La plus notoire de ses côtes est le Koppenberg, un boyau pavé de 400 m à la sortie du village de Melden. Lors de son intégration à l'itinéraire en 1976, l'exceptionnel Eddy Merckx, rien de moins, fut réduit à marcher poussant son vélo : la renommée de la montée était faite. Elle grandit encore davantage lorsque Freddy Maertens, l'un des plus célèbres coureurs flamands des années 1970, fut disqualifié pour avoir changé de vélo 20 m en dehors de la zone autorisée.

Le Koppenberg se trouvant encaissé, la foule compacte se tient en hauteur, jouissant d'un point de vue imprenable pour assister aux inévitables collisions et au spectacle de dizaines de cyclistes marchant lourdement, leur vélo sur l'épaule. « Un vrai cirque », disait Hinault qui s'y frotta une seule fois dans Gand-Wevelgem et refusa de recommencer. D'autres, tels le rusé Frans Verbeeck, voyaient dans ce secteur une opportunité. Il avait fomenté un plan : une fois son ascension terminée, ses équipiers tombaient pour bloquer la route et éliminer ainsi le plus possible de concurrents. Mais en 1987, c'en fut fini du Koppenberg, après la chute du Danois Jesper Skibby. Ne réussissant pas à se dégager les pieds de ses pédales, il faillit être écrasé par la voiture des commissaires de course, qui broya son vélo. La côte fut retirée de la feuille de route. Le 1er avril 1997, le Het Nieuwsblad, annonça que le célèbre boyau allait être bitumé appelant les citoyens à manifester leur désaccord... c'était un poisson d'avril ! Cela étant, deux mille personnes se réunirent y compris le maire de Melden. Face à une telle démonstration de force, il fut décidé de restaurer la route. Des pavés furent spécialement importés de Pologne pour un coût d'environ 320 000 euros et les travaux furent terminés à temps pour que le boyau fût intégré à l'édition de 2002.

Les coureurs flandriens sont très liés à leurs origines. Achiel Buysse, le premier à remporter le Tour des Flandres pour la 3e fois en 1943, fut sans nul doute aidé par sa connaissance des lieux. Il était le fils des propriétaires du café situé en bas de la côte où se trouvait la ligne d'arrivée à Wetteren. Lorsque J. Museeuw donne une conférence de presse, elle se déroule non loin de sa ville, Gistel, dans un café tenu autrefois par Sylvère Maes, vainqueur du Tour de France.

La course n'a pas toujours été remportée grâce à la puissance des vainqueurs, comme ce fut le cas pour Merckx ou Museeuw. La ruse y joue parfois son rôle, comme le démontra brillamment Tom Simpson, en 1961, le seul Britannique qui remporta jamais la victoire. Alors qu'il courait comme professionnel pour la deuxième année complète, il se trouva à l'arrivée face à un sprinter plus fort et plus expérimenté que lui, Nino Defilippis. Simpson se lança dans un sprint peu convaincant feignant une extrême fatigue et attendit que l'Italien le double. Confiant, ce dernier se relâcha légèrement. Soudain le Britannique attaqua, s'imposant de quelques centimètres. C'était de la grande tactique après sept heures passées sur la selle !

Le Ronde étant plus important que le podium du Championnat du monde ou le maillot jaune du Tour de France aux yeux des coureurs du pays, les étrangers ont peu d'espoir d'en sortir victorieux à moins qu'ils ne profitent des rivalités entre Flamands. Les vainqueurs italiens sont tolérés car ils suivent la voie tracée par Magni qui hérita du surnom de Hauwaert, « le Lion des Flandres » référence au symbole de la région. Il fallut attendre 1953 pour qu'un Hollandais gagne en la personne de Wim Van Est et 1955 pour qu'un français, Louison Bobet, lui emboîte le pas. En 1992, La fulgurante victoire du français Jacky Durand, jusqu'alors inconnu, fut aussi mal vécue que celle, furtive, du Hollandais Hennie Kuiper en 1981. La défaite d'un Flamand s'accompagne d'une lourde rancœur et le vainqueur est considéré comme indigne du prestigieux Ronde. En 1982, la victoire de René Martens, cycliste peu connu, qui dama le pion à tous les favoris alors qu'il n'avait jamais réussi à terminer la course lors de ses cinq précédentes participations, fut condamné par tous, Merckx le premier.

La fracture culturelle entre Flamands et Wallons ne relève pas de la légende. Ce fut pourtant le francophone Eddy Merckx qui offrit leur plus grande victoire aux Flamands, lorsqu'il s'imposa pour la première fois en 1969. C'était un jour typique de froid glacial, de pluie battante et de rafales de vent faisant plier les arbres. Sa capacité à remporter les grandes courses du terroir avait été mise en doute par les journaux flamands. Il fut donc sur le pied de guerre d'entrer de jeu, écrasant ses concurrents dès la deuxième heure. Alors qu'il était en tête d'un petit groupe de favoris à 64 km de l'arrivée, il se rendit compte que les autres n'arrivaient pas à maintenir l'allure. Le directeur de l'équipe, Guillaume Driessens, voyant qu'ils étaient à la traîne rejoignit Merckx. « Il m'a demandé si j'étais pas dingue, alors je lui ai répondu que je savais où j'allais, j'ai continué à foncer et j'ai gagné », raconta Merckx. Le second, Felice Gimondi, termina 5 min derrière lui. Le « Cannibale » avait montré de quoi il était capable.

Andreï Tchmil, l'homme aux trois passeports – moldave, russe et ukrainien – et Flamand d'adoption, avait déjà la nationalité belge lorsqu'il remporta sa victoire en solo en 2000.

HET VOLK

LA VICTOIRE DANS LA VÉRITABLE COURSE D'OUVERTURE DE LA SAISON DU NORD EST LE QUASI-MONOPOLE DES BELGES : SEULS SEPT VAINQUEURS ÉTRANGERS L'ONT EMPORTÉ EN PLUS DE 50 ANS.

Het Volk, sponsorisée par le journal du même nom, fut un temps appelée Gent-Gent (Gand-Gand) par les journaux qui ne voulaient pas faire de publicité à leur concurrent. Ce nom lui est resté bien qu'aujourd'hui l'arrivée soit à Lokeren. Cette course relativement jeune a vu le jour après la Deuxième Guerre mondiale mais elle s'inscrit dans une tradition qui en fait un événement unique avec deux des légendaires ascensions belges : le Mur de Grammont et le Vieux Kwaremont.

Pour les professionnels, elle indique le retour vers le nord de l'Europe après la pause hivernale et les courses d'échauffement de février se déroulant sur le pourtour de la Méditerranée. Pour les supporters, c'est le premier rendez-vous de l'année avec leurs héros sur les pavés chaotiques balayés par les vents. Un mois plus tard, ils reviendront pour la course qui leur tient plus à cœur que le Championnat du monde : le Tour des Flandres. Het Volk lui sert de répétition générale dans la mesure où elle intègre d'autres grandes côtes présentes dans le parcours du Ronde, telles que celles de Molenberg et de Berendries, ainsi que des secteurs plats pavés comme l'infernale Paddestraat.

Particulièrement avancée dans le calendrier, Het Volk ne constitue pas toujours un plaisir pur. Les coureurs doivent souvent lutter contre une pluie glaciale, quand ce n'est pas de la neige fondue, accompagnée des terribles vents qui fouettent les larges routes du pays flamand. En 1986, la course fut même supprimée car la neige avait rendu les routes impraticables.

Étant la plus courte – 200 km – des classiques, elle est aussi la moins difficile, n'intégrant pas d'ascensions importantes en fin de parcours. Au début des années 1990, notamment, la course se terminait souvent par un sprint de peloton où des sprinters, comme les Flandriens Johan Capiot et Wilfried Nelissen ou l'Allemand Andreas Kappes, s'arrachaient la victoire. Cependant, le vent, et souvent le mauvais temps, ainsi que les côtes de milieu de course garantissent généralement la victoire au plus motivé des Flamands.

Tout comme sa voisine Gand-Wevelgem, Het Volk a souffert de son peu de prestige et du manque d'attention accordée par la presse. Cela est dû à la prééminence des courses de la Coupe du monde ainsi que du Tour des Flandres dont elle fait figure aujourd'hui de parent pauvre. Amputé d'une cinquantaine de kilomètres en 1989, elle est malheureusement devenue un événement de seconde classe. Il n'en reste pas moins que tout cycliste flamand digne de ce nom se doit de la remporter.

Franco Ballerini devançant Rob Harmeling, Edwig Van Hooydonck et Andreï Tchmil dans Het Volk en 1995. Il remportera sa première victoire depuis presque quatre ans et enchaînera en s'imposant dans Paris-Roubaix la même année.

CI-CONTRE : « Le Gitan » en plein effort. De Vlaeminck fonce vers sa seconde victoire dans Paris-Roubaix en 1975.

ROGER DE VLAEMINCK

De Vlaeminck vit dans une ferme non loin d'Eeklo, sa ville natale. À 50 ans, il continue d'entraîner des professionnels. Selon Rik Van Looy, « le Gitan » était le plus talentueux et le seul vrai coureur de classiques de sa génération. De fait, il en avait toutes les qualités : sprinter de peloton dans des courses comme Milan-San Remo, il s'envolait aussi sur les pavés du Nord grâce à son habileté à manier son vélo, capacité qu'il avait acquise dans les courses de cyclo-cross pendant l'hiver.

Paris-Roubaix était sa spécialité – ses quatre victoires n'ont pas encore été égalées – mais il était aussi capable de grimper pour remporter des courses comme Liège-Bastogne-Liège ou le Tour de Lombardie. La seule victoire de classique qui manque à son palmarès est le Championnat du monde : en 1976, sa Fédération refusa de l'intégrer à l'équipe car il n'avait pas voulu défendre son titre de champion du monde de cyclo-cross au printemps précédent. Sa réaction fut celle d'un vrai champion, il remporta le Tour d'Émilie, la Coppa Agostini et le Tour de Lombardie.

UN MARGINAL

« Le Gitan » fut toujours un marginal, lui qui était né dans une famille de drapiers ambulants. Grand rival de Merckx dans les classiques, il ne put jamais concurrencer la popularité du « Cannibale ». Une guerre froide, largement relayée par la presse, s'instaura entre les deux cyclistes. « Lorsqu'un journal belge publiait une photo de Merckx et De Vlaeminck devant un petit déjeuner, il la présentait comme si le Pape était surpris avec le diable », écrivait Geoffrey Nicholson.

Plus tard, les deux rivaux s'uniront contre une autre vedette belge, Freddy Maertens. Dans le Tour des Flandres de 1976, ce dernier et « le Gitan » laisseront la victoire filer entre leurs mains, chacun préférant perdre plutôt que de voir l'autre gagner. Un an plus tard, De Vlaeminck restera collé à la roue de Maertens pendant 100 km avant de le battre impitoyablement dans le sprint final.

NATIONALITÉ	**Belge**
DATE DE NAISSANCE	**24/08/1947, à Eeklo (Fl. orientales)**
SURNOM	**Le Gitan, Monsieur Paris-Roubaix**
PROFESSIONNEL	**De 1969 à 1984**
PRINCIPALES VICTOIRES	
1969	**Championnat de Belgique, Het Volk**
1970	**Liège-Bastogne-Liège, G P Escaut, Kuurne-Bruxelles-Kuurne,**
1971	**Flèche Wallonne, Quatre jours de Dunkerque, G P E3, Küurne-Bruxelles-Küurne**
1972	**Paris-Roubaix, Tirreno-Adriatico**
1973	**Tirreno-Adriatico, Milan-San Remo**
1974	**Paris-Roubaix, Tour de Lombardie, Tirreno-Adriatico**
1975	**Paris-Roubaix, Championnat de Zurich, Tirreno-Adriatico**
1976	**Tour de Lombardie, Tirreno-Adriatico**
1977	**Paris-Roubaix, Tour des Flandres, Tirreno-Adriatico**
1978	**Milan-San Remo**
1979	**Milan-San Remo, Het Volk**
1981	**Championnat de Belgique, Flèche Brabançonne, Paris-Bruxelles**
PALMARÈS	**1 victoire d'étape du Tour de France, 22 victoires d'étape du Tour d'Italie, Champion du monde de cyclo-cross en 1975.**

GAND-WEVELGEM

COMPRENANT DANS SON ITINÉRAIRE DES CHAMPS DE BATAILLE DE LA GRANDE GUERRE ET L'UNE DES CÔTES PAVÉES LES PLUS REDOUTÉES DE BELGIQUE, CETTE COURSE A UN CACHET TOUT PARTICULIER.

Autrefois presque aussi prestigieuse que le Tour des Flandres, l'autre grande classique de la région, Gand-Wevelgem, est aujourd'hui largement en retrait. Se déroulant en milieu de semaine entre le Tour des Flandres et Paris-Roubaix, elle n'a jamais été intégrée à la Coupe du monde. De 270 km à la fin des années 1980, elle a été réduite à 200 km.

À l'instar de Het Volk, Gand-Wevelgem est née à la fin de la seconde Guerre mondiale d'une rivalité entre journaux locaux. Le Tour des Flandres ayant été créé par *Sportwereld,* ses concurrents lui emboîtèrent le pas. Le journal *Het Volk* donna son nom à la course qu'il fonda, ce fut un tel succès qu'aujourd'hui l'un et l'autre sont synonymes, et la *Gazet van Antwerpen* mit sur pied Gand-Wevelgem. Cette dernière étant un journal d'Anvers l'on s'attendait à ce que cette ville accueille l'arrivée de la course, mais le choix de son organisateur, un riche industriel du textile dénommé Georges Matthijs, se porta sur le village de Wevelgem situé sur la route reliant Ypres à Gand pour l'unique raison que c'était le sien.

Aujourd'hui, le départ se situe à l'extérieur du palais des sports de Gand, où se déroulent des épreuves sur piste durant six jours en hiver, et l'arrivée en haut de la rue principale de Wevelgem. Si le départ et l'arrivée n'ont pas bougé, le parcours a été en revanche maintes fois modifié. Lors de la décennie 1990, il fit une incursion en France pendant plusieurs années, dans la bourgade de Cassel réputée pour sa longue côte pavée. En 1977, l'itinéraire passa plus au sud par les Ardennes flamandes, intégrant le Vieux Kwaremont, le Kluisberg et le Koppenberg. Cependant, ce déplacement sur le territoire du Tour des Flandres ne fut qu'un malheureux coup d'essai. Hinault, qui n'était pas un coureur à grimper les routes pavées, dut monter à pied Le Koppenberg et dit qu'il ne recommencerait plus « ce cirque ». Aujourd'hui, la course a repris son aspect d'antan : elle se dirige vers le nord à partir de Gand, longe la mer – passant par des villes balnéaires comme Knokke et De Panne – pour rejoindre Welvegem en obliquant vers l'ouest

DÉPLOIEMENT EN ÉVENTAIL

Deux choses font de Gand-Wevelgem une course réellement à part : le vent et l'ascension du Kemmelberg. Le long de la côte, les concurrents sont fouettés par les bourrasques soufflant de la mer du Nord, aussi se déploient-ils en éventail, chacun s'abritant derrière le coureur de devant de manière à se protéger au maximum du vent.

Une rude lutte doit impérativement s'engager dans le but de se positionner au mieux : les cyclistes formant le premier éventail étant avantagés, ils peuvent rapidement s'échapper à moins que le vent ne tourne. Il y a souvent des accidents dus à la bousculade et à la vitesse toujours élevée. En 2002, les voitures des commissaires se firent photographier par les radars en traversant De Panne.

Le Kemmelberg ne connaît pas ce genre de problème. Côte pavée abrupte grimpant jusqu'à une crête boisée, elle domine la plaine qui s'étend entre Dunkerque et Lille. Plus longue et plus dure que les montées des Ardennes flamandes, elle est néanmoins plus large, ce qui diminue les risques de collision. La descente est pire : revêtue de gros pavés irréguliers, elle est vertigineuse et terriblement glissante une fois mouillée. En 2002, une chute mit fin à la carrière d'Andreï Tchmil.

Le Kemmelberg, actuellement intégré deux fois au parcours, n'est pas suffisamment proche de l'arrivée pour constituer une ascension décisive, comme c'est le cas pour le Poggio dans Milan-San Remo, les participants ayant encore le temps de se regrouper avant Wevelgem. Ces dernières années, les sprinters ont eu tendance à dominer la course.

À GAUCHE : Wevelgem, 1992 : Mario Cipollini – 2e à partir de la gauche – protestera pour avoir été gêné par Djamolidine Abdujaparov (derrière lui) dans le sprint final. « Abdu » sera disqualifié, la réaction de « Cipo », qui lui suggérera de retourner en Ouzbékistan, restera gravée dans les mémoires.

Côte de la mer du Nord

Sur les routes de la côte belge, fouettées par les vents de la mer du Nord, le peloton se divise souvent en petits groupes lorsqu'il prend de la vitesse après les villes balnéaires de Nieuwpoort et De Panne.

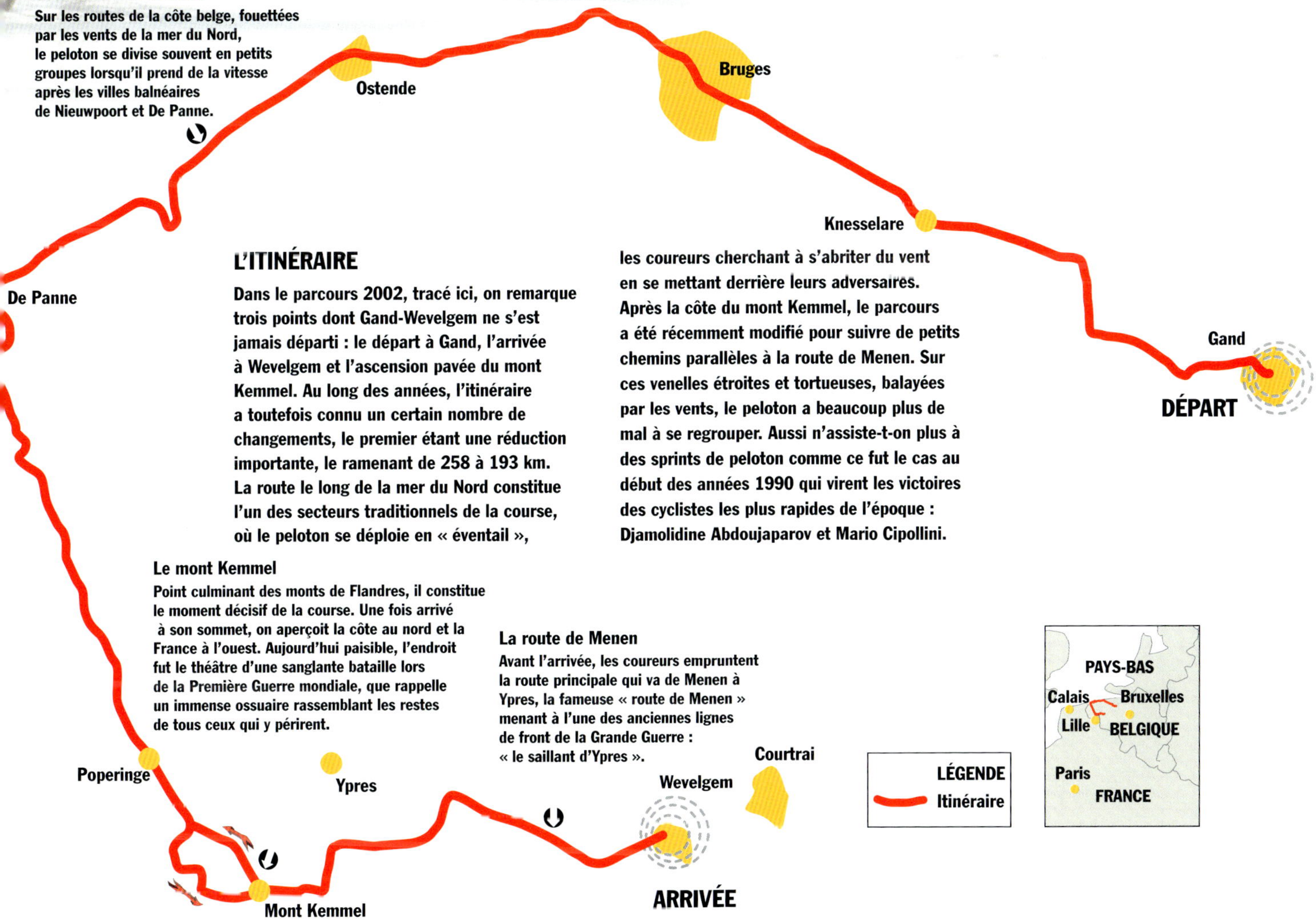

L'ITINÉRAIRE

Dans le parcours 2002, tracé ici, on remarque trois points dont Gand-Wevelgem ne s'est jamais départi : le départ à Gand, l'arrivée à Wevelgem et l'ascension pavée du mont Kemmel. Au long des années, l'itinéraire a toutefois connu un certain nombre de changements, le premier étant une réduction importante, le ramenant de 258 à 193 km. La route le long de la mer du Nord constitue l'un des secteurs traditionnels de la course, où le peloton se déploie en « éventail », les coureurs cherchant à s'abriter du vent en se mettant derrière leurs adversaires. Après la côte du mont Kemmel, le parcours a été récemment modifié pour suivre de petits chemins parallèles à la route de Menen. Sur ces venelles étroites et tortueuses, balayées par les vents, le peloton a beaucoup plus de mal à se regrouper. Aussi n'assiste-t-on plus à des sprints de peloton comme ce fut le cas au début des années 1990 qui virent les victoires des cyclistes les plus rapides de l'époque : Djamolidine Abdoujaparov et Mario Cipollini.

Le mont Kemmel

Point culminant des monts de Flandres, il constitue le moment décisif de la course. Une fois arrivé à son sommet, on aperçoit la côte au nord et la France à l'ouest. Aujourd'hui paisible, l'endroit fut le théâtre d'une sanglante bataille lors de la Première Guerre mondiale, que rappelle un immense ossuaire rassemblant les restes de tous ceux qui y périrent.

La route de Menen

Avant l'arrivée, les coureurs empruntent la route principale qui va de Menen à Ypres, la fameuse « route de Menen » menant à l'une des anciennes lignes de front de la Grande Guerre : « le saillant d'Ypres ».

NATIONALITÉ	Belge
DATE DE NAISSANCE	20/12/1933, à Anvers
SURNOM	Rik II, L'Empereur d'Herentals
PROFESSIONNEL	De 1953 à 1970
ÉQUIPES	
1953-1954	L'avenir
1955	Van Hauwaert
1956-1958	Guerra
1958-1962	Faema
1963	GBC
1964-1966	Solo-Superia
1967-1970	Willem II
PRINCIPALES VICTOIRES	
1956	Gand-Wevelgem, Paris-Bruxelles, Tour de Hollande, G P Escaut
1957	Gand-Wevelgem, Tour de Hollande, G P Escaut, Circuit de Flandre orientale
1958	Championnat de Belgique, Milan-San Remo, Paris-Bruxelles, Coppa Bernocchi
1959	Tour des Flandres, Paris-Tours, Tour de Lombardie
1960	Championnat du Monde
1961	Championnat du Monde, Paris-Roubaix, Liège-Bastogne-Liège, Tour de Belgique
1962	Gand-Wevelgem, Tour des Flandres, Paris-Roubaix
1963	Championnat de Belgique
1964	G P E3
1965	Paris-Roubaix, G P E3
1966	G P E3
1967	Paris-Tours
1968	Flèche Wallonne
1969	G P E3
PALMARÈS	7 étapes du Tour de France, 1 jour en maillot jaune ; 14 étapes du Tour d'Italie ; 18 étapes du Tour d'Espagne ; 1956 : médaille d'argent au Championnat du monde ; 1959 : 3e au Tour d'Espagne + classement par points ; 1960 : meilleur grimpeur du Tour d'Italie ; 1963 : médaille d'argent au Championnat du monde ; 1965 : 3e au Tour d'Espagne + classement par points

RIK VAN LOOY

À la fin des années 1950 début des années 1960, celui que l'on surnommait « L'Empereur d'Herentals », seul cycliste à avoir remporté chacune des classiques, était aux courses d'un jour ce que Jacques Anquetil était au Tour de France : l'imbattable numéro 1. Il reste l'archétype du spécialiste des classiques du Nord. Doté d'un style puissant, il était capable d'un sprint foudroyant à la fin d'une longue course et savait interpréter les caprices du vent sur les routes exposées du nord de l'Europe. Son premier surnom fut Rik II, pour le distinguer de Rik I – Rik Van Steebergen – le champion des classiques belges de la fin des années 1940 au début des années 1950, qui devint son plus grand rival du jour où il vit le jeune homme au départ d'une course et demanda à un autre légendaire coureur de classique, Stan Ockers, « Qui c'est le gars aux cuisses mastoc ? ».

LE CASSEUR DE ROUE

Van Looy avait des jambes incroyablement musclées qui lui valurent aussi le surnom de « casseur de roues ». En 1961, il brisa ainsi plusieurs rayons de sa roue arrière qui s'affaissa alors qu'il sprintait pour franchir la ligne d'arrivée et faillit lui faire manquer le titre de Champion du monde. Avec Van Steebergen et Ockers, il fut à l'origine de la renaissance du cyclisme belge des années qui suivirent l'après-guerre, période où la disciple connut un temps mort. Très vite, Van Looy fut baptisé « L'Empereur ». Il dut cette appellation en partie à son style dominant – « Sa grande joie, disait l'un de ses contemporains, était de créer la panique dans le peloton en fonçant en tête à une vitesse insensée » –, et en partie à sa classe : il avait, dit-on, l'habitude de mettre un mouchoir parfumé dans la poche de son maillot.

LA « GARDE ROUGE »

Ce fut son attitude intransigeante envers ses équipiers qui le distingua des autres. Très tôt, en étudiant Van Steebergen et Coppi, il réalisa que créer une équipe qui lui serait entièrement dévouée l'aiderait à remporter des victoires. Mais son comportement avec les hommes de la « Garde rouge », qu'il créa au sein de Faema, mena le système féodal du cyclisme à son paroxysme. Certains étaient recrutés uniquement pour leur endurance, d'autres pour leur sprint insensé mais tous avaient une chose en commun : ils faisaient preuve d'une dévotion sans faille à leur maître.

« L'Empereur » décidait de tout, de la tactique à adopter lors de la course, des développements que ses équipiers devaient utiliser, de l'heure à laquelle ils allaient se coucher et du salaire qu'ils touchaient. Edgar Sorgeloos devait notamment emmener une clé dans toutes les courses pour le cas où son leader aurait eu besoin d'ajuster sa selle ou son guidon.

Van Looy était un maître exigeant. Le jeune Eddy Merckx ne resta pas plus d'une année dans l'équipe Solo-Superia : il n'y avait pas de place pour les deux hommes. Rik II n'aimait pas qu'un de ses domestiques terminât une course devant lui. Lorsque l'un d'entre eux, Julien Stevens, lui fit savoir qu'il partait pour rejoindre Merckx, il lui supprima son cachet et ses primes.

Le Britannique Tom Simpson reconnu que si l'on n'était pas ami avec « L'Empereur », on ne pouvait plus gagner d'argent en Belgique. Mais, il arrive que les « opprimés » se rebellent, c'est ce qui se passa en 1963 lors du Championnat du monde à Renaix. Van Looy semblait s'être imposé lorsque son équipier, Benoni Beheyt, le tira par le maillot et se plaça premier, lui volant son troisième titre.

L'année 1962, fut la plus belle saison pour Rik II : revêtu du maillot arc-en-ciel il remporta Gand-Wevelgem, le Tour des Flandres et Paris Roubaix. Il parfit son palmarès de classiques avec la Flèche Wallonne en 1968. Mais Merckx, la nouvelle étoile montante, commençait sa course vers le zénith et Van Looy fut totalement éclipsé par la victoire du « Cannibale » au Tour de France de 1969. Il prit ensuite sa retraite sans tambour ni trompette. On le voit aujourd'hui rarement évoluer dans le monde du cyclisme.

« L'Empereur » en 1965 dans le Tour d'Espagne, revêtu du maillot rouge de son équipe. Impérial par son style, exigeant avec ses équipiers, il est le seul cycliste à s'être imposé dans chacune des classiques.

PARIS - ROUBAIX

Une fois l'an, sur les routes pavées du nord de la France, le cyclisme nous ramène à l'époque « pré-asphaltique ». La Reine des classiques n'a pas son pareil, l'équivalent en deux roues de la course hippique le Prix d'Amérique. Ce sont 225 km d'efforts reliant le nord de la capitale à une ville frontalière de la Belgique, un retour unique aux origines de ce sport né au XIXe siècle, quand les crevaisons et les chutes dues aux routes diaboliques jouaient un rôle décisif dans le résultat des courses de longue distance.

Le Belge Wilfried Peeters acclamé sur le plus dur secteur pavé, dans la forêt de Wallers-Arenberg pendant la course poussiéreuse de 1996. Son équipe, Mapei-GB, y rafla les premières places comme cela ne s'était jamais vu. Il termina 3e en 1998 et 2e en 1999.

PARIS - ROUBAIX

LA PLUS PRESTIGIEUSE DES CLASSIQUES EST UNE ÉPREUVE DE FORCE EXIGEANT EXPÉRIENCE ET SANG-FROID. SES SECTEURS PAVÉS ET SES PLUIES PRINTANIÈRES EN FONT LA PLUS REDOUTABLE DES COURSES.

Au XIXe siècle, les crevaisons et les chutes étaient monnaie courante. Par beau temps, les routes étaient poussiéreuses. Sous la pluie, elles devenaient de véritables patinoires. On ne pouvait rouler dans le sillage d'un adversaire sans se couvrir de boue ou de poussière et sans éviter les nids de poule. Il était impossible d'user de tactiques, les courses étaient des épreuves de force, pures et simples.

Le bitume changea tout. Les risques furent réduits, les cyclistes purent courir en groupes compacts et se reposer sur leurs compagnons avant d'accomplir un effort, que ce fût dans un sprint final ou une montée.

« La Pascale », surnommée aussi ainsi parce qu'elle se déroule à Pâques, et ses 50 km de route pavée font remonter le cyclisme à ses racines. Ce type de revêtement requiert un style totalement différent comme l'expliquait Sean Yates, le finisseur britannique le plus pugnace des années 1990, au magazine Cycle Sport en 1994 : « On ne peut pas simplement suivre la roue devant soi. Il faut regarder en face, tout le temps, parce que le coureur de devant peut faire une erreur... Sur les pavés, la règle c'est de rester à distance, sauf si on est désespéré et qu'on prend le risque de tomber dans un nid de poule. Il ne faut pas faire de gestes brusques et de toujours regarder devant pour prévoir ce qu'on va faire. Si c'est mouillé et qu'on fait un mouvement à la dernière minute : on est par terre. C'est comme skier hors-piste entre les arbres, il faut avoir une vision d'ensemble, tout le temps. »

Une simple collision peut bloquer l'étroite route, les cyclistes coincés derrière perdent du temps et doivent dépenser une incroyable énergie pour rattraper leur retard. En 1975 et 2001, au début de la course, une chute collective réduisit le nombre des participants à moins de 20. La plus importante fut sûrement celle de 1972 dans la forêt de Wallers-Arenberg, où 40 concurrents tombèrent comme des dominos et où le grand Eddy Merckx heurta un arbre.

Pédaler sur des pavés c'est comme être assis sur un marteau-piqueur, affirmait le Canadien Steve Bauer en 1990, qui rata la première place de justesse. La succession des secteurs pavés porte un sacré coup aux coureurs. « Les pavés, ça mine les forces, explique Yates, c'est plus dur que les routes de montagne du Tour de France. Rien à faire, on se sent faiblir après chaque secteur pavé. C'est toujours plus dur et on se demande combien de temps on pourra tenir. Si on accélère, on bute sur un pavé et on s'arrête net. Si on ne peut pas rester sur le grand braquet, on contrôle plus le vélo et ça lessive. »

Les pavés étaient familiers au premier vainqueur, Josef Fischer, un Allemand portant barbe et moustaches, qui, en 1896, mit 9 h 17 à parcourir la route principale, largement pavée, reliant le Café Gillet, près du Bois de Boulogne, au vélodrome de Roubaix. Fischer évita un cheval qui s'était emballé et

À gauche : Josef Fischer, vainqueur de l'édition inaugurale de Paris-Roubaix, fut aussi le premier Allemand à démarrer le Tour de France en 1903 à l'issue duquel il se classa 15e.

À droite : Gianvito Martinelli s'attaque aux pavés boueux, dans la forêt de Wallers-Arenberg, lors de l'édition de 1994 considérée comme la plus difficile de la décennie. Derrière lui, les coureurs roulent sur le bas côté herbeux pour éviter les crevaisons.

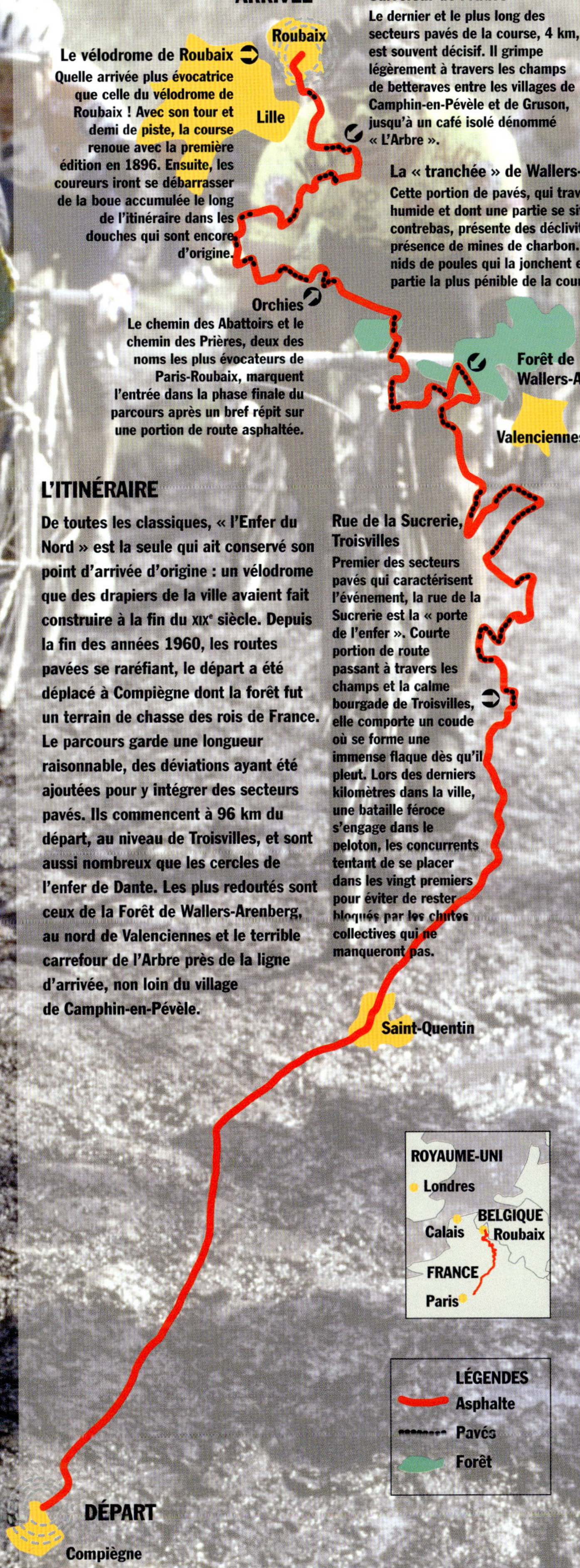

Le vélodrome de Roubaix

Quelle arrivée plus évocatrice que celle du vélodrome de Roubaix ! Avec son tour et demi de piste, la course renoue avec la première édition en 1896. Ensuite, les coureurs iront se débarrasser de la boue accumulée le long de l'itinéraire dans les douches qui sont encore d'origine.

Carrefour de l'Arbre

Le dernier et le plus long des secteurs pavés de la course, 4 km, est souvent décisif. Il grimpe légèrement à travers les champs de betteraves entre les villages de Camphin-en-Pévèle et de Gruson, jusqu'à un café isolé dénommé « L'Arbre ».

La « tranchée » de Wallers-Arenberg

Cette portion de pavés, qui traverse la forêt humide et dont une partie se situe en contrebas, présente des déclivités dues à la présence de mines de charbon. Les énormes nids de poules qui la jonchent en font la partie la plus pénible de la course.

Orchies

Le chemin des Abattoirs et le chemin des Prières, deux des noms les plus évocateurs de Paris-Roubaix, marquent l'entrée dans la phase finale du parcours après un bref répit sur une portion de route asphaltée.

L'ITINÉRAIRE

De toutes les classiques, « l'Enfer du Nord » est la seule qui ait conservé son point d'arrivée d'origine : un vélodrome que des drapiers de la ville avaient fait construire à la fin du XIXe siècle. Depuis la fin des années 1960, les routes pavées se raréfiant, le départ a été déplacé à Compiègne dont la forêt fut un terrain de chasse des rois de France. Le parcours garde une longueur raisonnable, des déviations ayant été ajoutées pour y intégrer des secteurs pavés. Ils commencent à 96 km du départ, au niveau de Troisvilles, et sont aussi nombreux que les cercles de l'enfer de Dante. Les plus redoutés sont ceux de la Forêt de Wallers-Arenberg, au nord de Valenciennes et le terrible carrefour de l'Arbre près de la ligne d'arrivée, non loin du village de Camphin-en-Pévèle.

Rue de la Sucrerie, Troisvilles

Premier des secteurs pavés qui caractérisent l'événement, la rue de la Sucrerie est la « porte de l'enfer ». Courte portion de route passant à travers les champs et la calme bourgade de Troisvilles, elle comporte un coude où se forme une immense flaque dès qu'il pleut. Lors des derniers kilomètres dans la ville, une bataille féroce s'engage dans le peloton, les concurrents tentant de se placer dans les vingt premiers pour éviter de rester bloqués par les chutes collectives qui ne manqueront pas.

Confusion au point de ravitaillement, à Amiens en 1924. Avant l'arrivée des voitures suiveuses dans les années 1950, les coureurs devaient porter leurs pompes et enroulaient les pneus de rechange autour de leurs épaules.

un troupeau de vaches, tandis que le favori Maurice Garin, qui remportera le premier Tour de France en 1903, terminait couvert de sang après une collision entre un tandem et une moto qui lui servaient de meneurs de train. Dans les premières classiques, il était normal d'avoir des meneurs de train et lors de la seconde édition de Paris-Roubaix, les participants étaient entraînés par des motos à trois roues. La course était dominée par les « coureurs de fond » qui pédalaient derrière ces drôles de bécanes, jusqu'à ce que cette pratique prenne fin en 1900, après que deux d'entre elles furent entrées en collision blessant une douzaine de personnes.

Si beaucoup de choses ont changé, le vélodrome clôturant le parcours existe toujours. Piste de ciment ovale construite avant la naissance de la course, il en fut le tremplin. Ses promoteurs, Théodore Vienne et Maurice Perez, deux industriels de Roubaix à l'époque où la ville était à son apogée, cherchaient à se faire connaître. Ayant constaté le succès remporté par Paris-Brest-Paris et Bordeaux-Paris, ils pensèrent que la solution était dans une course dont l'arrivée se déroulerait sur leur piste. Ils soumirent leur projet au journal *Le Vélo,* qui envoya son rédacteur, Victor Breyer, reconnaître l'itinéraire. Il arriva à Roubaix, frigorifié et couvert de boue, après une lutte de deux jours à rouler sous une pluie glaciale. Il tourna en dérision cette idée « diabolique » et affirma qu'il convenait de l'abandonner... avant de se laisser convaincre du contraire.

La première édition eut lieu le jour de Pâques 1896, un dimanche, malgré les protestations du clergé qui se tranquillisa lorsqu'il fut décidé qu'une messe spéciale serait organisée pour les cyclistes. La course ne fut réellement établie qu'après sa seconde édition remportée par Garin, dont la victoire fut entourée de suspens. Le Hollandais Mathieu Cordang, qui était en tête sur le vélodrome, chuta, permettant à Garin de prendre 100 m d'avance. Cordang, de loin le plus fort, accéléra. Il n'était qu'à 2 m derrière le Français lorsque celui-ci franchit la ligne d'arrivée.

L'arrivée n'a pas toujours eu lieu au vélodrome. Elle fut déplacée sur la banale avenue des Nations unies pour plaire à un sponsor, puis sur la spectaculaire avenue des Villas bordée d'arbres, et enfin sur une piste d'athlétisme, avant de retrouver sa place d'origine en 1988. Si les pavés sont l'âme de la course, le vélodrome en est le cœur. Aucune autre classique n'a une arrivée comparable.

Couverts de poussière ou de boue, leur visage ne laissant paraître que leurs yeux et leur bouche, les coureurs sont acclamés par les hourras de la foule qui a suivi la course sur écran géant. Si le vainqueur est seul, les trois tours de piste avant l'arrivée se transforment en une parade de la victoire. Assister à un sprint sur un vélodrome est chose rare. Le public peut sentir chaque coup de pédale. Il peut apprécier la technique utilisée pour gagner de la vitesse sur la piste inclinée, ce qui exige une virtuosité qu'on ne voit dans nulle autre classique. Du vrai spectacle !

Après, les coureurs s'écroulent sur l'herbe du terre-plein central – comme durent le faire Fischer et ses contemporains – avant de rejoindre les vieilles douches, un lieu qui rappelle les premiers temps du cyclisme. Là, ils ouvrent leur cœur à la presse tandis qu'ils se débarrassent de la boue et pensent leurs plaies.

L'ENFER DU NORD

Si l'arrivée a peu changé depuis 1896, il n'en est pas de même pour l'itinéraire. Au début, il suivait la route Paris-Lille, constituée de pavés et de terre. C'est l'une des courses les plus rapides car, à cette époque de l'année, les vents sud-ouest dominent. Lorsque Fischer gagna en 1896, sa vitesse moyenne était de 31 km/h, du jamais vu pour une course de longue distance. En 1964, la vitesse moyenne du Hollandais Peter Post constitua un vrai record pour une classique : presque 45 km/h.

Au début des années 1960, les pavés se firent rares. Les organisateurs déplacèrent le départ de Paris à Chantilly et commencèrent à chercher activement des secteurs pavés pour ne pas que leur course perde de son attrait. Ils en repérèrent un de 14 km puis, en 1968, ils découvrirent la désormais légendaire trouée de Wallers-Arenberg.

En 1977, seules les petites routes étaient encore pavées. Le départ fut déplacé à Compiègne, à 65 km de Paris, et le directeur de la course, Albert Bouvet, battit la campagne pour trouver des chemins écartés, signalés comme difficilement praticables.

Les secteurs pavés commencent juste au nord de Troisvilles, contournent Valenciennes puis zigzaguent jusqu'à Roubaix. Ce nouvel itinéraire ne trahit pas le surnom de la course, « L'Enfer du Nord », ainsi qu'un journaliste français l'avait baptisée faisant écho au « diabolique » de Breyer. C'était après la Grande Guerre, la route à peine terminée traversait un paysage dévasté par les cratères d'obus, les tranchées, les villages en ruines, les cadavres d'animaux et les arbres décapités.

Les noms des routes sentent le terroir (rue de la Sucrerie, chemin des Prières), ils sont parfois sinistres (chemin des Abattoirs). Chacune a son caractère : descente raide terrifiante sur des pavés glissants près de Valenciennes, portion droite chaotique à travers la forêt humide et froide de Wallers-Arenberg, ascension décisive entourée de champs nus grimpant du village de Gruson au café du carrefour de l'Arbre.

OCTAVE LAPIZE

Le cyclisme ne saura jamais de quoi « le Frisé » aurait été capable si la guerre ne l'avait fauché en pleine jeunesse. Lorsqu'elle éclata, Lapize était le grand champion français, il avait gagné trois fois de suite Paris-Roubaix et avait à son palmarès Paris-Bruxelles, le Championnat de France et le Tour de France de 1910 qui fut une victoire historique.

Cette année-là, dans les Pyrénées, Lapize s'imposa dans les deux premières étapes de montagne et fut le premier coureur du Tour à partir à la conquête des cols d'Aspin, de Peyresourde et de Tourmalet. Sur le col d'Aubisque, où il était précédé par François Lafourcade, il lance à Alphonse Steinès, qui avait conçu le parcours, un « assassins, assassins ! » qui entrera dans la légende du Tour.

Sa surdité ne l'empêcha pas de remporter son premier Paris-Roubaix à 20 ans et Paris-Tours en 1911 après une poursuite de 144 km. Il abandonna le Tour de France de 1912 se plaignant que ses adversaires s'étaient ligués contre lui.

NATIONALITÉ	Française
NAISSANCE/DÉCÈS	24/10/1887 – 14/07/1917
PROFESSIONNEL	De 1909 à 1914
SURNOM	le Frisé
PRINCIPALES VICTOIRES	
1909, 1910	Paris-Roubaix
1911	Tour de France
1911, 1912	Paris-Brussels
1913	Championnat de France

Les routes sont numérotées par ordre descendant : la n° 22 est la rue de la Sucrerie à l'extérieur de Troisvilles ; la n° 1 est un espace pavé dans Roubaix portant le nom de Charles Crupelandt, vainqueur en 1912 et 1914, décoré lors de la Guerre, qui se vit refuser l'autorisation de courir après celle-ci pour des faits qui ne furent jamais véritablement élucidés.

La plupart des routes pavées sont peu empruntées si ce n'est par des tracteurs remorquant du fumier ou de la betterave. Mais un jour par an, elles ressuscitent, envahies par les supporters portant des drapeaux, faisant écho au bruit des hélicoptères de la télévision et des voitures suiveuses. Lors des hivers pluvieux, elles sont inondées par l'eau débordant des champs et parfois, comme ce fut le cas en 2001, elles doivent être pompées avant le début de la course.

Menacés par le progrès et l'exigence des villageois qui souhaitent des routes plus carrossables, les pavés ont cependant leurs défenseurs qui, au nom de l'héritage culturel de la région, se battent pour qu'ils soient conservés plutôt que laissés à l'abandon puis remplacés par du goudron.

L'association pavés-mauvais temps fait les délices des cyclistes endurcis et des supporters, alors qu'elle terrifie les coureurs peu convaincus par Paris-Roubaix. Le casse-cou des années 1990, Frédéric Moncassin, râlait s'il faisait beau le matin de la course. Le jour de Pâques 1987, deux jeunes américains, Roy Knickman et Thurlow Rogers, voyant qu'il neigeait à Compiègne décidèrent que les courses européennes n'étaient pas pour eux et prirent le premier avion pour les États-Unis.

Si la Pascale a toujours inspiré à la presse française des envolées lyriques parsemées d'adjectifs tels que « infernale », « apocalyptique » ou « maudite », elle a aussi séduit des artistes. Le documentaire du Danois Jörgen Leth, *Un dimanche en enfer,* retrace l'édition de 1976. La lutte entre Eddy Merckx, Roger de Vlaeminck et l'équipe Flandria (Freddy Maertens et Marc de Meyer) est filmée au ralenti, avec de gros plans sur les cyclistes et leurs vélos bondissant sur les pavés au milieu d'énormes nuages de poussière, le tout sur fond d'orchestre symphonique. Dix ans après, un peintre de Roubaix, Mahjoub Ben Bella réalisa une fresque sur 10 km de pavés jusqu'à l'arrivée : un patchwork de roses, bleus, jaunes et blancs. Il lui fallut 16 tonnes de peinture qu'il mélangea avec du sable pour que les coureurs ne tombent pas.

La télévision française couvre aujourd'hui l'événement avec beaucoup de moyens : des caméras sur pied pour les pavés les plus célèbres, d'autres transportées par une flotte de motos de cross pour suivre la course et plusieurs hélicoptères. Dans l'insolite édition de 1994, dominée par la boue, la télévision fut cependant vaincue par les éléments : on ne vit pas un seul cameraman à moto durant les 65 km précédant la ligne d'arrivée. La route était une véritable patinoire, aucun n'avait réussi à continuer !

LA REINE DES CLASSIQUES

Paris-Roubaix, nommée « la Reine des classiques », distribue ses faveurs au grès de ses caprices. En 1994, la victoire échappa au Belge Johan Museeuw. Après un départ sous une tempête de neige et la

traversée d'une mer de boue, il cassa son vélo, un modèle expérimental. À ce moment-là, le Belge d'origine russe Andreï Tchmil attaqua. Il poursuivit ce dernier pendant des kilomètres, agonisant à 100 m derrière sans pouvoir rattraper son retard. En 1996, le même Museeuw s'imposa dans des circonstances curieuses. Alors qu'il était près de la ligne d'arrivée, il s'échappa avec deux membres de son équipe. Le directeur de Mapei, Patrick Lefévère, appela le sponsor à Milan pour savoir qui devait l'emporter. Trois ans après cette victoire légèrement entachée, il fut victime d'une grosse chute dans la célèbre trouée de Wallers-Arenberg, une pente douce pavée présentant des affaissements dus à la présence des mines de charbon (elle est proche de la mine où se déroule *Germinal,* de Zola). Il risqua une amputation de la jambe : la gangrène s'était installée, sa plaie au

Johan Museeuw conduisant la Mapei-GB à une éclatante victoire en 1996. Il est suivi par Gianluca Bortolami et de Andrea Tafi qui fut furieux de ne pas avoir été classé à la seconde place.

genou ayant mal été soignée. Un an plus tard, il triompha de nouveau et franchit la ligne d'arrivée, montrant son genou dans un geste de défi. En 2001, dévoué à Servais Knaven, il le conduisit à la victoire. L'année suivante, à la fin d'une lutte incertaine avec l'Américain George Hincapie, il rejoignit les premiers et l'emporta pour la troisième fois.

Museeuw n'est pas le seul à qui Paris-Roubaix a réservé un tel sort : elle donne d'une main pour reprendre de l'autre. Après sa victoire de 1924, le grand Henri Pelissier se confiait en ces termes « Une seule fois, j'ai couru Paris-Roubaix dans des conditions idéales : temps superbe, vent arrière et pas une crevaison. Dans une journée comme ça, le cyclisme est un régal ». Un an plus tard, il fit un effort si violent juste après le départ qu'il fut victime d'une hypoglycémie – ce qu'on appelle « le coup de massue » – non loin de l'arrivée et dut demander à manger aux spectateurs.

« L'Enfer » comporte encore bien des périls. La chute sur les pavés bien sûr, mais aussi les voitures et motos suiveuses qui constituent un gros danger sur les étroites routes où un seul cycliste à terre provoque un embouteillage à travers lequel les coureurs tentent de se frayer un chemin pour rejoindre la tête.

Chaque année, il y a des victimes. En 1994, Marc Madiot, double vainqueur de Paris-Roubaix, se fracassa le bassin en chutant dans une pente pavée vertigineuse et ne recourut jamais plus. En 2001, ce fut le tour du médaillé olympique Philippe Gaumont, agonisant avec un fémur cassé tandis que ses équipiers accéléraient dans la descente de la « trouée ».

Seuls les cyclistes peuvent saisir l'essence de cette course. Selon Franco Ballerini (vainqueur en 1995), pour qui elle est devenue une véritable passion : « Il faut l'aimer, la respecter, la comprendre, l'approcher avec précaution et alors seulement à ce moment-là elle te choisira... peut-être. »

QUAND LA VICTOIRE S'ENVOLE...

Parfois, la victoire vous passe sous le nez sans que les pavés y soient pour quelque chose. En 1927, sur l'avenue des Villas, Joseph Curtel gagna sur Georges Ronsse d'une largeur de pneu. La foule en liesse le porta en triomphe. Quand le juge de l'arrivée déclara Ronsse vainqueur, cela tourna à l'émeute et l'officiel faillit être lynché. Deux ans après, ce fut Ronsse la victime : glissant dans la courbe finale au Stade Amédée Provost, il cassa sa roue avant et perdit derrière Charles Meunier.

En 1993, Franco Ballerini connut le même sort que Curtel. Il remorqua Gilbert Duclos-Lassalle jusqu'au vélodrome, épuisé. « Gibus » utilisant ses atouts dans la course sur piste gagna quelques mètres au sprint, mais Ballerini réattaqua et doubla le français de quelques centimètres, franchissant la ligne les bras en l'air. Déclaré vainqueur, il fit, triomphant, un tour d'honneur sur la piste, qui fut interrompu au vu de la photo finish. « Gibus » avait gagné. « Ballo », le cœur brisé, jura de colère qu'il ne remonterait plus jamais sur un vélo. L'année suivante il était là. La course se termina dans un bain de boue, il tomba quatre fois et creva cinq fois. « Une chute ou une crevaison de moins et j'aurais gagné » se désola-t-il. Il triompha ensuite en 1995 et en 1998. En 2001, ce fut sa dernière course avant la retraite, il franchit la ligne d'arrivée avec un T-shirt sur lequel était écrit « Merci Roubaix ».

Les commissaires peuvent être plus cruels que les pavés. En 1990, entre deux étapes de Paris-Nice, Roger Lapébie me raconta qu'il avait été privé de sa victoire 66 ans plus tôt. « J'étais parmi les premiers quand j'ai crevé à une dizaine de kilomètres de Roubaix. Personne n'avait de pneu de rechange alors j'ai emprunté le vélo d'une spectatrice. Un peu plus loin, j'ai enfourché un vélo d'homme. J'ai rattrapé les premiers et j'ai gagné ! Mais un concurrent s'est plaint que j'avais changé de vélo, ce qui était interdit. Alors les commissaires l'ont inspecté et ont constaté qu'il ne portait pas le sceau permettant de l'identifier. J'avais enfreint les règles, j'ai été disqualifié. Mais, j'ai toujours considéré que j'étais victorieux. »

En 1949, eut lieu l'arrivée la plus curieuse de Paris-Roubaix et d'ailleurs de toutes les classiques. Les trois cyclistes de tête furent mal aiguillés par les signaleurs. Ils ne savaient plus où aller, alors deux d'entre eux revinrent en arrière vers la piste en passant par la tribune de presse. André Mahé remporta le sprint. Le peloton des poursuivants était mené par l'Italien Serse Coppi, le frère du grand champion Fausto. Invoquant que Mahé n'avait pas parcouru le bon itinéraire, les Coppi protestèrent. Cinq jours plus tard, leur plainte fut rejetée par la Fédération française de cyclisme. Cela aurait pu en rester là si le plus grand coureur italien n'avait pesé de tout son poids pour appuyer son jeune frère. La Fédération italienne fit appel auprès de l'Union cycliste internationale. La décision ne fut rendue que sept mois après le fiasco : Coppi fut déclaré premier ex aequo avec Mahé. Mais après tout ce temps, le résultat n'avait plus guère de sens.

Avec l'expérience, les cyclistes ont trouvé des « trucs » pour amortir les secousses dues aux pavés. Certains mettent davantage de ruban sur leur guidon, d'autres insèrent d'épais rembourrages de mousse entre le ruban et le guidon, d'autres encore montent des freins utilisés dans le cyclo-cross laissant un large espace libre pour que la boue n'obstrue pas les étriers.

Une chute provoque irrémédiablement une réaction en chaîne. 1967 : les coureurs se relèvent après une collision, certains ont fait un vol plané dans les champs. Sur la droite, on peut voir une roue de moto : sur les pavés elles sont aussi vulnérables que les vélos.

Ils utilisent des cuissards, selles et gants rembourrés ainsi que des vélos à la fourche plus longue pour absorber les vibrations. En 1994, le Canadien Steve Bauer arriva avec un vélo dont la selle était située au-dessus de la roue arrière, tandis que Johan Museeuw expérimentait une bicyclette à suspension arrière qui se cassa et lui fit perdre la course.

La plus grande innovation fut celle de Greg LeMond et de ses équipiers en 1992 : une fourche dotée d'un amortisseur à huile comme celles utilisées dans les épreuves de VTT et de cyclo-cross. L'idée se répandit, au point qu'au milieu des années 1990, il existait une demi-douzaine de types de suspension avant. Dans certains cas, elle constituait plus une décoration pour avoir sa photo dans le journal qu'un équipement pour améliorer ses performances.

Le début du XXIe siècle vit un retour des croyances prônées par la vieille école, selon lesquelles seuls les pneus pouvaient apporter une solution. Ils devaient être plus gros pour absorber les chocs et un peu moins gonflés. Les fabricants, avec à leur tête les géants Michelin et Continental, rivalisèrent pour doter leur équipe : Michelin testa 250 types de pneus dans cinq conditions météo différentes pour obtenir la pression parfaite.

Pour les mécaniciens des équipes, Paris-Roubaix est aussi une course spéciale avec un nombre immense de roue de rechange à préparer. Lorsque les fourches à suspension ont fait leur apparition, on a dû fabriquer et monter des freins adaptés. Cependant, il est impossible de tout prévoir, la rupture du patin de l'Allemand Steffen Wesemann, en est un exemple. Selon ses dires, elle lui aurait fait perdre l'édition de 2002.

LES VAINQUEURS D'AUJOURD'HUI

Ces dernières années, Paris-Roubaix a été plus favorable aux « vieux ». Réussir à bien se contrôler face à des « catastrophes » mineures telles qu'une crevaison ou une chute, mener avec sang-froid la terrible bataille pour être dans les 20 coureurs de tête sur le premier secteur pavé à Troisvilles : cela s'apprend avec l'âge. Mais il y a aussi l'expérience. Plus un cycliste a pédalé dans « l'Enfer » et mieux il en connaît les courbes et les zigzags. La force pure que demande un grand développement sur les pavés s'acquiert grâce à des années passées dans le peloton.

Quatre des six plus vieux vainqueurs de classiques ont remporté Paris-Roubaix : Pino Cerami à 38 ans en 1960 ; le Hollandais Hennie Kuiper à 34 ans en 1983 après 11 tentatives ; Gilbert Duclos-Lassale à presque 38 ans, pour sa première victoire en 1992, 12 ans après sa malchanceuse seconde place ; encore lui l'année suivante pour sa deuxième victoire ; puis Museeuw à 37 ans et demi en 2002. Parmi les champions, se distingue Roger de Vlaeminck, « M. Paris-Roubaix », « le Gitan » au teint mat, dont l'habileté à manier son vélo et sa force pure se forgèrent lors des courses hivernales de cyclo-cross. De 1969 à 1982 – excepté en 1980 – il s'imposa 4 fois et s'empara de la seconde place 4 fois. Il ne finit jamais au-delà de la 7e place : c'était en 1973, lorsqu'il courut avec 25 points de suture au bras après une chute la semaine précédente et trouva les pavés douloureux...

L'un des grands de Paris-Roubaix, Francesco Moser, devançant Gilbert Duclos-Lassale en 1983 : ils remporteront respectivement les 3e et 2e places. L'Italien a adopté la position classique pour affronter les pavés, ses bras agissant comme amortisseurs de chocs.

FRANCESCO MOSER

Grand, à l'allure aristocratique, terriblement compétitif, Francesco Moser remporta trois fois Paris-Roubaix à l'instar de Lapize, ce qui en fit un spécialiste et le plaça juste derrière Roger de Vlaeminck. Sa rivalité avec Giuseppe Saronni, « il Beppe », était caractéristique du cyclisme italien de la fin des années 1970, début des années 1980. Mais ses deux records de l'heure en janvier 1984 firent de lui un coureur à part. Avec des roues lenticulaires, un cadre plongeant et une tenue collant à la peau, « le Cecco » fit entrer le cyclisme dans l'ère aérodynamique.

NATIONALITÉ	Italienne
DATE DE NAISSANCE	19/06/1951, à Palu di Govio (Trente)
SURNOM	Le Cecco
PROFESSIONNEL	De 1974 à 1986
PALMARÈS	
1974	Paris-Tours
1975	Tour de Lombardie, Championnat d'Italie
1977	Championnat du monde route, Flèche Wallonne, Championnat de Zurich
1978	Paris-Roubaix, Tour de Lombardie, Tour de Catalogne
1979	Paris-Roubaix, Championnat d'Italie, Gand-Wevelgem
1980	Paris-Roubaix, Tirreno-Adriatico
1981	Championnat d'Italie, Tirreno-Adriatico
1984	Milan-San Remo, Tour d'Italie

Cette année-là vit une victoire décisive : celle d'Eddy Merckx dans une échappée de 44 km. Elle fera dire à Jacques Goddet, le directeur de l'Équipe que le Cannibal est sublime, qu'il décide de tout, mène tout et réussit dans tout. « Merckx au-dessus de Merckx » titrait son journal, reflétant la toute puissance du coureur.

Comme Merckx, triple vainqueur de la course, Fausto Coppi fut un autre grand du Tour de France, qui descendit volontairement dans « l'Enfer ». Il remporta l'une des grandes victoires en solo. En 1950, à un point de ravitaillement, il prit les autres coureurs par surprise en s'élançant, alors qu'ils ralentissaient tous pour prendre leur musette. Maurice Diot, arrivé second, dira simplement : « Aujourd'hui j'ai gagné Paris-Roubaix, Coppi était surnaturel ». Deux ans plus tard, Coppi revint pour livrer bataille à Rik Van Steenbergen, sans succès. Ils terminèrent le parcours ensemble : Coppi savait que Rik Ier l'aurait vaincu au sprint, alors il attaqua à plusieurs reprises mais le Belge le devança avant le sprint final.

« L'empereur », Rik Van Looy savoure sa victoire en 1965. Il était alors le deuxième coureur après Octave Lapize à avoir remporté la grande course trois fois.

UNE COURSE DE SPÉCIALISTES

Les coureurs comme Coppi ou Merckx ne retournèrent pas dans « l'Enfer », le Tour de France étant devenu la course la plus importante de l'année. Aucun vainqueur du Tour ne prend le risque d'une chute qui lui ferait rater le grand événement et pas un seul d'entre eux n'a couru Paris-Roubaix depuis Greg LeMond en 1991. La Reine des classiques est désormais une course de spécialistes.

La prise de risques et l'effort suprême qu'elle demande continuent à fasciner les cyclistes comme les supporters. À l'instar de toutes les grandes courses, elle est considérée comme le top. Tant qu'il y aura des pavés, Paris-Roubaix restera « la dernière folie du sport cycliste », disait son ancien organisateur Jacques Goddet. Il fallait le comprendre comme un éloge. Bernard Hinault, le vainqueur de 1981, l'entendait autrement, il y voyait de la pure folie. Cette victoire, qui lui fit endosser le maillot arc-en-ciel de champion du monde, fut l'un de ses plus grands exploits : il n'en continua pas moins à haïr les pavés. Il creva deux fois et fut victime de trois chutes.

La première eut lieu sur le goudron avant même d'aborder les pavés. La seconde, dans la forêt Wallers-Arenberg, fut suivie d'une course en bord de la route, le vélo sur l'épaule. La troisième fut causée par un petit chien s'élançant de la foule : il donna automatiquement un coup de guidon et glissa. Sur le vélodrome, il avait encore l'esprit assez clair pour se lancer dans un sprint tactiquement parfait, coudes écartés, pour battre Roger de Vlaeminck et Francesco Moser qui, à eux deux, avaient remporté la course sept fois. Plus tard, Hinault remarqua un petit point blanc sur son pneu. Il le pinça et le pneu se dégonfla : c'est à ça que tient la victoire – ou la défaite – dans « l'Enfer » du cyclisme. Bien que ce fût l'un des plus grands triomphes de sa carrière, Hinault ne changea jamais d'avis sur le Paris-Roubaix : « c'est une connerie ».

Cette vision n'est pas partagée par tous. « Il y a seulement trois courses dans une saison, dit Greg LeMond, Paris-Roubaix, le Tour de France et le Championnat du monde ». « Une course d'hommes » ajoute Yates en approuvant. « Le lendemain, j'avais plein de poussière dans la gorge, je crachais tout ce que je pouvais. J'avais aussi une tendinite au poignet mais j'avais gagné le respect de mes adversaires », explique Frédéric Moncassin pour qui finir la course, qu'il n'a jamais remportée, c'est déjà un exploit.

NATIONALITÉ	Irlandaise
DATE DE NAISSANCE	24/05/1956
SURNOM	le Roi des classiques, le nouveau Cannibale
PROFESSIONNEL	De 1977 à août 1994
ÉQUIPES	
1977-1978	Flandria
1979-1981	Splendor
1982-1988	Sem, Skil, KAS
1989-1991	PDM
1992-1993	Festina
1994	Catavan
PALMARÈS	
1980	Trois jours de la Panne
1982	Classement par points au Tour de France, Tour du Haut-Var, Paris-Nice
1983	Tour de Lombardie, Classement par points au Tour de France, Paris-Nice, Tour de Suisse, Critérium international
1984	Paris-Roubaix, Liège-Bastogne-Liège, Tour du Pays-Basque, Paris-Nice, Critérium international, Paris-Bourges, Tour de Catalogne, Paris-Tours
1985	Tour de Lombardie, Paris-Nice, Tour d'Irlande, Classement par points au Tour de France, Lauréat du Super Prestige Pernod
1986	Milan-San Remo, Paris-Roubaix, Grand prix des Nations, Paris-Nice, Tour d'Irlande, Tour du Pays-Basque, Tour de Catalogne
1987	Paris-Nice, Tour du Pays-Basque, Critérium international, Tour d'Irlande
1988	Tour d'Espagne, Gand-Wevelgem, Paris-Nice, Semaine Catalane
1989	Liège-Bastogne-Liège, Coupe du monde, Classement par points au Tour de France
1990	Tour de Suisse
1991	Tour de Lombardie, Tour d'Irlande
1992	Milan-San Remo, Trophée Luis Puig

SEAN KELLY

Cycliste d'une puissance incomparable, grande figure du sport irlandais, porte-drapeau d'une génération entière de coureurs anglophones à travers la planète : Sean Kelly est tout cela et bien davantage. Venant de sa petite ferme du fin fond du comté de Waterford, il domina le monde du cyclisme pendant une demi-douzaine d'années : une véritable légende.

VERS LE SOMMET

La carrière de Kelly débuta lorsque Jean De Gribaldy, directeur de l'équipe Flandria, vint le trouver chez lui pour lui proposer un contrat. Chemin faisant, il le rencontra sur une route de campagne en train de conduire le tracteur de son père. Lors de sa première saison en tant que professionnel, Kelly l'emporta sur Eddy Merckx. Quand il prit sa retraite, Lance Armstrong était le tout jeune champion du monde.

Sprinter à l'origine, ce casse-cou fut disqualifié plusieurs fois pour avoir roulé dangereusement. L'année 1982 fut un tournant dans sa carrière, lorsque De Gribaldy le persuada qu'il pouvait faire bien plus.

Au printemps de la même année, il enleva la première de ses sept victoires consécutives dans Paris-Nice, du jamais vu. En juillet, il s'imposa dans une étape de montagne du Tour de France et remporta le premier de ses quatre maillots verts, un record. En août, il fut à deux doigts d'être couronné champion du monde à Goodwood au Royaume-Uni.

Entre 1984 et 1989, Kelly fut le numéro un mondial, il était capable de dominer dans n'importe quelle classique ou course d'étapes courte grâce à sa force pure et à son habileté.

Ce fut une époque sans pareille : aucun sportif irlandais dans quelque discipline que ce fût n'eut jamais la stature de Kelly. La passion pour ses héros, Kelly et Stephen Roche, s'empara de l'Irlande pendant huit ans. Pour eux, des foules se massaient sur l'itinéraire du Tour d'Irlande, une course conçue spécialement pour les admirer. Au Tour de France, on pouvait voir des nuées de journalistes irlandais.

Le succès, Kelly l'obtint grâce à son professionnalisme. « Quand Kelly rentrait d'une course, même s'il était tard, il nettoyait son vélo avant de faire n'importe quoi d'autre », raconte Herman Nijs, dont la maison près de l'aéroport de Bruxelles était la deuxième résidence de Kelly. Au début lorsque celui-ci y séjournait, ses hôtes ne comprenaient pas pourquoi il allait au lit tous les soirs à 9 heures Qu'est-ce qu'il faisait ? Il écrivait à sa famille ? Lisait ? Une nuit, ils poussèrent la porte et découvrir qu'il... dormait !

DES ANNÉES DE COURAGE

Le courage de Kelly fut mis à rude épreuve. L'année 1991 fut terrible : il se cassa la clavicule pendant Paris-Nice, par la suite il dut abandonner le Tour de France pour raisons de santé. Le coup le plus dur fut la perte de son frère Joe dans un accident de la route. Mais il retourna se battre, pour remporter le Tour d'Irlande à l'issue d'une étape épique et pluvieuse à Cork et il s'imposa au Tour de Lombardie en déployant une puissance inégalée.

Au mois de mars suivant, il s'assura la première place dans Milan-San Remo devant Moreno Argentin.

L'HÉRITAGE KELLY

Le départ en retraite de Kelly en 1994, marqua un changement d'attitude chez les « pro ». Il fut le dernier grand champion à courir pendant une saison entière. Courses par étapes, classiques de printemps, Tour d'Espagne, Tour de France, Championnat du monde : il s'attaquait à toutes avec le même appétit. Il renouait en cela avec le cyclisme des années 1950.
Aujourd'hui, l'époque est à la spécialisation. Kelly fut le dernier à gagner Paris-Roubaix et Liège-Bastogne-Liège, les pavés et les collines, la même année : de nos jours peu de coureurs participent aux deux courses.

Kelly se retira sans avoir obtenu les deux victoires qui auraient couronné sa carrière : le Tour de Flandres où il termina second trois fois entre 1984 et 1987 et le Championnat du monde. Il rata sa chance de revêtir le maillot arc-en-ciel en 1989, lorsqu'après avoir accompli une course parfaite sur le circuit détrempé de Chambéry, il se lança dans le sprint final sur le mauvais développement. Il put difficilement retenir ses larmes en gravissant la troisième marche du podium.

Pour ses compagnons anglophones, Kelly était un dieu. L'Écossais Robert Millar, qui enleva la 4e place au Tour de France de 1984, écrivait : « Je n'ai jamais couru avec quelqu'un qui dégageait une telle force. Dire que c'était un homme de fer est peu. Il était en acier inoxydable ! ».

Sean Kelly, le « nouveau Cannibale » sur le chemin de la victoire lors du Milan-San-Remo, en 1986.

CLASSIQUES DES ARDENNES

Après les trois courses du nord, le Tour des Flandres, Gand-Wevelgem et Paris-Roubaix, le monde du cyclisme se tourne immédiatement vers les Ardennes belges. Région de plateaux légèrement vallonnée, entaillée par des vallées boisées, elle se situe au sud du pays. En 1944, les Allemands y lancèrent leur ultime grande contre offensive lors de la bataille des Ardennes où ils subirent de lourdes pertes.
Les Ardennes culminent à 694 m, mais le terrain est astreignant. Les deux classiques, Liège-Bastogne-Liège et la Flèche Wallonne, ont chacune des caractéristiques très marquées. Sur ces hauteurs, le printemps est parfois en retard et la neige au rendez-vous. Il arrive aussi qu'il soit précoce avec des températures anormalement hautes pour la saison.

En tête du peloton, Francesco Casagrande suivi du Hollandais Michael Boogerd. Dans une âpre lutte, ils attaquent la première des cinq courbes pour la conquête du Mur de Huy dans la Flèche Wallonne. L'Italien, ancien champion du monde, remporta la course en 2000 et manqua de peu la victoire dans les deux éditions suivantes.

LA FLÈCHE WALLONNE

LA « PETITE SŒUR » DE LIÈGE-BASTOGNE-LIÈGE NE DOIT PAS ÊTRE SOUS-ESTIMÉE. ELLE EST D'AILLEURS DÉSORMAIS ASSOCIÉE À UNE CRUELLE CÔTE ENTRE LIÈGE ET CHARLEROI.

Le Mur de Huy est une route tranquille zigzagant entre les murs des jardins couverts de végétation et les maisons de briques rouges. Elle présente un dénivelé aussi incliné que le toit des habitations et serpente à travers la bourgade perchée au-dessus de la rive de la Moselle entre une centrale nucléaire et un château médiéval.

En 70 ans d'histoire, le sommet de ce monstre long d'un kilomètre a pratiquement toujours constitué la ligne d'arrivée de la Flèche Wallonne, la course d'ouverture du week-end ardennais. Aujourd'hui, c'est ce lieu qui forge son identité. Aucune autre classique ne se termine en haut d'une côte, aucune autre n'y fait passer trois fois ses coureurs.

Depuis 1983, la Flèche et le Mur sont synonymes. L'itinéraire compte d'autres montées mais le Mur constitue presque toujours l'ascension décisive. Les supporters s'entassent sur deux rangs, voire davantage, pour regarder la course passer trois fois et assister à l'arrivée de la Flèche Wallonne « femmes » avant la course des pros.

Au sommet, se dresse une église flanquée d'un parc et de deux cafés. Lieu de pèlerinage pour les mordus du cyclisme et calvaire pour les coureurs qui ne sont pas en forme, la côte menant à ce promontoire est jalonnée de dix petites chapelles identiques rythmant le chemin de croix.

L'arrivée de la course se trouve en face de la porte principale de l'église. Lorsqu'elle a été déplacée au sommet du Mur, une rumeur circula : la montée avait été incluse dans l'itinéraire pour assurer la victoire au seul champion wallon des années 1980, Claude Criquielion. À « Criq » manquait la puissance pour sprinter mais il grimpait dur. Les commentaires sarcastiques allaient bon train. Le jour J, « Claudie » marqua un point en se détachant dans la côte avant l'arrivée et fit taire ses détracteurs. Le maillot de champion du monde qu'il revêtait, pour l'avoir remporté l'année précédente à Barcelone, ne fit qu'ajouter au prestige de sa victoire. Depuis, le Mur a souvent été décisif, comme en 1995 lorsque Laurent Jalabert lâcha Maurizio Fondriest au sprint et quand Lance Armstrong, un an après régla son compte à Didier Rous pour devenir le vainqueur le plus jeune qu'ait jamais connue la Flèche. Bien que mince, Armstrong était extrêmement musclé. Il avait déjà probablement le cancer qui faillit lui coûter la vie. Quatre jours après, il avait remporté les deux courses, la Flèche et Liège-Bastogne-Liège, sans que la tactique sournoise du Suisse Pascal Richard ne lui ait fait obstacle.

LES ORIGINES DE LA FLÈCHE

La Flèche fut fondée par Paul Beving et Albert Van Laethem, deux journalistes du quotidien bruxellois Les Sports. La première édition se déroula le 13 avril 1936, à un moment où le cyclisme belge était en pleine ascension avec les victoires, l'année précédente, de Romain Maes au Tour de France et de Jean Aerts au Championnat du Monde sur route à Floreffe, près de la ville wallonne de Namur.

La course initiale reliait deux villes situées de part et d'autre de la Wallonie, Tournai, dans les Flandres et Liège en Wallonie. Depuis, la Flèche s'est terminée dans différentes localités : de Liège, à Charleroi, en passant par Marcinelle et, dans la banlieue de cette dernière, Spa et Verviers.

Malgré ces modifications de parcours, elle a toujours été caractérisée par une profusion de côtes courtes mais raides, dont certaines, telles que la côte de Mont Theux et la côte des Forges, ont été intégrées durant plusieurs années à l'itinéraire de Liège-Bastogne-Liège.

Les champions wallons sont de rares « bêtes de course ». C'est l'un d'eux, le sprinter Eloi Meulenberg, qui était le favori de la première édition. Il arriva dans Liège avec Philémon Demeersman mais fut renversé par une moto quelques mètres avant la ligne d'arrivée. L'année suivante, alors qu'il n'avait pas 25 ans, il remporta Liège-Bastogne-Liège et le titre de champion du monde sur route. Après, sa carrière déclina.

La Flèche Wallonne, l'une des plus jeunes classiques, a toujours attiré les Grands. Ici, au cœur de la région boisée des Ardennes, Fausto Coppi roule vers sa victoire en solitaire de 1950.

L'ITINÉRAIRE

À l'instar du Tour des Flandres ou du Tour de Lombardie, la Flèche Wallonne est davantage associée à une région qu'à un parcours défini. Il en résulte que son départ et son arrivée furent continuellement déplacés.

Le départ a été fixé à Charleroi récemment et l'arrivée au sommet du spectaculaire Mur de Huy. Lors de ses trois premières éditions, de 1936 à 1938, la Flèche Wallonne démarra à Tournai, se terminant à Liège qui fut la ville d'arrivée jusqu'en 1941 puis de 1946 à 1959. Fixé à Charleroi de 1948 à 1959 et en 1982, le départ eut lieu à Liège de 1960 à 1971 pour revenir à Charleroi à partir de 1998.

Quant à l'arrivée, elle se tint dans cette dernière en 1945 et de 1960 à 1973. Depuis 1964, elle est accueillie à Marcinelle, au sud de Charleroi.

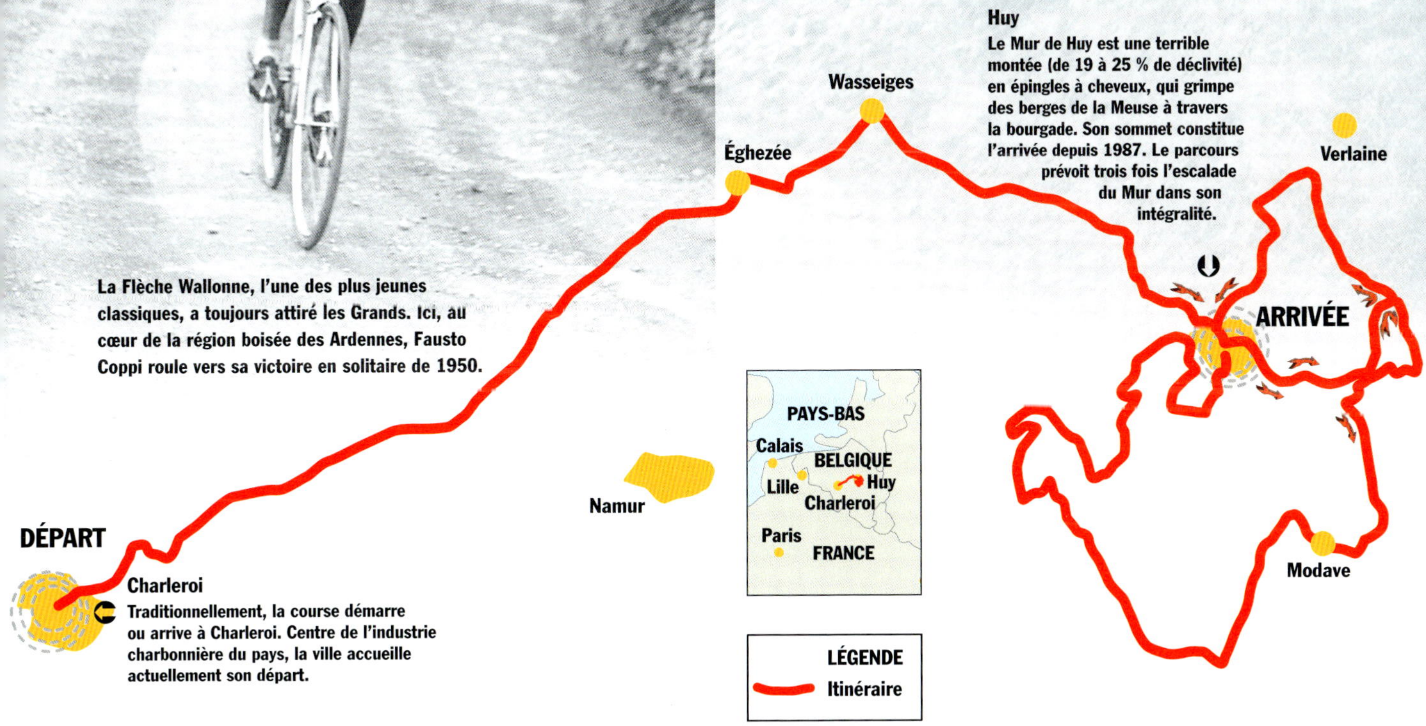

En 1971, Jos de Schoenmaecker, l'un des équipiers de Merckx, eut une amère déception. Il se maintint en tête pendant 160 km et était seul sur la ligne droite avant l'arrivée à Marcinelle, ignorant que Frans Verbeeck et Roger de Vlaeminck n'étaient pas loin derrière lui. De Schoenmaecker ne pouvait pas les voir car ils étaient cachés par le convoi de voiture qui le suivait. De Vlaeminck le battit en remportant le sprint, mais cette victoire n'était pas plus avérée que son triomphe controversé à Liège l'année précédente. Verbeeck avait crié « faute », comme il l'avait fait un an auparavant lorsque Éric de Vlaeminck à la demande de son frère, l'aurait retenu dans le tunnel du vélodrome de Rocourt, tandis que Roger commençait son sprint. La Belgique ne prit De Vlaeminck au sérieux qu'après sa victoire, l'année suivante dans Paris-Roubaix.

En 1991, le roi des Ardennes, Moreno Argentin, marqua la course de son empreinte deux fois dans des circonstances bien différentes : par son triomphe, après une échappée de 65 km seul sous une pluie glaciale et par sa chute dans une courbe glissante. Ce fut le premier volet de sa double victoire ardennaise : il fut le seul à accomplir cet exploit durant ces dernières années. Expert des classiques, il déclara : « C'est la plus belle victoire de ma carrière. Je sentais tous les yeux rivés sur moi, ça l'a vraiment rendue encore plus belle ». Trois ans plus tard, Argentin l'emporte encore après la plus grande démonstration de force qu'un homme et une équipe aient réalisé dans une classique. Les neuf coureurs de son équipe, Gewiss-Ballan, pourchassèrent pendant 80 km un groupe de fuyards, sans l'aide d'autres équipes. Lorsqu'ils atteignirent le Mur à 65 km de l'arrivée, Argentin et ses deux équipiers, Evgeni Berzin et Giorgio Furlan, s'échappèrent, Armstrong tentant désespérément de s'accrocher à leur roue. Le trio termina seul, loin devant un peloton désarmé. Argentin, pour sa dernière année en tant que « pro », remporta la victoire au sommet du Mur. Ce fut un incroyable début de saison pour l'équipe italienne qui avait déjà gagné Milan-San Remo grâce à Furlan. Quatre jours après, Berzin s'imposait dans Liège-Bastogne-Liège adoptant un style imparable, puis ce fut le Giro d'Italia où il arriva en tête, laissant à Miguel Indurain la 3e place.

À la Flèche, on n'avait jamais vu de tels résultats et on commença à s'interroger lorsque des journalistes interviewèrent le médecin de l'équipe, Michele Ferrari pour lui poser des questions sur une « potion magique » appelée érythropoïétine, une substance qui augmente le taux de globules rouges.

« Il n'y a rien de scandaleux à ce qu'un coureur en prenne, répondit Ferrari. L'EPO en soi n'est pas nocive, le tout est de ne pas en abuser. Ce n'est pas plus dangereux que de boire 10 litres de jus d'orange. »

Le roi des Ardennes, Moreno Argentin, devant le Russe Evgeni Berzin et l'Italien Giorgio Furlan, tous trois membres de Gewiss-Ballan. Loin devant le peloton, le premier remportera une victoire sans précédent – et controversée – en 1994.

Le jeune et puissant Lance Armstrong triomphe au sommet du Mur en 1996. Il est déjà probablement atteint du cancer qui mettra sa vie en péril la même année. Il rattrapera avec éclat une absence de trois années en remportant ensuite quatre fois le Tour de France.

Il fut immédiatement congédié par Gewiss. Il n'était pas encore prouvé que Ferrari avait administré des substances dopantes à des cyclistes mais sa déclaration arrivait à un moment critique, elle illustrait parfaitement l'état d'esprit qui conduisit aux scandales de 1998 et 1999 pendant les tours de France et d'Italie.

LE JOYAU DES CLASSIQUES

La Flèche Wallonne se fit la réputation de « joyau des classiques » pendant les années 1940 et 1950. L'édition de 1949 fut un duel mémorable entre Fausto Coppi et Rik Van Steenbergen. « Rik Ier » n'avait emporté ni pneu de rechange ni bouteille d'eau, risquant la disqualification s'il demandait à boire aux voitures suiveuses. Lorsque Coppi s'échappa avant l'arrivée, il semblait invincible. Van Steenbergen réussit cependant à le rattraper à Liège, dans la longue descente, après le bouchon provoqué par les voitures qui suivaient Coppi dans la côte des Forges, et s'imposa au sprint.

Le super champion revient à l'attaque en 1950 et usa de la même ruse qu'il lui avait fait remporter Paris-Roubaix trois semaines plus tôt. Au point de ravitaillement à Spa, il ne prit pas sa musette et fonça. Il gravit aisément la longue côte de Malchamps, arriva à la hauteur des quatre coureurs de tête, but, s'aspergea le visage d'eau et mangea une orange, pendant que les autres tentaient désespérément de suivre son allure. « Magnez-vous, les autres sont à nos trousses » leur lança-t-il mais ils ne purent le rattraper. Voulant à tout prix éviter le problème qui s'était produit avec le convoi l'année précédente, Coppi termina seul les 100 derniers kilomètres et s'imposa à Liège avec 5 min d'avance sur le second, Raymond Impanis.

Van Steenbergen revint en 1958, revêtu du maillot de champion du monde. Cette année-là, la menace était incarnée par « Rik II », Rik Van Looy, qui venait de remporter Paris-Bruxelles. La radio le présentait comme le plus grand coureur du monde. « Rik Ier » se prépara à la course, déterminé à montrer qu'il était encore le numéro un.

Dix ans plus tard, Van Looy se retrouva dans une situation similaire, par une journée de canicule. Il avait 36 ans, autant dire qu'il était quasiment en fin de carrière, et avait gagné toutes les classiques à part la Flèche. Eddy Merckx était en train de prendre la relève tout comme « l'Empereur d'Herentals » l'avait fait avec Van Steenbergen. Mais la Flèche ne lui refusa pas cette dernière chance, sa victoire clôtura son palmarès de classiques.

Parmi tous ces champions, celui dont le nom restera à jamais attaché à la Flèche, fut Pino Cerami, fils adoptif de Charleroi, né en Sicile. Alors qu'il avait 5 ans, son père, paysan pauvre décida de tenter sa chance en Amérique mais le voyage se termina en France. Du fait de problèmes de papiers, il se retrouva à Charleroi où il travailla comme mineur. Pino courut 12 ans comme professionnel avant de réaliser qu'il pouvait remporter de grandes courses. Durant la majorité de sa carrière, il participa aux courses l'été et travailla à l'usine l'hiver. Il avait 38 ans en 1960, lorsqu'il attaqua les pavés de la rue d'Assaut à Charleroi, devant une foule en délire et remporta « sa » Flèche. Il en avait 41, quand il arriva second dans Liège-Bastogne-Liège en 1963. Son nom a été donné à une course se déroulant dans la bourgade de Wasmuel.

LIÈGE - BASTOGNE - LIÈGE

CONSIDÉRÉE COMME LA PLUS ANCIENNE DES CLASSIQUES, ELLE EST AUSSI LA PLUS VALLONNÉE, OFFRANT UNE SOUDAINE ET RUDE TRANSITION AU REGARD DES COURTES ASCENSIONS PAVÉES DES FLANDRES.

Les collines de la partie wallonne des Ardennes sont plus élevées que celles de la petite portion flamande et leurs sommets souvent balayés par les vents. Le coureur suisse Tony Rominger estimait que la hauteur totale des côtes de Liège-Bastogne-Liège mises bout à bout était d'environ 3600 m soit l'équivalent d'une étape de montagne moyennement dure du Tour de France. Les routes, rarement pavées, sont en moins bon état sur les cimes que dans les vallées.

Hormis les grands coureurs de classiques, comme Eddy Merckx, Sean Kelly ou Fausto Coppi, qui étaient victorieux sur tout type de terrain, le spécialiste des Ardennes est plus léger et meilleur grimpeur que celui des Flandres.

Aujourd'hui, le cyclisme est plus suivi dans les Flandres qu'en Wallonie bien que les premiers champions belges fussent originaires de cette dernière. Cela s'explique par le fait qu'au XIXe siècle, lorsque naquit cette discipline, un vélo équivalait à 7 ou 8 mois de salaire, une dépense que seuls les Wallons pouvaient se permettre car la région francophone constituait le pôle économique moderne de la Belgique alors que le pays flamand était encore rural et pauvre. C'est aussi la raison pour laquelle Liège-Bastogne-Liège est la première des « monuments » du cyclisme sans être en réalité la plus ancienne classique, ce titre revenant à Paris-Rouen qui vit le jour en 1869. Elle fut suivie par Milan-Turin, qui est encore aujourd'hui un événement majeur pour les professionnels, dont la première édition eut lieu en 1876. Il n'en demeure pas moins que Liège-Bastogne-Liège est communément désignée sous le nom de « la Doyenne ».

LES ORIGINES DE LA DOYENNE

Née le 29 mai 1892, avec 33 concurrents au départ, avenue Rogier à Liège, et 300 spectateurs, la course mettait aux prises des amateurs et entendait constituer un galop d'essai au futur événement Liège-Paris-Liège. Celui-ci devait emboîter le pas à Paris-Brest-Paris qui avait connu un grand succès lors de sa création l'année précédente. Mais Liège-Paris-Liège ne vit jamais le jour et Liège-Bastogne-Liège, de simple galop d'essai, devint « l'Événement ».

Bastogne fut choisie car elle était la ville la plus éloignée de Liège, qui permettait de faire l'aller-retour en train dans la même journée. Le vainqueur de la première édition était un gars du pays, Léon Houa : il mit 7 h 48. Les deux années suivantes, il répéta son exploit et, en 1894, y ajouta une autre victoire dans Spa-Bastogne-Spa qui fut la première édition de la course pro. Avant 1949, seul un étranger la remporta, l'Allemand Herman Buse, en 1930. Ce qui donna à l'événement son caractère unique fut son couplage avec la Flèche Wallonne, en 1950, pour former le « Week-end des Ardennes ». Jusqu'à ce qu'il soit supprimé en 1965, les deux courses se déroulaient le samedi et le dimanche. Un classement spécial était réservé à celui qui avait été le meilleur dans les deux et la perspective d'un double prix attirait les stars.

Dans les années 1980, cependant « la Doyenne » fut en perte de vitesse, ses organisateurs n'étant plus à la hauteur comme le démontra en 1988 la terrible collision dans la descente de Houffalize. Après avoir grimpé la côte de Saint-Roch, le peloton prit de la vitesse dans la descente menant à la ville lorsque, après un tournant, il vint s'encastrer dans des travaux sur la voie publique, qui n'étaient pas signalés. Ce fut un véritable carnage : 50 cyclistes furent entraînés dans la chute. L'Américain David Phinney, alors en fin de course, fit un vol plané dans le pare-brise arrière d'une voiture qui avait dû elle-même s'arrêter net. Il eut 150 points de suture au visage.

Les organisateurs du Tour de France récupérèrent Liège-Bastogne-Liège en 1990 puis la Flèche Wallonne un peu plus tard.

Le peloton est encore compact lorsqu'il attaque l'un des huit virages de la côte de Saint-Roch, dans le centre-ville de Houffalize. L'ascension, la première et l'une des plus importantes de la course, commence face à un char commérant la bataille des Ardennes où les Américains encerclèrent les troupes allemandes lors de la dernière guerre.

ARRIVÉE

Liège
L'arrivée qui se déroulait sur l'une des rives de la Meuse à Liège a été déplacée en 1992 au sommet d'une colline dans la ville d'Ans, située légèrement au nord. Dans le même temps, deux autres ascensions à l'intérieur de Liège ont été ajoutées pour augmenter la difficulté du parcours sur les derniers kilomètres : la côte du Sart-Tilman, longue de 4 km, et la côte de Saint-Nicolas, un court « Mur ».

Côte de la Redoute
Meilleur point de vue de la course, la plus longue ascension avant la ligne d'arrivée devient de plus en plus abrupte (20 % de dénivelé) à mesure que l'on s'approche du sommet.

L'ITINÉRAIRE

Le parcours de « la Doyenne » a connu maints changements mais dans son essence il reste le même, comme le montre cette carte représentant celui de 2002. Du nord au sud, il traverse des vallées encaissées couvertes de forêts de pins ainsi que les hauts plateaux exposés des Ardennes. La structure de la course se dessine dans la première phase, jusqu'aux collines autour de Spa et Trois-Ponts, le circuit automobile de Francorchamps est éreintant. Au retour, la tension augmente à partir de Trois-Ponts avec la décisive côte de la Redoute qui constitue en général, avec les petites bosses situées juste avant l'arrivée à Liège, le lieu de l'échappée finale.

Côte de Saint-Roch à Houffalize
Le char se dressant dans la rue principale la ville de Houffalize commémore la bataille des Ardennes qui fit rage au cœur de la région pendant la Deuxième Guerre mondiale. La Côte de Saint-Roch, précédée par une descente en épingle à cheveux, est la première grande ascension de la course.

Bastogne
Ville pivot de l'itinéraire, elle ne fut choisie que parce qu'un train venant de Liège s'y arrêtait, permettant ainsi aux commissaires de s'y rendre aisément pour vérifier que les participants n'avaient pas pris de raccourcis.

Lors de l'édition de 1988, des travaux non signalés provoquent une terrible collision dans la descente de Houffalize. Suite à ce tragique événement dû à une mauvaise organisation, Liège-Bastogne-Liège passera sous le contrôle des organisateurs du Tour de France.

Le classement spécial fut réinstitué en 1993. Aujourd'hui, elles constituent toutes deux un long « week-end », la Flèche ayant lieu le mercredi et sa grande sœur le dimanche suivant.

Si les classiques du Nord représentent une grande tradition suscitant les passions de clocher et les rivalités entre stars flamandes, les classiques des Ardennes sont d'une autre facture. La Wallonie n'a jamais donné de grandes vedettes comme les Flandres. Les deux sœurs ardennaises se déroulent dans une atmosphère moins chaude que l'Amstel Gold Race mais plus cosmopolite, car elles attirent davantage les champions des grands tours qui préfèrent courir sur des routes moins accidentées pour ne pas risquer la chute qui leur ferait rater le Tour d'Italie ou de France.

RÉUSSIR LE DOUBLÉ

Réussir le « doublé », à savoir remporter la Flèche et Liège-Bastogne-Liège durant la même saison, est rare. Le Suisse Ferdi Kubler réalisa cet exploit deux années consécutives en 1951 et 1952. Mais la victoire la plus improbable et la plus émouvante fut celle de Stan Ockers, qui termina en solo en 1955. La même année, il endossa le maillot vert du Tour de France, remporta le Championnat du monde et fut récompensé comme meilleur coureur de la saison avec le Trophée Desgrange-Colombo. Mais plus le remarquable dans tout cela est qu'il avait 35 ans ! En 1956, Ockers était en compétition pour un second Challenge alors qu'il participait à une course sur piste à Anvers. Tandis qu'il pourchassait quelques fuyards, il regarda derrière lui pour évaluer sa progression et heurta un cycliste qui s'était arrêté pour changer sa roue. Il mourut deux jours plus tard d'une fracture du crâne. Des dizaines de milliers de supporters accompagnèrent à sa dernière demeure celui qu'on surnommait « Stan le rusé » parce qu'il ne tombait jamais. Son mémorial se dresse dans l'étroite côte des Forges, un dénivelé qui coupe les jambes, où il devança l'Italien Nino Defilippis lors de la Flèche de 1953 qu'il remporta.

Ferdi Kubler et ses coéquipiers en 1951 dans la Flèche Wallonne. À eux trois, ils remportèrent 5 Tours de France. Kubler avait été victorieux l'année précédente, Louison Bobet, à gauche, s'imposera trois fois consécutivement de 1953 à 1955 et Jean Robic, derrière, avait gagné l'édition de 1947.

FERDI KUBLER

Le « fou pédalant » fut le premier Suisse à remporter le Tour de France. Homme impulsif, il haranguait ses rivaux dans un bizarre patois français et n'hésitait pas à leur offrir des sommes astronomiques en francs suisses pour qu'ils le laissent gagner.

Sous son côté excentrique, Kubler était un spécialiste du contre-la-montre qui excellait dans les courses au relief accidenté et était capable de s'accrocher au meilleur coureur dans la montagne. Sa victoire du Tour de France, en 1950, fut en partie une question de chance. Il endossa le maillot jaune après Gino Bartali. Celui-ci se fit menacer par la foule dans les Pyrénées, à la suite de quoi toute l'équipe italienne abandonna. Les deux premiers Tours de Kubler avaient été un désastre mais cette année-là, dans les Alpes, il se montra à la hauteur, résistant à Louison Bobet, rien de moins, et s'imposant dans le contre-la-montre final de l'étape Saint-Étienne-Lyon.

UN CARACTÈRE BIEN TREMPÉ

Kubler pouvait avoir de violents mouvements d'humeur ou, pour le moins, un comportement bizarre. Un jour, dans un hôtel, durant une édition du Tour de France, l'hôtelier l'entendit brailler dans son patois « Poulet de De Gaulle, poulet de De Gaulle ! ». Outré qu'on insultât le président, il se rua vers le restaurant, d'où venaient les cris, et vit Kubler s'acharner sur son poulet. « Il résiste, il résiste ! » expliqua-t-il. « L'Aigle d'Adliswil » était aussi extrêmement maniaque, avant toutes les grandes courses il demandait qu'on lui portât son vélo dans sa chambre d'hôtel.

Ses plus grandes années couvrirent la période 1950-1954 lors de laquelle le Trophée Desgrange-Colombo lui fut décerné trois fois. Il remporta le doublé dans le Week-end des Ardennes deux fois de suite, puis le Championnat du monde et la classique Paris-Bordeaux. Il attaqua cette dernière, où des motos menaient le train, sans préparation spécifique mais ne la gagna pas moins après une lutte épique avec Wim Van Est qui en avait été deux fois le vainqueur.

NATIONALITÉ	**Suisse**
DATE DE NAISSANCE	**24/07/1919, à Marthalen (Zurich)**
SURNOM	**L'Aigle d'Adliswil**
PROFESSIONNEL	**De 1940 à 1957**
PRINCIPALES VICTOIRES	
1948	**Tour de Suisse, Tour de Romandie, Championnat de Suisse**
1949	**Championnat de Suisse**
1950	**Tour de France, Championnat de Suisse, Challenge Desgrange-Colombo**
1951	**Championnat du monde, Liège-Bastogne-Liège, Flèche Wallonne, Tour de Suisse, Tour de Romandie**
1952	**Liège-Bastogne-Liège, Flèche Wallonne, Challenge Desgrange-Colombo**
1953	**Paris-Bordeaux**
1954	**Challenge Desgrange-Colombo, Championnat de Suisse, maillot vert du Tour de France**
PALMARÈS	**1949 : médaille d'argent au Championnat du monde; 1950 : médaille de bronze au Championnat du monde; 1951 : 3e du Tour d'Italie; 1952 : 3e du Tour d'Italie; 1954 : 2e du Tour de France + maillot vert; 5 victoires d'étape; 12 jours en maillot jaune.**

Moreno Argentin dans son style de grimpeur décontracté qui lui permit de remporter Liège-Bastogne-Liège quatre fois. Il s'attaque ici à la côte des Hézalles, en route pour son doublé de 1991.

LE PARCOURS

La côte des Forges qui, pendant de nombreuses années, constitua la dernière ascension avant de plonger sur Liège, ne fait plus partie de l'itinéraire. Elle a été remplacée par la côte du Sart-Tilman, plus facile, et la côte ardue de Saint-Nicolas. Elle vécut son dernier grand moment lors du Tour de France de 1995, lorsque Miguel Indurain attaqua, gagnant de la vitesse sur tous ses rivaux pour s'envoler vers Liège. Cette année-là, il remporta son cinquième Tour consécutif.

Le parcours comprend toujours trois grandes montées : un mur raide, qui fait le tour complet du village et englobe la rue de Stockeu ; immédiatement suivi par la côte de Wanne, plus longue mais accusant un dénivelé moins important ; et la côte de la Redoute qui est la plus stratégique. La Redoute est longue et devient de plus en plus abrupte à mesure que l'on s'approche du sommet. Cette côte constitue souvent le tremplin à l'attaque permettant de s'imposer, comme ce fut le cas pour Frank Vandenbroucke qui remporta la plus spectaculaire victoire de sa courte carrière en 1999. En 1985, la Redoute témoigna des points faibles de « la Doyenne ». Trop de motos avaient été autorisées à suivre la course et elles gênèrent les concurrents alors qu'ils attaquaient à un moment clé. Ce fut le chaos total : Phil Anderson chuta au milieu de la foule et Sean Kelly, le vainqueur de l'année précédente, fut rattrapé *in extremis* par des spectateurs. Au milieu de toute cette confusion, Moreno Argentin, Claude Criquielion et Stephen Roche firent une échappée finale spectaculaire, pourchassés de quelques secondes par Kelly, Anderson et Fignon durant toute la descente vers Liège. Dans le dernier kilomètre, l'écart était d'à peine 150 m lorsque Argentin franchit la ligne d'arrivée.

En 1987, « Criq » sema l'Italien avec Roche mais tous deux commirent ce que *Vélo magazine* appela la plus grosse bourde de l'histoire du cyclisme. Ils entrèrent ensemble dans Liège mais dans le dernier kilomètre ils n'avancèrent quasiment plus. Aucun des deux ne voulait mener le train au moment du sprint final, sachant que le coureur de derrière aurait repris le dessus à l'arrivée.

Ils ralentirent tant et tant qu'Argentin les dépassa comme un bolide, remportant sa troisième victoire consécutive dans « la Doyenne ». Ils avaient tellement réduit leur vitesse que Criquielion put voir sa femme au milieu de la foule. La radio sur l'oreille, elle écoutait les commentaires et lui hurla que l'Italien les rattrapait mais il n'en tint pas compte. « J'étais dans un autre monde, se rappelle Roche, j'avais tellement peur d'arriver second. Je voulais gagner, c'était une obsession et j'ai complètement occulté ce qui se passait derrière. J'étais l'un des coureurs les plus malins, je crois, mais là j'ai mal joué. Je pensais seulement à Criquielion. Il fallait que je sois dans sa roue pendant le sprint sinon il aurait gagné. J'avais une idée qui me revenait sans arrêt en tête : si tu veux gagner, tu dois risquer de perdre ». Cette année-là, l'Irlandais accomplira le même incroyable record que Merckx, remportant le Tour d'Italie, le Tour de France et le Championnat du monde. Mais, ne s'étant jamais imposé dans une classique, il ressentira cette défaite comme la grande déception de sa carrière. Suite à cette course, Criquielion et Roche ne se parlèrent plus pendant des années.

Pendant 6 ans, la course se déroula sur fond de lutte entre Argentin et Criquielion. En 1991, « Criq » termina second derrière Argentin pour la troisième fois et l'Italien remporta le doublé. Argentin rattrapa son coéquipier Rolf Sorensen sur la côte de la Redoute ainsi que Miguel Indurain et Criquielion. Celui-ci était en tête du sprint sur le quai Mativa à Liège espérant qu'il pourrait faire mieux que la deuxième place comme cela avait été le cas le mercredi précédent dans la Flèche Wallonne.

Les quatre victoires d'Argentin le placèrent juste au-dessous de Merckx qui avait remporté cinq fois la course dont une fois, en 1969, dans un style typiquement « cannibalesque », peu après son légendaire triomphe dans le Tour de Flandre. À 95 km de Liège, Merckx s'échappa avec son équipier Victor Van Schil. Ils devancèrent suffisamment leurs concurrents pour que le premier ralentisse et attende le second qui avait perdu de la vitesse dans les dernières côtes.

Deux ans plus tard, Merckx n'était pas aussi dominant et dut donc se reposer sur son incroyable force morale. Il tenta de recommencer le coup de 1969 – seul, cette fois – s'échappant dans le mur de Stavelot, par un jour de brume qui glaçait les os. Le « Cannibale » gagna rapidement 4 min et semblait avoir gagné, mais sur la côte des Forges on le vit se frictionner les jambes. Il baissa sa selle tout en pédalant. Il ne cessait de demander à son directeur, Lomme Driessens, à combien de minutes était son unique poursuivant, Georges Pintens. Mais rapidement celui-ci fut sur lui et le rattrapa alors qu'il entrait dans Liège. Merckx s'accrocha dans la montée finale sur le vélodrome de Rocourt et utilisa tous ses talents de pistard pour remporter le sprint.

« Je ne savais pas que tu pouvais être aussi bon sur un vélo » lui dit-il, étant pour une fois réduit au niveau d'un simple mortel.

En 1966, les Ardennes saluèrent également l'une des plus grandes victoires de Jacques Anquetil dans une classique. On raconte que cette année-là, il décida de courir Liège-Bastogne-Liège parce qu'on avait parlé de Felice Gimondi comme d'un « nouvel Anquetil ».

MORENO ARGENTIN

Dernier spécialiste des Ardennes, Argentin avait des qualités qui le firent se hisser parmi les titans de cette catégorie : puissance sans précédent dans les côtes abruptes, sprint dévastant, ruse digne de Machiavel et capacité de se surpasser au moment même d'accomplir l'effort qui mène à la victoire.

Son plus beau triomphe fut certainement sa médaille d'or au Championnat du monde en 1986. Par un froid glacial à Colorado Springs, il domina la dernière partie de la course pour devancer Charly Mottet au sprint, alors que l'année suivante, comme dans tant d'autres saisons, il remportera le bronze.

Son doublé dans le Week-end des Ardennes en 1991 marqua le zénith de sa carrière. Mais Argentin ne fut plus jamais le même après que Kelly se fut imposé en 1992 dans Milan-San Remo : la course qu'il convoitait plus que tout autre.

NATIONALITÉ	**Italienne**
DATE DE NAISSANCE	**17/12/1960, à San Donà di Piave (Venise)**
SURNOM	**Le rusé**
PROFESSIONNEL	**de 1980 à 1994**
PRINCIPALES VICTOIRES	
1981	**G P Prato**
1982	**G P Prato, Trophée Matteotti, Tour de Romagne**
1983	**Championnat d'Italie, Coppa Sabatini**
1984	**Semaine sicilienne, Tour de Vénétie**
1985	**Liège-Bastogne-Liège, Tour du Danemark**
1986	**Championnat du monde sur route, Liège-Bastogne-Liège**
1987	**Liège-Bastogne-Liège, Tour de Lombardie**
1988	**Tour de Vénétie**
1989	**Championnat d'Italie (Tour des Apennins)**
1990	**Tour des Flandres, Flèche Wallonne, Coppa Sabatini**
1991	**Liège-Bastogne-Liège, Flèche Wallonne**
1994	**Flèche Wallonne**

D'après une autre version, son directeur lui aurait dit que Poulidor courait et cela avait été suffisant pour le décider. Quoi qu'il en fut, la réaction était typique d'Anquetil. « Maître Jacques » s'échappa sur le Mont Theux à 48 km de Liège pour s'imposer de presque 5 min sur le second. « Quand on est le meilleur, il faut le montrer » déclara-t-il simplement. Il refusa d'effectuer un test antidopage. « Trop tard, dit-il au médecin, vous pouvez aller prendre un échantillon de l'eau des douches si ça vous fait plaisir ». Mais il connut des jours plus sombres lorsqu'il fut disqualifié – avant d'être réintégré par la suite.

La course de 1966 eut lieu un jour de rare chaleur, le temps étant souvent plus mauvais lors des classiques des Ardennes que lors de celles du Nord. L'édition de 1919 se déroula dans des conditions qualifiées de « Sibériennes » et celle de 1957 ne fut guère mieux : les coureurs urinaient dans leurs mains pour les réchauffer et s'arrêtaient dans les bars pour se mettre et l'abri et boire quelque chose de chaud. Cette année-là, le vainqueur, Germain Derycke, fut disqualifié pour avoir franchi un passage à niveau alors que la barrière était déjà baissée et la victoire fut attribuée au second, Frans Schoubben, avant que la Fédération belge de cyclisme ne les déclare tous deux ex æquo.

Bernard Hinault remporta celle de 1977 par une journée glaciale où se mêlaient vent et pluie, relevant le défi que lui avait lancé la presse belge. En effet, cinq jours plus tôt, après la victoire du Français dans Gand-Wevelgem, un journaliste avait écrit : « Au royaume des aveugles, le borgne est roi », insinuant qu'il avait gagné parce que les plus grands n'avaient pas participé à la course. Qu'à cela ne tienne, dans Liège-Bastogne-Liège, le fier Breton mit une raclé à la fine fleur de la Belgique au grand complet : Merckx, Maertens, De Vlaeminck et Dierickx.

Le triomphe de Bernard Hinault dans l'édition de 1980 restera dans les annales. Ce fut une journée « fantastique et fantasmagorique » comme on put le lire sous la plume de l'historien du cyclisme Pierre Chany. Il y avait un blizzard terrible : au bout de 65 km, seuls 60 coureurs restaient en lice, les 100 autres ayant déjà abandonné. Hinault voulait aussi laisser tomber mais son coéquipier, Maurice Le Guilloux, le persuada de pousser jusqu'au point de ravitaillement de Bastogne qui était déjà dans la deuxième partie de la course, direction Liège, où ça devenait sérieux.

Le plus grand directeur de l'histoire du cyclisme, l'Italien Giancarlo Ferretti, tranquillise son leader, Michele Bartoli, dit « Miki », qui se prépare à attaquer Laurent Jalabert et Alex Zülle avant de s'imposer dans l'édition de 1997.

Le Guilloux savait que s'il arrivait à l'amener jusque là-bas, son leader retrouverait la motivation nécessaire pour terminer. « Cyrille Guimard m'a dit d'enlever ma cape parce que la course ne faisait que commencer, racontera Hinault plus tard. Jusque-là, je n'étais pas réellement dans la course mais à partir de ce moment, je me suis mis à claquer des dents : je n'avais plus rien sur le dos. Alors, j'ai décidé de foncer le plus vite possible pour me réchauffer. » Le « Blaireau » parcourut les derniers 90 km seul et remporta la victoire sur le boulevard de la Sauvinière, la principale artère de Liège, avec 9 min d'avance sur le suivant : le plus grand écart jamais réalisé depuis la Guerre. Il mit trois semaines avant de pouvoir bouger deux doigts de la main droite et jusqu'à ce jour deux de ses articulations sont encore engourdies. C'est avec de tels records que naissent les légendes.

Stephen Roche est loin derrière Jan Raas à l'arrivée de l'Amstel Gold Race, en 1982, que le Hollandais remportera pour la cinquième fois en 6 ans. Le manque de punch de Roche au sprint final lui valut de perdre aussi Liège-Bastogne-Liège en deux autres occasions.

JAN RAAS

Fin des années 1970, début des années 1980, Jan Raas fit de l'Amstel Gold Race sa course à la fin de la décennie 1970, remportant cinq victoires. Il est aujourd'hui le cerveau de la meilleure équipe professionnelle hollandaise, Rabobank.

RUSÉ

C'était un sprinter démoniaque et roublard. Son attitude en 1984, à Bordeaux, reflétait parfaitement sa mentalité. À quelques kilomètres en vue de l'arrivée, il « suça » la roue de Marc Madiot refusant de coopérer avec lui, avant de se lancer aisément dans son sprint final. Le Français fut scandalisé mais Raas s'imposa.

Deux de ses plus grandes prouesses eurent lieu sur le sol de la mère-patrie. En 1979, lors du Championnat du monde de Valkenburg, il devança l'Allemand Dietrich Thurau au sprint. L'année précédente pendant le contre-la-montre du prologue du Tour de France, à Leiden, il n'avait pu endosser le maillot jaune à cause de la pluie torrentielle qui avait rendu les pavés du centre-ville trop dangereux : l'étape avait tourné court. Pour ne pas en rester là, le lendemain, il s'était imposé revêtant le maillot jaune comme de juste. Jan Raas et Raleigh devinrent synonymes à partir du moment où le directeur de l'équipe, Peter Post, persuada le coureur de passer professionnel. Post s'était arrangé pour engager les meilleurs cyclistes hollandais de l'époque : G. Knetemann, H. Lubberding et R. Schuiten. À la fin des années 1970 début des années 1980, avec Raas comme leader, les hommes en rouge, jaune et noir, étaient quasiment imbattables dans les contre-la-montre par équipe du Tour de France. Ils remportèrent 11 des 23 étapes de l'édition de 1980, dont sept d'affilée. Le partenariat prit fin en 1984, quand Raas emmena 6 coureurs de Raleigh pour fonder l'équipe Kwantum. Il en devint directeur en 1985, décidant d'abandonner la compétition car il souffrait de la grave blessure au dos due à sa chute, l'année précédente dans le Milan-San Remo.

NATIONALITÉ	Hollandaise
DATE DE NAISSANCE	08/11/1952, à Heinkenszand
SURNOM	Aucun
PROFESSIONNEL	De 1975 à 1985
PRINCIPALES VICTOIRES	
1976	Championnat de Hollande
1977	Milan-San Remo, Amstel Gold Race
1978	G P Automne*, Amstel Gold Race, Paris-Bruxelles
1979	Championnat du Monde, Tour des Flandres, Amstel Gold Race, Tour de Hollande, G P E3
1980	Amstel Gold Race, G P E3, Küurne-Bruxelles-Küurne
1981	G P Automne, Gand-Wevelgem, Het Volk, G P E3
1982	Paris-Roubaix, Amstel Gold Race, À travers la Belgique
1983	Championnat de Hollande, Tour des Flandres
AUTRES RECORDS	Tour de France : 10 victoires d'étape ; 3 jours en maillot jaune.
	*Le Grand Prix d'Automne, aussi connu sous le nom de Blois-Chaville, remplaça temporairement Paris-Tours entre 1974 et 1987.

AMSTEL GOLD RACE

UNE SEMAINE APRÈS LIÈGE-BASTOGNE-LIÈGE, LES COUREURS DE CLASSIQUES SE DÉPLACENT LÉGÈREMENT VERS LE NORD, AUX PAYS-BAS, POUR PARTICIPER À LA DERNIÈRE COURSE DU PRINTEMPS.

L'unique classique hollandaise bat en brèche l'idée du plat pays. Tracé dans l'enclave du Limbourg, entourée sur trois côtés par la Belgique et l'Allemagne, l'itinéraire en boucle de l'Amstel Gold Race comprend une trentaine de petites côtes.

Certes, ses routes tortueuses ne sont pas aussi longues que celles des Ardennes et aucune de ses côtes ne concurrence le dénivelé du Mur de Huy, mais elle n'en constitue pas moins une rude épreuve physique et mentale, telle que l'avait souhaitée son premier organisateur, Herman Krott : « Ma priorité était d'en faire une course dure, je voulais qu'il ne me reste qu'un coureur à la fin », disait-il.

Dans les années 1960, Krott fréquentait assidûment les critériums où les panneaux publicitaires d'Amstel figuraient sur les barrières. En 1964, Il persuada l'entreprise de sponsoriser une équipe d'amateurs. En 1966, il revint à la charge et finit par obtenir le parrainage d'une classique qui allait prendre le nom de leur dernière bière, comme il l'avait toujours souhaité : Amstel Gold.

Il envisagea de la faire démarrer à Amsterdam mais la police s'y opposa sous le curieux prétexte que seule les voitures pouvaient emprunter les principaux ponts enjambant les cours d'eau du pays. Il se tourna alors vers Breda faisant passer l'itinéraire par le sud de la Hollande jusqu'à Meerssen, soit 300 km. Jean Stablinsky remporta la première édition en un peu moins de 8 heures. En 1991, l'arrivée fut déplacée à Maastricht. Le cœur de la course reste la côte de Cauberg, l'une des sept ascensions de la bourgade de Valkenburg qui accueillit trois fois le Championnat du monde sur route.

Lors de certaines éditions, le parcours fit une incursion au Luxembourg et en Belgique mais l'actuel directeur, Leo van Vliet un ancien de l'équipe TI-Raleigh, souhaite que la course se déroule entièrement sur le sol hollandais.

Selon Krott, la plus glorieuse édition de ses trente ans de carrière fut celle de 1973, lorsque Eddy Merckx remporta pour la première fois l'Amstel Gold : une victoire en solo, typique du « Cannibale » par un jour, non moins typique, de fin avril où se mêlaient froid et pluie. Pour réchauffer leurs pieds gelés, les coureurs versaient du thé chaud dans leurs chaussures. Ils avançaient si lentement que la course se termina à la tombée de la nuit.

Comme c'est souvent le cas dans les classiques, le froid mordant et les pluies diluviennes en font des courses mémorables. L'édition de 1985 fut un adieu touchant de l'un des grands du cyclisme hollandais, Gerrie Knetemann, le compagnon de route de Jan Raas, qui fut sacré champion du monde en 1978. Deux ans auparavant, il avait failli perdre la vie dans un terrible accident de voiture lui ayant valu plusieurs fractures et une artère sectionnée. Personne ne croyait qu'il pourrait revenir à son niveau précédent mais, à 9 km de l'arrivée, « der Knet » s'envola vers la victoire. Elle le rendit plus heureux, confessa-t-il, que le triomphe ayant ouvert sa carrière onze ans plus tôt.

En 1997, par un temps similaire, Bjarne Riis, démontrant sa puissance, franchit seul la ligne d'arrivée après avoir fendu le peloton de tête. Ce fut la seule fois, durant les années 1990, qu'un vainqueur de tours remporta une grande classique, les vedettes du Tour de France ayant commencé à déserter ces courses.

« AMSTEL GOLD RAAS »

À la fin des années 1970, la course fut surnommée « amstel gold raas », en référence à Jan Raas qui remporta la victoire 5 fois de 1977 à 1982.

Cela déplaisait aux organisateurs de la course car si les victoires de Raas faisaient l'orgueil du pays, elles desservaient l'événement au plan international. Le triomphe de Bernard Hinault au sprint final – devant

Ce type de petite route de campagne, étroite, tortueuse et détrempée du Limbourg est typique de l'Amstel Gold Race, « la course aux mille virages » comme l'avait dénommée l'Irlandais Robert Millar.

L'ITINÉRAIRE

Le parcours enchevêtré de l'Amstel Gold Race, qui se déroule dans le Limbourg au sud des Pays-Bas, est un délice pour les supporters et un véritable cauchemar pour les coureurs. Les ascensions commencent neuf kilomètres après le départ avec la côte de Slingerberg (1,1 km). C'est la première des 30 bosses dont la longueur maximale est de 2,1 km et le dénivelé ne dépasse pas 14 %. Néanmoins, leur effet cumulatif, trame de toute la course, a un effet terrible tant sur le physique que sur le moral des cyclistes. La plus célèbre est la côte de Cauberg dans la bourgade de Valkenburg. Outre les montées, les vents jouent leur rôle dans le calvaire des participants, sur ces routes fortement exposées où ils changent sans cesse de direction. Curieusement, malgré ces difficultés, l'Amstel se termine parfois par un sprint de peloton, le plus récent fut celui de 2000. C'est Erik Zabel qui le remporta.

De Vlaeminck et Raas (cinquième) – de l'édition de 1981, fut en revanche bien accueilli car il prouvait que la victoire n'était pas le monopole des Hollandais. La course de 1979 avait en effet donné l'impression du contraire lorsque Raas l'avait emporté pour la troisième fois consécutive provoquant la déception des supporters belges et italiens. Il avait fait une belle échappée dans la côte de Cauberg et attaquait la descente vers Maastricht lorsque, en violation des règles, un groupe de motos de la presse, en majorité hollandais, le prit dans son sillage l'aidant ainsi à distancer ses poursuivants. Le directeur de l'équipe Sanson, Waldemaro Bartolozzi, dont faisait partie Moser, assista à la scène et cria à son coureur de se placer derrière sa voiture. Le directeur de Raas, Peter Post, les vit arriver et tenta d'arrêter la voiture. « C'était une incroyable confusion, les deux voitures se frayant un chemin tout en se poussant tandis que les cyclistes essayaient de passer », put-on lire dans le magazine International Cycle Sport.

Les accusations furent plus virulentes après que Joop Zoetemelk fut devenu le plus vieux vainqueur de classique lors de l'édition de 1987, qu'il remporta à 40 ans. Elles provinrent du Britannique Malcolm Elliott qui prétendit que Teun van Vliet et Steven Rooks avaient monté une combine pour faire gagner leur compatriote. « Ils ont travaillé ensemble, ils savaient que j'allais sprinter », reprocha Elliott, arrivé troisième. Van Vliet confirma ses dires : « On a attaqué tour à tour et quand Joop s'est détaché, on s'est dit qu'il valait mieux le laisser faire que de voir un anglais gagner. »

Zoetemelk fut le dernier coureur à s'accrocher derrière l'éclatant Phil Anderson lorsque celui-ci offrit à son pays sa première classique. Il remporta l'Amstel après une envolée dans la côte de Cauberg, courant les derniers 14 km seul dans Maastricht avec la même détermination qui avait fait de lui le premier Australien à endosser le maillot jaune deux ans plus tôt.

JOOP ZOETEMELK

Joop Zoetemelk s'était fait une réputation d'éternel second, à la suite de Raymond Poulidor qui fut pour un temps son co-équipier. Il participa au Tour de France pendant deux décennies arrivant une seule fois premier. Ses 16 Tours entre 1970 et 1986 constituent son véritable record. La seule édition qu'il manqua fut celle de 1974 : il était alors à l'hôpital pour une fracture du crâne.

Cette réputation n'était pas vraiment méritée malgré son style trop prudent pour un coureur du Tour. Il se défendit arguant qu'il n'avait guère d'autre choix face à des champions du calibre de Merckx et Hinault. À l'arrivée d'un Tour, il s'entendit injustement dire qu'il était aussi pâle que le jour du départ étant resté dans l'ombre du Belge pendant toute la course. Il n'était pas le seul.

Zoetemelk était capable d'attaquer, comme ce fut le cas en 1979, dans l'un des Tours les plus spectaculaires où il livra un long duel à Hinault. L'année suivante, il remporta la victoire, celui-ci ayant déclaré forfait à cause d'une blessure au genou. Mais son plus beau résultat fut sa médaille d'or au Championnat du monde de 1985 à Giavera del Montello, à presque 39 ans.

NATIONALITÉ	Néerlandaise
DATE DE NAISSANCE	3/12/1946 (La Hague)
SURNOM	Le Hollandais de France
PROFESSIONNEL	De 1970 à 1987
PALMARÈS	
1971	Championnat de Hollande, meilleur grimpeur du Tour d'Espagne
1973	Championnat de Hollande
1974	Paris-Nice, Semaine Catalane, Tour de Romandie
1975	Paris-Nice, Tour de Hollande
1976	Flèche Wallonne.
1977	Paris-Tours
1978	Paris-Camembert
1979	Tour d'Espagne, Paris-Nice, Critérium international
1980	Tour de France
1985	Championnat du Monde, Tirreno-Adriatico
1987	Amstel Gold Race

ARMSTRONG

Si les classiques ne constituent plus un objectif pour les coureurs du Tour, Lance Armstrong a cependant intégré l'Amstel à sa préparation du Tour de France. Il y participe chaque année depuis 1999. Bien qu'il ne soit jamais au top dans cette course, il est tout de même arrivé second cette année-là derrière Michael Boogerd, ainsi que deux ans plus tard derrière Erik Dekker. En 2002, il a terminé 4e, Michele Bartoli et son équipier Sergueï Ivanov, de Fassa Bortolo, ayant prouvé qu'ils étaient ce jour-là plus fort que le Texan.

1991 : ce n'est pas Paris-Roubaix mais l'Amstel Gold. Comme à l'accoutumée, ce sont les équipes hollandaises qui devancent avec en tête Buckler, en maillot bleu, dont le directeur d'équipe n'est autre que Jan Raas.

3,8 m
450 m
AMSTEL

NATIONALITÉ	Française
DATE DE NAISSANCE	11/11/1954, à Yffiniac (Côtes d'Armor)
SURNOM	Le Blaireau
PROFESSIONNEL	De 1975-1986
ÉQUIPES	
1975-1983	Gitane/Renault
1984-1986	La Vie Claire
PALMARÈS	
1976	Paris-Camembert
1977	Liège-Bastogne-Liège, Gand-Wevelgem, Dauphiné-Libéré, G P Nations
1978	Tour de France, Tour d'Espagne, Championnat de France, Critérium international, G P Nations
1979	Tour de France : + maillot vert ; Tour de Lombardie, Flèche Wallonne, Dauphiné-Libéré, Tour de l'Oise, G P Nations, Super Prestige Pernod
1980	Championnat du monde, Tour d'Italie, Liège-Bastogne-Liège, Tour de Romandie, Super Prestige Pernod
1981	Tour de France, Paris-Roubaix, Amstel Gold Race, Critérium international, Super Prestige Pernod
1982	Tour de France, Tour d'Italie, Tour du Luxembourg, G P Nations, Super Prestige Pernod
1983	Tour d'Espagne, Flèche Wallonne
1984	Tour de Lombardie, G P Nations, Quatre jours de Dunkerque
1985	Tour de France, Tour d'Italie
1986	Meilleur grimpeur du Tour de France, Coors Classic
PALMARÈS	1981 : 3e au Championnat du mode ; 1984 et 1986 : 2e du Tour de France

BERNARD HINAULT

« LE BLAIREAU »

En 1992 durant le Tour de France, j'achetais un blaireau en peluche, au profit d'une œuvre de charité, auquel était accrochée la photo du coureur universellement connu sous le nom de cet animal : Bernard Hinault. Il y avait en cela quelque chose d'incongru, je ne trouvais aucune ressemblance entre les deux ! Aussi Hinault m'expliqua-t-il qu'il avait été surnommé ainsi car le blaireau est un animal qui file entre les pattes de ses poursuivants dans les virages serrés. Imaginez un blaireau attaqué par des chiens et qui se fait la belle : vous n'êtes pas loin du portrait du coureur.

Hinault était le champion qui avait le plus fort mental. Il était pugnace dans les mots comme dans les faits, qu'il fut sur deux roues se vengeant de quelque affront ou distribuant des coups de point à des mineurs en grève qui avaient bloqué Paris-Nice. Il était au top lorsqu'il faisait face à l'adversité, lorsqu'il avait quelque chose à prouver.

Pour beaucoup, il remporta sa plus belle victoire dans Paris-Roubaix en 1981, parce qu'il détestait cette course. Aussi devait-il la gagner pour que l'on ne dise pas qu'il en avait peur. Sa prestation à Sallanches, en 1980, où il fut sacré champion du monde fut spectaculaire et dévastatrice : une série de méchantes accélérations dans les épingles à cheveux de la côte de Domancy, faisant du grabuge dans le peloton. Rappelons que peu de temps auparavant il avait dû se retirer du Tour de France à cause d'une sale blessure au genou.

Quand il était enfant, son plus grand jeu était de laisser échapper les poules du poulailler pour faire enrager son père et la sévère punition qui s'en suivait ne l'empêchait jamais de recommencer. Son premier vélo était trop grand pour lui, afin de se hisser sur la selle il devait monter sur une brique. Pour aller à l'école à Saint-Brieuc, il avait une côte de 9 km à monter. La seule chose qui le faisait pédaler c'était l'espoir de trouver un concurrent avec qui il pourrait en découdre sur le trajet. Greg LeMond en fit l'expérience lors du Tour de 1986, le Breton n'ayant rien perdu de son habileté à ce jeu.

COURAGE

Hinault était le plus courageux des cyclistes, comme le prouva sa victoire après un combat acharné contre une tempête de neige dans Liège-Bastogne-Liège, en 1980. Il donnait le meilleur de lui-même dans les pires moments : l'image de ses yeux au beurre noir et de son nez cassé après une chute, non loin de l'arrivée, lors du Tour de 1985, est encore dans toutes les mémoires. Il était d'une fierté sans égale. Lors de sa victoire de 1982, il s'imposa de manière remarquable au sprint de peloton sur les Champs Élysées marquant ainsi un point de plus : personne ne pourrait ainsi dire qu'il avait remporté le Tour sans même avoir gagné une étape.

UN « PATRON »

Hinault était un « patron », comme le veut la légende, il faisait faire au peloton ce qu'il voulait ou lui faisait payer le prix : « Le Blaireau était un type bizarre, il me faisait peur, écrit Paul Kimmage dans son livre Rough Ride. Parfois lorsqu'il attaquait, le peloton s'étendait derrière lui en une longue file, alors il se redressait et nous regardait en riant, se moquant de nous. Il avait une incroyable aura, c'était un grand champion... mais je ne l'aimais pas ».

« JUSQU'AU-BOUTISTE »

Un spécialiste du contre-la-montre, maintes fois vainqueur du Tour de France qui parvenait à limiter ses pertes de force dans la montagne : voilà ce qu'était le coureur Hinault. Mais rien ne le définit mieux que la manière dont il quitta le cyclisme. Il avait toujours dit qu'il prendrait sa retraite à 32 ans, aussi cinq jours avant son anniversaire, il organisa un cyclo-cross non loin de chez lui où il termina 14e devant 15 000 supporters. Il arriva en colère sur son vélo et ce fut la dernière fois.

Luttant contre le vent glacial et la neige, « le Blaireau » remporte l'une de ses plus grandes victoires dans Liège-Bastogne-Liège, en 1980. Des gants, des caoutchoucs et un maillot supplémentaire sont les seules concessions qu'il fait à la météo. Ses jambes nues dans de telles conditions témoignent de sa légendaire résistance.

BOTTECCHIA
BIANCHI

LE TOUR D'ITALIE

Si le Tour de France est un événement mondial, le premier grand Tour national de la saison, le « Giro d'Italia » participe profondément d'un fier esprit de clocher. Il est le seul parmi les trois grands tours à être toujours organisé par le même sponsor, *La Gazzetta dello Sport.* Chaque année, il attire des millions de supporters passionnés voire fanatiques, vers les hauts sommets des Alpes. Certains des plus grands chefs-d'œuvre de l'architecture italienne ont jalonné son parcours : la place Saint-Marc à Venise, le Ponte Vecchio à Florence et l'imposant amphithéâtre romain de Vérone.

Figure emblématique du Giro, l'immortel Fausto Copi, dépasse Louison Bobet, le triple vainqueur du Tour de France, dans l'ascension des Dolomites, devant une foule passionnée.

LE TOUR D'ITALIE

LA PREMIÈRE GRANDE COURSE PAR ÉTAPES DE LA SAISON CYCLISTE EST LA PLUS TRADITIONNELLE DES TROIS GRANDS TOURS NATIONAUX ET LA PARFAITE EXPRESSION DE LA MENTALITÉ ITALIENNE.

« Regardez ces huit ou dix millions d'Italiens qui collent leur nez contre les vitres de nos voitures, regardez-les un à un, c'est une chose que l'on voit seulement lors du *Giro* » écrivait le journaliste Orio Vergani en 1955. « Si un roi ou un président se déplaçait dans tout le pays pendant 21 jours, il aurait moins de succès. Suivre le Tour d'Italie permet d'apprendre à connaître les Italiens, de découvrir des tas de secrets sur leur mode de vie, leurs habitudes, leurs goûts et leur comportement parfois fanatique. »

Le *Giro* se nourrit de deux choses : la tradition et les supporters. « Une génération entière, celle de l'après-guerre a grandi avec en mémoire les après-midi d'été où on se pressait autour de la TSF grésillante pour écouter les exploits de Fausto Coppi et Gino Bartali. La génération suivante a grandi en écoutant les parents raconter ces après-midi d'été », écrit le journaliste irlandais Paddy Agnew, résidant à Rome. La tradition, faire ce que leurs parents et leurs grands-parents on fait : voilà ce qui attire en masse les fans vers les côtes menant aux grands cols des Dolomites : le chemin poussiéreux grimpant au Gavia, les ravins profonds et enneigés du Stelvio et les imposantes tours rocheuses du Lavaredo. Supporters officiels ou non, ils arrivent en camping-car de toute l'Italie.

Les Italiens sont les plus passionnés et les plus enclins à « participer » pleinement à la course : ils n'hésitent pas à envahir la route ou à donner un coup de pouce aux coureurs de tête pour les faire avancer plus vite. Certains hurlent de telles insultes que Wladimir Belli, en 2001, était descendu de son vélo pour mettre un coup de poing à un spectateur, il avait été disqualifié. C'est le genre d'émotions et de scandales dont seul le Tour d'Italie est témoin.

Intrigue et *Giro* sont toujours allés de paire, du jour où, en août 1908, Armando Cougnet, rédacteur en chef de la rubrique cyclisme de *La Gazzetta dello Sport* reçu un télégramme alors qu'il était à Venise : « Annoncer immédiatement *Giro*. Absolument essentiel pour journal ». Cette décision soudaine s'expliquait ainsi : le fabricant de bicyclettes Atala avait appris que son grand rival, Bianchi, avait l'intention d'organiser un Tour d'Italie en coopération avec le grand concurrent de *La Gazzetta, Il Corriere della Sera,* et le Touring Club Italiano qui sponsorisaient le Tour automobile d'Italie depuis 1901.

La *Gazzetta* s'engagea dans la course uniquement pour damer le pion à son concurrent. « C'était facile d'annoncer le *Giro*, dit plus tard Cougnet. Après, la réalité nous a rattrapés : nous étions ruinés ». À un moment où les employés ne savaient pas s'ils seraient payés à la fin de la semaine, le journal devait trouver 25 000 lires. Et il les trouva : les sources de financement étant aussi diverses que l'association italienne de cyclisme, le casino de San Remo et *Il Corriere* qui, grand seigneur, offrit 3 000 lires.

Le départ, avec ses 127 participants, eut lieu à 2 h 53, le 13 mai 1909 à Milan sur la Piazza Loreto. Pendant 16 jours, la foule se pressa quotidiennement dans la Galleria Vittorio Emmanuele, au siège du Corriere pour lire les dépêches qui y étaient affichées.

Le 30 mai, 50 000 Milanais acclamaient les 49 survivants escortés par la cavalerie. Un coureur, Carcano, fut disqualifié pour avoir pris le train entre Rome et Florence, il avait voulu économiser ses forces pour le Tour de France à venir ! Luigi Ganna remporta la victoire. Tailleur de pierre, il faisait, pour se rendre à son travail, 95 km à vélo par jour, un entraînement parfait aux 2 500 km du *Giro* réparti en huit étapes passant par Bologne, Chieti, Naples, Rome, Florence, Gênes et Turin. Le résultat était alors déterminé selon un classement par points. S'il l'avait été selon le plus faible temps cumulé étape après étape comme c'est le cas aujourd'hui, le vainqueur aurait été Giovanni Rossignoli qui aurait également remporté en 1911. Le maillot rose n'apparut qu'en 1931. Cette couleur fut choisie en référence à La Gazzetta qui était imprimée sur du papier rose.

Au fin fond du « talon de la botte », le peloton s'attaque au relief vallonné des Pouilles, en 1999.

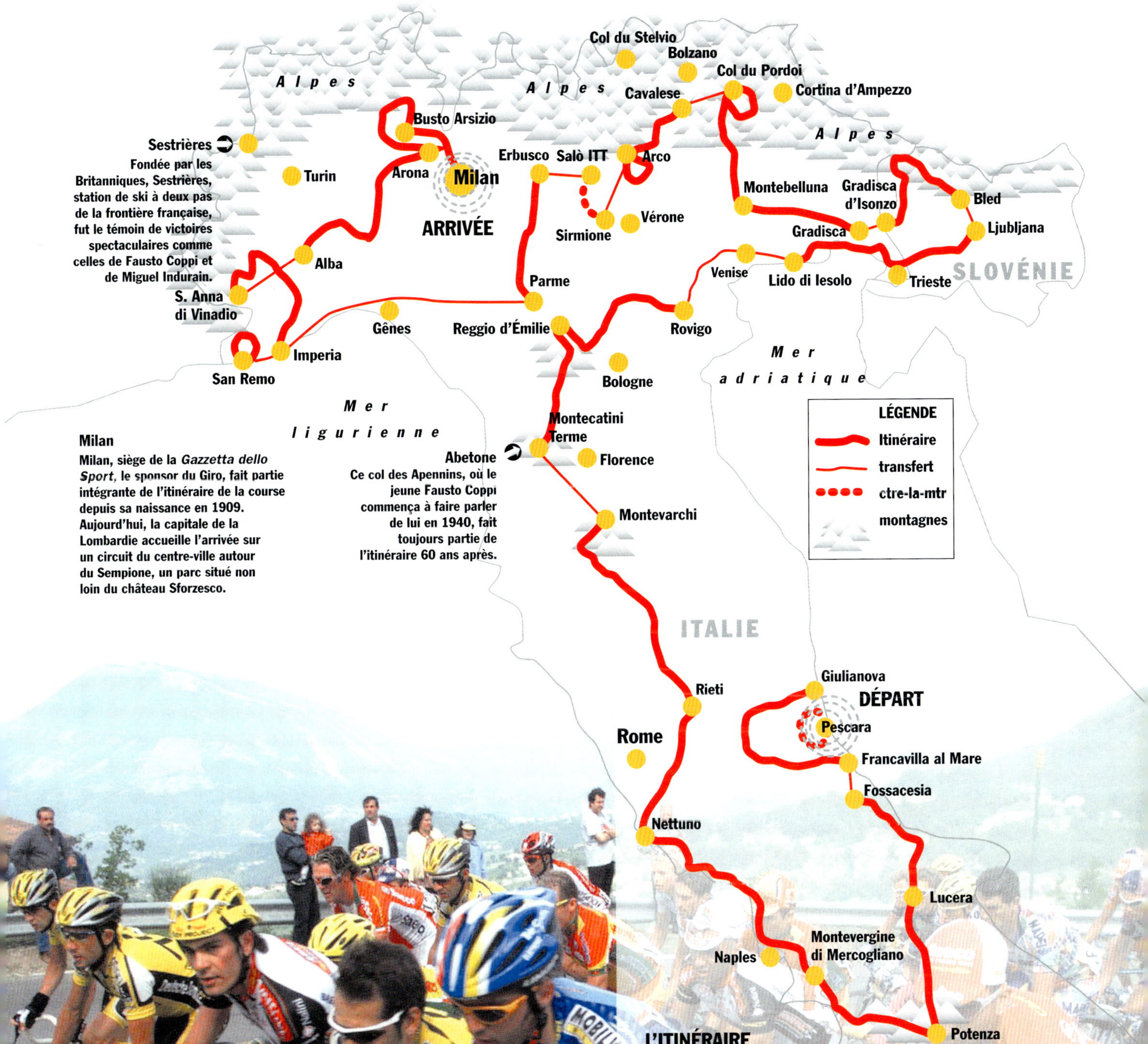

L'ITINÉRAIRE

Le Giro ne se départit jamais de Milan et des Dolomites. La capitale économique de l'Italie abrita le départ et l'arrivée de la première édition de la course, en 1909. Elle est intégrée à l'itinéraire presque chaque année et accueille l'étape finale depuis 1990. L'arrivée ne s'est tenue dans de célèbres villes comme Rome (1950) où Naples (1968) qu'une seule fois, l'événement ayant toujours privilégié le nord du pays où le cyclisme est presque aussi populaire que le football. À ce titre, de petites villes septentrionales telles qu'Udine (1983) ou Vittorio Veneto (1988) l'ont également accueilli ainsi que la station de ski de Bolzano (1970) et Saint-Vincent dans le Val d'Aoste (1987). L'arrivée au grand col du Stelvio en 1975 fut spectaculaire. Le geste le plus audacieux des organisateurs fut certainement le choix de la place Saint-Marc à Venise où se termina une étape de l'édition de 1978. Tout comme le Tour de France, celui d'Italie sort régulièrement de ses frontières comme nous le montre la carte retraçant le parcours de 2002 qui fit une incursion en Slovénie.

Charly Gaul, « l'Ange de la montagne » en 1959, revêtu du maillot rose. Cette année-là consacrera sa deuxième victoire du Tour d'Italie. Pour la première en 1956, il avait aussi endossé le maillot vert, distinction qui récompensait son extraordinaire talent de grimpeur.

Cette innovation fut à peine évoquée par le journal car Mussolini trouvait qu'un maillot rose faisait efféminé, même s'il arborait l'insigne fasciste.

En dépit de la portée nationale de l'événement, le régime fasciste d'entre deux guerres n'accorda pas une grande importance au *Giro*. On ne vit jamais Mussolini remettre le maillot rose au vainqueur bien que *La Gazzetta* fît de la propagande pour le parti fasciste et que la course reçût environ 23 000 lires de subventions de l'État.

Le Tour d'Italie fut dominé par les Italiens jusqu'en 1950, année où le Suisse Hugo Koblet fut le premier étranger à gagner. En 1936, du fait de la politique isolationniste du Duce, aucun étranger ne concourut. Pendant les huit premières étapes, il ne fut qu'une monotone succession de sprints de peloton. Le maillot rose fut décerné conjointement, et pour un seul jour, à Aldo Bini et Giuseppe Olmo qui ne purent être départagés ni sur la base des points ni sur celle du temps. Fait plus heureux, ce fut le premier *Giro* lors duquel apparurent des graffitis le long de la route : la lettre W pour « E viva » (Vive... !) suivi du nom du cycliste, inaugurant une tradition qui perdure encore aujourd'hui.

RUSES ET MAGOUILLES

Le *Giro* vit le jour grâce à un fabricant de vélo qui voulait prendre de vitesse un concurrent : le ton était donné. La course ne cessera d'être jalonnée de roublardises, utiliser le règlement à son avantage voire le contourner y sera un sport très pratiqué. Jamais dans un grand Tour, la domination d'un coureur ne fut telle que celle du premier « campionissimo », super champion : Alfredo Binda. En 1927, il rafla 9 des 10 premières étapes et en totalisa 12 sur 15 ; en 1928 il s'imposa dans 7 étapes sur 12 ; et en 1929, il en remporta 8. En 1930, il eut une conversation avec l'organisateur de la course, Emilio Colombo, qui semble aujourd'hui surréaliste. « Si vous ne voulez pas que je coure, donnez-moi l'équivalent du premier prix, 6 victoires d'étape et ma prime immédiatement » lui dit-il, Colombo capitula. « Ça a été mon plus beau *Giro*, confia Binda au journaliste Pierre Chany 50 ans plus tard, non seulement j'ai touché de l'argent sans courir, mais j'ai décroché une dizaine de contrats en France, en Allemagne et en Belgique. D'après mon palmarès, j'ai remporté le *Giro* cinq fois, mais en fait je l'ai gagné cinq fois et demie. »

Colombo ne fut pas le dernier organisateur du Tour d'Italie à tenter d'influer sur les résultats Au début de sa carrière, Fausto Coppi fut fréquemment favorisé par l'ajout de nombreuses ascensions, lui qui était un grand grimpeur. Fin des années 1970 début des années 1980, Vincenzo Torriani, le directeur de la course, inclut des primes de temps à l'arrivée de nombreuses étapes pour privilégier le sprinter Giuseppe Saronni. En 1998 et 1999, son successeur, Carmine Castellano, intégra davantage d'étapes dont l'arrivée se situait au sommet d'une côte : ce furent les meilleures années de Marco Pantani.

Lors de son unique victoire du *Giro*, en 1984, le héros national, Francesco Moser, n'avait pas seulement l'équipement aérodynamique dernier cri lorsqu'il arracha le maillot rose à Laurent Fignon dans le contre-la-montre final, il bénéficiait aussi de la complicité de Torriani qui avait supprimé une étape de montagne vitale sous prétexte que la route était coupée par un éboulement. Rien n'était moins sûr, mais une chose l'était : Moser n'était pas un grimpeur et Fignon aurait peut-être gagné assez de temps sur lui pour remporter la course.

Tout cela n'est rien à côté des événements qui vinrent troubler l'édition de 1967. Elle prit un mauvais départ car une manifestation contre la guerre du Vietnam bloqua la route lors de la première étape qui fut annulée par la suite. À l'arrivée à Salerne, les supporters envahirent la route, il y avait un tel monde qu'on ne distinguait la ligne d'arrivée que par les drapeaux qui flottaient. Le service de surveillance fut mis en cause. Mais, ce qui se passa dans les Dolomites lors de l'étape des *Tre cime di Lavaredo* allait bien au-delà. René de Latour raconta les faits dans *Sporting Cyclist* : « Ce qui s'est passé est totalement scandaleux, une chose inimaginable même dans nos pires cauchemars. Les spectateurs poussaient les cyclistes pour les faire avancer plus vite. Les favoris italiens, en particulier, n'avaient même plus besoin de pédaler. Pendant 7 km, des mains se relayèrent pour les pousser : on aurait dit que ça avait été organisé d'avance. »

CHARLY GAUL

L'un les plus grands grimpeurs de l'histoire du cyclisme, toujours au meilleur de sa forme même dans les pires conditions météo, Gaul est aussi l'un des rares champions originaires du Luxembourg. Sa première victoire fut celle du Giro de 1956, où il balaya ses concurrents en pleine tempête de neige sur le Monte Bondone dans les Dolomites, accomplissant l'exploit de passer de la 24e à la 1re place au classement général lors d'une ascension de 12 km. Son deuxième couronnement advint lors de la traversée du massif de la Grande-Chartreuse pendant le Tour de France de 1958.

Un an plus tard, Gaul régla son compte à Jacques Anquetil dans le col du Petit Saint-Bernard et remporta son second Giro. Sa brève mais fulgurante carrière prit fin au début des années 1960. Il vécut ensuite reclus dans une baraque au fin fond de la forêt luxembourgeoise, acceptant difficilement son statut de retraité. Il réapparut dans les années 1980, mais il n'était plus que l'ombre de l'homme qui, une vingtaine d'années plus tôt, n'avait fait qu'une bouchée des plus hauts sommets.

NATIONALITÉ	**Luxembourgeois**
DATE DE NAISSANCE	**8/12/1932, à Pfaffenthal**
SURNOM	**L'Ange de la montagne**
PROFESSIONNEL	**De 1953 à 1965**
PALMARÈS	
1954	**Circuit des six Provinces**
1955	**3e Tour de France et meilleur grimpeur**
1956	**Vainqueur Tour d'Italie, meilleur grimpeur du Tour de France, vainqueur Tour du Luxembourg**
1958	**Vainqueur Tour de France**
1959	**Vainqueur Tour d'Italie et meilleur grimpeur, vainqueur Tour du Luxembourg**
1961	**Vainqueur Tour du Luxembourg, 3e du Tour de France**
	10 victoires d'étapes dans le Tour de France

Cela rappelait ce qui s'était passé en 1948, lorsque Fausto Coppi quitta la course pour protester contre la pénalité de 2 min infligée à Fiorenzo Magni pour s'être accroché à un véhicule. De Latour y vit « un nouveau scandale : des coureurs se faisant tirer par des voitures, des commissaires griffonnant des noms sur leur carnet. Autant dire que cela ne servait à rien, il n'y avait pas un cycliste qui ne s'était pas fait remorquer. Gimondi gagna non parce qu'il était le meilleur mais parce qu'il s'était agrippé à la voiture la plus rapide ! » L'étape fut déclarée nulle mais le prix fut tout de même décerné.

FELICE GIMONDI

Aristocrate, Gimondi fut l'un de ces nombreux coureurs qui eurent la malchance de courir à la même époque que Merckx. Il avait seulement 22 ans lorsqu'il remporta le Tour de France en 1965, ce qui faisait de lui le plus jeune vainqueur de sa génération et l'un des rares champions à s'imposer dans cette course en début de carrière. Au départ, il n'était pas sélectionné et n'y participa que parce que d'autres cyclistes déclarèrent forfait. Lui-même ne se sentait pas prêt à l'affronter.

Dès 1966, il fut désigné comme le successeur de Jacques Anquetil après ses victoires dans Paris-Roubaix et Paris-Bruxelles. Mais avec l'arrivée de Merckx sur la scène, Gimondi l'emportait seulement lorsque « le Cannibal » ne courait pas. Il fut sacré champion du monde en 1973 et, en 1976, à 33 ans, il fut l'un des coureurs les plus âgés à triompher dans le Giro.

Gimondi continue à s'illustrer dans le domaine en travaillant au développement des bicyclettes. Il assure aussi les relations publiques pour Bianchi dont les vélos sont liés pour toujours à sa carrière comme ils le furent à celle de Fausto Coppi.

NATIONALITÉ	Italienne
DATE DE NAISSANCE	29/09/1942, à Sedrina (Bergame)
PROFESSIONNEL	De 1965 à 1978
SURNOM	Aucun
PALMARÈS	
1965	Tour de France
1966	Paris-Roubaix, Paris-Bruxelles, Tour de Lombardie
1967	Tour d'Italie, Tour du Latium, Grand prix des Nations
1968	Tour d'Espagne, G P des Nations, Championnat d'Italie
1969	Tour d'Italie, Tour de Romandie, Tour des Apennins
1972	Tour de Catalogne, Tour des Apennins
1973	Championnat du monde sur route, Tour de Lombardie, Coppa Bernocchi, Tour du Piémont
1974	Milan-San Remo
1976	Tour d'Italie, Paris-Bruxelles

La date du Tour d'Italie est fixée en mai ou juin, le Tour de France se déroulant trois semaines après. Seuls les grands ont accompli l'exploit de remporter ces deux courses majeures : Coppi fut le premier en 1949 et il recommença en 1952. Anquetil lui emboîta le pas en 1964 ; Merckx en 1970, 1972 et 1974 ; Hinault en 1982 ; Stephen Roche en 1987 ; Miguel Indurain en 1992 et 1993, deux années consécutives, du jamais vu ; et Marco Pantani en 1998.

Lorsque la course se déroule en mai, le temps dans les régions montagneuses est totalement imprévisible : les tempêtes de neige sont aussi courantes que les températures caniculaires. La légende d'Eddy Merckx naquit dans le blizzard sur les *Tre cime di Lavaredo* en 1968, lorsqu'il devança Gimondi de neuf minutes dans l'une des plus astreignantes ascensions : un exploit. C'est encore dans le blizzard que Charly Gaul remporta la victoire, en 1956, sur le Monte Bondone : victime d'hypothermie, il dut être enveloppé dans une couverture et transporté dans une grange. Six ans plus tard, dans la descente du col de Faucella, on vit Charly Gaul, « l'Ange de la montagne » marcher sous la neige, un spectateur le protégeant de son parapluie d'une main et portant son vélo de l'autre. Ce jour-là, 55 des 109 coureurs abandonnèrent, parmi eux « l'Empereur d'Herentals », Rik Van Looy, qui se réfugia dans une ferme où son hôte lui fit prendre un bain chaud. Mais le plus épique fut assurément le passage col du Gavia en 1988. La neige était telle sur cet étroit chemin de terre qu'il était quasiment impossible de pédaler jusqu'au sommet. Dans la descente, nombre de coureurs urinèrent dans leurs mains pour essayer de les réchauffer. Cette étape assura la première victoire d'un Américain dans le *Giro*, Andrew Hampsten. Son directeur d'équipe avait été prévoyant : boissons chaudes pour ses coureurs en haut de la côte, gants, et vaseline sur les jambes pour les protéger du froid.

RIVALITÉS ET POLÉMIQUES

Le cyclisme n'échappe pas à la tradition sportive italienne qui s'est construite autour de héros surdimensionnés. Les rivalités entre deux « campionissimi » sont exacerbées par une presse jetant de l'huile sur le feu.

Cette « tradition » commença avec Costante Girardengo et Alfredo Binda dans les années 1920 et continua avec Binda et Learco Guerra. Puis ce fut le tour de Fausto Coppi et Gino Bartali dans les années 1940 et au début de la décennie suivante.

***Giro* 1968 : Eddy Merckx, après avoir remporté une victoire décisive lors de l'étape des *Tre cime di Lavaredo* dans les Dolomites. Au cœur d'une tempête de neige, il balaya ses rivaux dans le style qui lui vaudra vite le surnom de « Cannibal ».**

Francesco Moser et Giuseppe Saronni en furent les derniers grands exemples dans les années 1970 et 1980. Les querelles entre Claudio Chiappucci et Gianni Bugno puis Marco Pantani et Michele Bartoli dans les années 1990 relèvent plus de l'artifice.

Bartali et Coppi resteront les grands rivaux à côté desquels les autres ne sont que des pâles imitations. C'était l'après-guerre, l'époque de la reconstruction du pays, une période où le vélo était le principal moyen de transport. Ce furent aussi les plus fougueuses années du *Giro*. En 1940, les deux hommes appartenaient à la même équipe, lorsque le jeune Coppi devança Bartali, son leader, dans le col de l'Abetone en Toscane et remporta son premier Tour d'Italie. Six ans plus tard, le *Giro* se déroula dans un pays ravagé par la guerre. Bartali s'imposa avec 46 secondes d'avance sur Coppi. La lutte prit un tour plus sérieux l'année suivante dans le col de Falzarego dans les Dolomites. Bartali fut contraint de s'arrêter car sa chaîne s'était bloquée. Coppi en profita pour attaquer. Le même incident se reproduisit et fit chuter Bartali. Après, ce fut une course poursuite épique pendant 160 km à travers les montagnes : Coppi contre Bartali et quatre autres participants. Coppi arriva avec cinq minutes d'avance sur son adversaire, remportant le second de ses cinq Tours d'Italie.

Lors de l'édition de 1949, la question de savoir qui était le meilleur fut tranchée lorsque Coppi fit la plus remarquable de ses légendaires échappées en solo à travers les Alpes françaises. Il franchit seul les grands cols de Madeleine, de Vars, de l'Izoard, du Mont-genèvre et de Sestrières et triompha à Pinerolo, avec 23 min d'avance au classement général.

1988 : les coureurs attaquent les Dolomites, habillés pour affronter un froid hivernal – blouson de polyéthylène et passe-montagne – le Tour d'Italie connaissant un temps exécrable comme une course n'en avait pas vu depuis des années. Le vainqueur de l'édition, l'américain Andrew Hampsten, se trouve à l'extrême gauche.

Alors que Coppi approchait de Pinerolo, le commentateur de la radio, Mario Ferretti, prononça l'expression désormais célèbre : « seul en tête ».

À un moment où l'emprise de l'église reculait un peu en Italie, Bartali, « Gino le Pieux » en appela à l'aile conservatrice et catholique du pays, tandis que Coppi, excommunié pour un adultère qu'il exposait en public, incarnait la nouvelle Italie, progressiste et largement urbaine. Chacun des deux était obsédé par son adversaire. Coppi parlait de Bartali en l'appelant « l'autre ». Un jour, Bartali, convaincu que Coppi avait jeté une bouteille contenant de la drogue, revint la récupérer sur le bord de la route après la course.

Moser et Saronni eurent des relations du même type. Le premier continuait à humilier son ennemi de toujours, en dépréciant ses résultats, 10 ans après que leur rivalité fut arrivée à son paroxysme. Saronni remporta deux fois le *Giro*, en 1979 et en 1983, en ayant été légèrement aidé par les organisateurs qui déduisirent des secondes de son temps cumulatif dans plusieurs étapes, ce qui lui permit de tirer parti de son sprint fougueux. Il se plaignait que le public l'insultait : « Les supporters de Moser me traitent comme un chien, leur attitude est à vous dégoûter. C'est lui qui déclenche ces réactions par les interviews qu'il donne dans les journaux ». Et bien entendu, ses propos furent rapportés dans leur intégralité par la presse, entraînant une réponse scandalisée de Moser… et des ventes fructueuses pour *La Gazzetta dello Sport.* En 2002, le conflit continuait, Saronni accusant Moser d'avoir introduit le dopage dans le cyclisme et ce dernier lui répondant sur le même ton.

AUTRES DISSENSIONS

En 1987, se déroula le plus terrible de tous les *Giro*, la « course des couteaux sous la table » comme l'écrivit un journaliste de *La Gazzetta*. L'équipe Carrera Jeans avait deux leaders : Roberto Visentini, un playboy issu d'une famille riche, vainqueur de l'année précédente et l'Irlandais Stephen Roche. Fort de cette victoire, Visentini considérait que Roche devait être à son service mais celui qui allait remporter le Tour de France dans la même saison avait d'autres ambitions.

Il prit tôt la tête de la course mais Visentini remporta le maillot rose juste devant lui dans le contre-la-montre à Saint-Marin. Deux jours après, lors de la première étape dans les Dolomites, à Sappada, Roche attaqua, se retrouvant en tête. Un dilemme s'empara de Davide Boifava le directeur de Carrera : devait-il laisser Roche en tête et le faire pourchasser par les autres équipes pour ne pas qu'il vole le maillot rose à Visentini ? Devait-il lui demander d'attendre le peloton ? Ou, défiant toute logique, devait-il ordonner à ses équipiers d'engager une poursuite ? Visentini écarta la première option, Boifava dit donc à Roche de ralentir mais celui-ci refusa. Le directeur l'avertit qu'il allait lancer ses équipiers à ses trousses ce à quoi Roche répondit qu'ils avaient intérêt à se cramponner. Selon Robert Millar, de l'équipe Panasonic, qui termina second, les équipiers n'étaient pas d'accord pour engager une poursuite. Visentini hurlait et il envoya une voiture pour les convaincre. Ils s'arrêtèrent, alors qu'ils étaient en tête, créant la pire des confusions. Toutes les voitures de Carrera démarrèrent pour aller proposer aux coureurs des autres équipes de pourchasser Roche moyennant finance. « Nous, dit Miller en parlant de son équipe, on a refusé parce qu'ils ne payaient pas assez ».

Juste après, la course prit un tour nouveau avec une attaque du champion du monde Moreno Argentin, qui avait acquis sa renommée dans les classiques des Ardennes. Il avait un compte à régler avec Visentini qui avait prétendu qu'il aurait deux heures d'avance sur lui à la fin des trois semaines.

Alors que les coureurs gravissaient l'ascension finale, les commentateurs de la radio ne cessaient de répéter que Visentini avait flanché. Le stress de la journée avait eu raison de lui, il avait perdu 8 min en autant de kilomètres, sans un seul de ses équipiers à ses côtés. Lorsqu'il franchit la ligne, il était hors de lui. Il pointa alors un doigt rageur vers le podium de la télévision et hurla : « Y en a qui vont retourner chez eux ce soir ! »

Roche fut maintenu dans la course grâce à l'intervention du sponsor, le dirigeant de l'entreprise Jeans, qui arriva à minuit. Il était convaincu que l'Irlandais avait plus de chance de l'emporter que l'Italien. L'équipe était divisée sur la question : le Belge Eddy Schepers et le mécanicien Patrick Valcke soutenaient Roche tandis que les Italiens étaient avec Visentini.

La polémique continua pendant une semaine. La course ne passait pas très loin de la région de Brescia, le fief de Visentini. Schepers dut menacer les supporters de ce dernier pour les tenir loin de Roche à l'arrivée à Sappada. Mais le pire était à venir : sur les montagnes ils l'agressèrent, lui lançant des boules de papier confectionnées avec *La Gazzetta* et brandissant des morceaux de viande crue pour lui montrer qu'ils voulaient le tailler en pièce. Il passa à travers un corridor de supporters fous furieux entre Schepers et Millar. Celui-ci ne faisait pas partie de ses équipiers mais, pour avoir subi le même sort au club amateur ACBB de Paris, il était content de lui donner un *petit cou de main*.

La presse fit ses choux gras de ce duel : « Visentini a avancé ses pions au départ, Roche les lui a soufflés à l'arrivée » écrivait Angelo Zomegnan dans *La Gazzetta*. Les allégations de Visentini étaient surréalistes : « Roche a des alliés partout. Tous les équipiers de Fagor [l'équipe française] le servent. Il a acheté Van de Velde [un grimpeur hollandais] ».

« Roche est bon coureur mais c'est un type à deux facettes, se lamentait-il dans une interview intitulée « Visentini : pourquoi je hais Roche ». « Pourquoi ? » lui demanda Zomegnan. « Un jour il vous sourit, le lendemain il vous crache à la figure » répondit Visentini, ajoutant, à propos de la coterie étrangère dans l'équipe Carrera, « C'est un trio bien soudé, à la fin de la journée ils se réunissent dans une chambre d'hôtel pour combiner je sais pas quoi ». Millar raconta qu'à la fin de la course, Visentini était devenu si impopulaire parmi les coureurs que, lorsque Roche creva non loin de l'arrivée d'une étape, pas un d'entre eux ne le signala à son ennemi juré. À la fin de l'été, Roche s'élevait au rang de Merckx avec trois victoires dans la saison : le *Giro*, le Tour de France et le championnat du monde.

Les deux grands champion italiens, Marco Pantani et Mario Cipollini, s'inscrivent aussi dans cette tradition mais plutôt dans un registre de battage publicitaire.

À l'approche de 2003, Cipollini, le sprinter playboy, a presque rattrapé Binda qui avait à son actif 41 victoires d'étape : un record considéré comme inattaquable. La plus grande vedette du show-cyclisme, se fait de la pub sous les surnoms variés de « Super Mario », « le Roi lion », « l'Homme le plus rapide du monde », « il Magnifico », et à l'époque où il se lissait les cheveux en arrière : « Mussolini ». Il s'affiche dans les défilés de mode milanais et est devenu l'ami du footballeur Ronaldo. Ses tenues défraient la chronique : vélos, cuissards, chaussures et lunettes de soleil se mariant à la couleur du maillot qu'il gagne, en violation du règlement. Ce qui lui valut des amendes et de la pub en retour. En 2001 et 2002, il a fait mieux encore en revêtant des combinaisons imitant une peau de tigre ou un corps humain écorché. Sans parler de l'édition 1999 du Tour de France où, pour une conférence de presse, son équipe avait loué les services d'une strip-teaseuse prénommée Cléopâtre. Pour l'occasion « Cipo » s'était habillé en Jules César !

La dernière de Cipollini est l'image de sex-symbol qu'il veut donner de lui, en posant pour des publicités de chaussures. Dans l'une d'elles, il est habillé en cheikh, entouré de jeunes femmes aux formes avantageuses lui offrant du raisin. Dans une autre, il roule avec une photo de Pamela Anderson sur son guidon pour augmenter son taux de testostérone. Il a donné des interviews défiant toute la tradition cycliste d'abstinence sexuelle datant des époques de Binda, de Gimondi et de Sean Kelly, on en retiendra la légendaire déclaration : « Éjaculer représente seulement une perte de 20 calories, pas plus que n'en contient une barre de chocolat ». Il n'en est pas moins un bon père de famille et un sportif de 35 ans qui persévère dans son entraînement pour conserver son record de vitesse.

Pantani, le petit grimpeur de Cesenatico, une station balnéaire de l'Adriatique, fut le coureur vers lequel toute l'Italie se tourna pour régler leur compte aux spécialistes du contre-la-montre, tels que Miguel Indurain, dans les Dolomites. Son habileté à se dégager du peloton en montagne s'inscrit dans la grande de tradition de Charly Gaul et de Federico Bahamontes.

Son triomphe, dû à son punch et à la chance, fit de lui le digne héritier de Coppi. En 1995, il se cassa la clavicule au printemps et le tibia à l'automne. Au printemps 1996, il pouvait à peine marcher. Cela ne l'empêcha de se positionner à la troisième place du Tour de France l'année suivante et de remporter ce dernier ainsi que le *Giro* en 1998. Cet exploit prit une dimension singulière à un moment où le Tour était mis à mal par les affaires de dopage. Un doute fut émis : Pantani était-il passé entre les mailles du filet ? Au printemps 1999, « il Pirata », le plus grand sportif italien, touchait un salaire équivalent à 3 millions d'euros et honorait de sa présence les manifestations les plus en vue. Mais ce fut bientôt pour lui la descente aux enfers.

LES SCANDALES DU DOPAGE

Le 5 juin 1999, il était en tête du *Giro* après avoir remporté quatre étapes de montagne. La course prenait fin deux jours plus tard et les T-shirts portant le slogan « Pantani vainqueur du *Giro* » étaient déjà imprimés. Pour endiguer l'usage de l'érythropoïétine, l'Union cycliste internationale fit faire des examens de sang. Celui de Pantani se révéla positif. Il quitta la course, entouré des gendarmes. Ses supporters étaient fous de colère, ils tapaient des poings sur le toit de la voiture du directeur de la course, hurlaient des grossièretés et brandissaient des pancartes d'insultes. Le *Giro* avait déjà perdu un grand nom pour cause de dopage : Eddy Merckx à Savone en 1969. Mais ce jour-là c'était pire, il perdait un héros national.

Le test ne prouvait pas l'usage de drogue mais le supposait, comme le confirma un peu plus tard le Comité olympique italien. Présenté après sa victoire au Tour de France de 1998 comme un vrai champion qui n'avait rien à se reprocher par le magazine l'Espresso, Pantani connut bientôt le labyrinthe judiciaire. Après une absence, il fit un retour spectaculaire en 2000, allant se faire bénir par le pape à Rome au début du *Giro*. Il remporta deux étapes du Tour de France. Ce fut son dernier bon résultat et son avenir au sein d'une équipe professionnelle est, fin 2002, toujours incertain.

« L'Aigle de Tolède », Federico Bahamontes, fut l'un des grands grimpeurs qui marqua le Giro de son empreinte. Vainqueur du Tour de France en 1959, il endossa le maillot vert 6 fois et y remporta 7 victoires d'étape.

G.S
FAEMA

Mais l'affaire Pantani n'était que le sommet de l'iceberg et le *Giro* fit bientôt trembler les fondations même du cyclisme. L'édition de 2001 fut marquée par le « raid » de San Remo, où 200 gendarmes et douaniers firent irruption dans tous les hôtels occupés par les coureurs, à la recherche de produits dopants. Il s'ensuivit l'annulation de la principale étape de montagne, l'expulsion de Dario Frigo, qui avait déjà gagné trois courses cette saison-là, et l'interdiction de toute une liste de produits. La saison 2002 fut pire, avec les investigations de la police concernant un trafic de drogue près du lac de Garde, qui impliquait l'équipe Panaria et était supposé lié à la Camorra, une organisation criminelle de l'ordre de la Mafia. Le vainqueur de l'édition 2000, Stefano Garzelli, remporta deux étapes et commençait à dominer la course lorsqu'il fut testé positif et exclu malgré ses protestations selon lesquelles il avait été victime d'un coup monté. Curieusement la même défense avait déjà été adoptée par Merckx en 1969 et Saronni en 1983. Alors que l'affaire Garzelli commençait à s'estomper, le lauréat de 2001, Gilberto Simoni, fut accusé de s'être dopé à la cocaïne. Après deux tests positifs, il prétendit que ce résultat pouvait être dû à une anesthésie faite par son dentiste et – trouvaille plus bancale encore – à l'absorption de thé qui aurait pu en contenir car ramené de Colombie par sa tante ! Les deux favoris exclus, le troisième potentiel vainqueur, Francesco Casagrande, fut disqualifié pour avoir fait tomber un adversaire lors d'un sprint. Autant dire que cette édition fut aussi dénuée de sens que celles de 1999 et de 2001.

Salie par de tels événements, une grande tradition nationale est bafouée par la faute d'organisateurs impuissants et de cyclistes égoïstes. C'est une véritable tragédie pour cette course qui en 93 ans d'existence a fait rêver des générations entières.

LE CIMENT DE L'ITALIE

Lorsque naquit le *Giro*, l'unification italienne avait moins d'un demi-siècle et les régions du Haut-Adige et de Trieste n'y étaient pas encore rattachées. Dans un tel contexte, un événement sportif se déroulant dans toute la péninsule et attirant des spectateurs de tout le pays pour se chamailler sur les mérites d'un Toscan ou d'un Ligurien était chose positive.

Le premier *Giro* après la Deuxième Guerre mondiale, d'où le pays sortit ravagé, se déroula 13 jours après le référendum donnant naissance à la république italienne et après les élections de la première assemblée nationale. Il prenait une dimension particulière : « ... ce n'est pas vrai, ce n'est pas possible que les Italiens ne puissent pas s'unir »,

Mario Cipollini démarre l'édition 2001 du Giro revêtu d'une combinaison représentant un corps humain écorché qui fit les manchettes de la presse sportive. Comme la plupart de ses tenues, elle lui valut une petite amende et beaucoup de pub. « Le Roi lion » ou « Super Mario » commença à remporter des sprints de peloton en 1989 et est encore prêt à en découdre en 2003.

écrivait *La Gazzetta* dans son éditorial le jour du départ, ajoutant : « Les Italiens savent que divisés, ils périront; et qu'unis, ils se relèveront. [...] Le Tour d'Italie sert un dessein bien plus grand que la course elle-même. Napolitains, Turinois, Lombards, Latins, Vénitiens ou Émiliens, tous les Italiens, toutes les régions d'Italie participent d'une même société qui vit au rythme d'un même cœur. Le *Giro* est le miroir dans lequel chacun peut se reconnaître et sourire. »

L'édition de 1919 incluait des étapes passant par des villes hautement symboliques comme Trente et Trieste, ainsi que des champs de bataille de la Grande Guerre situés en Vénétie et dans la région de Karst, aujourd'hui en Slovénie.

« Toutes les personnes massées le long de l'itinéraire et les soldats encore en armes prêts à défendre nos frontières, accueillent le *Giro* d'Italia comme le symbole de leur nation », écrivait Daniele Marchesini.

Le scandale du dopage est un désastre pour l'édition de 1999. Marco Pantani, le plus grand sportif italien de l'époque est escorté par les gendarmes devant son hôtel, à Madonna di Campiglio après son exclusion de la course 36 heures avant l'arrivée. Dès cet instant, la carrière de « il Pirata » est terminée et le Tour d'Italie ne sera plus jamais le même.

Lors de la course de 1911 qui coïncidait avec le 50e anniversaire de l'unification italienne, *La Gazzetta* écrivait : « Il ne s'agit pas d'un simple événement sportif auquel participent des cyclistes de toutes les régions d'Italie, avec leurs particularités et leurs dialectes propres. C'est aussi l'incarnation d'un véritable élan patriotique, fait de rencontres, de fraternité et de sourire. »

Avec la condescendance qui caractérise l'attitude du nord envers le sud, l'éditorial de *La Gazzetta* appelait de ses vœux au sursaut des régions méridionales peu développées pour « refaire les routes, construire des usines, avoir le désir de devenir autosuffisants, améliorer leurs conditions de vie, s'enrichir, apprendre la joie de vivre, et se rapprocher des autres régions »… tout cela grâce à la course.

Le *Giro* a conservé cet aspect de mission unificatrice. D'une année sur l'autre, l'itinéraire est scrupuleusement conçu pour n'oublier aucune région d'Italie, y compris les îles : Sicile, Sardaigne, Elbe. En 1978, Torriani, dans un geste hautement symbolique, fit passer la course par la région insulaire la plus célèbre, Venise. Un pont flottant fut installé sur le Grand Canal pour rejoindre l'arrivée de l'étape place Saint-Marc.

Les autres États de la péninsule, Saint-Marin et le Vatican, sont aussi intégrés à la course et en 1994 la Slovénie tout juste indépendante accueillit une étape, symbolisant ainsi un rapprochement avec son voisin. Le premier Euro*Giro* se déroula en 1973, parti de Belgique il traversa l'Allemagne, le Luxembourg et la France pour se terminer en Italie. L'expérience se répéta en 2002, au départ des Pays-Bas, pour célébrer l'adoption de la monnaie unique.

L'Euro*Giro* de 2002 a été entaché par de continuels scandales de dopage, problème qui constitue le plus gros défi se posant au cyclisme italien en ce début de XXIe siècle. Depuis cette crise, les organisateurs de la course affichent un manque de confiance et le sponsor porte-drapeau du pays, Mapei, a annoncé qu'il se retirait.

Alors que le *Giro* se caractérisait jusque-là par la tradition et les supporters, il est marqué aujourd'hui par le déshonneur.

Le peloton en route vers la ravissante station de ski de Corvara in Badia, située dans les Dolomites, lors de la 16e étape de l'édition de 2002. Le maillot rose sera remporté par le grimpeur et champion australien Cadel Evans, l'un des plus grands espoirs dans les courses par étapes.

NATIONALITÉ	Italienne
NAISSANCE/DÉCÈS	11/08/1902 – 30/03/1986
SURNOM	La Joconde
PROFESSIONNEL	De 1922 à 1936
PALMARÈS	
1925	Tour d'Italie, Tour de Lombardie
1926	Tour de Lombardie, Championnat d'Italie, Tour du Piémont
1927	Championnat du monde sur route, Tour d'Italie, Tour de Lombardie, Championnat d'Italie, Tour du Piémont
1928	Tour d'Italie, Championnat d'Italie
1929	Tour d'Italie, Milan-San Remo, Championnat d'Italie
1930	Championnat du monde sur route
1931	Milan-San Remo, Tour de Lombardie
1932	Championnat du monde sur route
1933	Tour d'Italie, meilleur grimpeur

ALFREDO BINDA

Le second « campionissimo » italien, dauphin et grand rival de Costante Girardengo, a une place unique dans l'histoire du cyclisme. Il fut le seul champion à qui un grand organisateur offrit de l'argent pour qu'il ne participe pas à une course : sa victoire, trop prévisible, aurait rendu l'événement sans intérêt.

LE PLUS GRAND ROUTIER

Binda était aussi considéré, par Henri Desgrange, organisateur du Tour de France, comme le plus grand routier ayant jamais participé à des compétitions. Les contemporains de Coppi et de Merckx disaient qu'il était au moins l'égal de ces deux titans du cyclisme.

Binda était un grimpeur d'une puissance exceptionnelle, un sprinteur d'une rapidité stupéfiante et l'un des plus fins tacticiens qui fût.

La souplesse de son style faisait dire au grimpeur René Vietto que si l'on posait un bol de lait entre les épaules de Binda au pied d'une montagne, il arrivait au sommet sans en avoir renversé une goutte.

L'unique course qui manqua à son palmarès fut le Tour de France dans lequel son équipe, Legnano, n'avait pas d'intérêts financiers à ce qu'il court. La seule année où il participa à la course, en 1930, il abandonna 10 jours après sous prétexte d'une chute. Des années plus tard, il confessa qu'on lui avait proposé tellement d'argent pour la commencer qu'avant d'en avoir couru la moitié il aurait ruiné les organisateurs.

Binda faillit courir sous les couleurs françaises, quelle ironie du sort cela aurait été, lui qui jouit encore d'une réputation sans égale en Italie avec 41 victoires d'étape : un record à ce jour inégalé.

Après la Première Guerre mondiale, sa famille avait émigré de Varese à Nice, et avant qu'il passe un contrat avec Legnano en 1924, il ne parlait que le patois niçois.

BIEN D'AUTRES TALENTS...

Mais Binda était aussi un trompettiste talentueux, il donnait des concerts avec ses frères Benito et Albino respectivement au saxo et au trombone. Lors de son premier *Giro*, en 1925, à l'arrivée de l'étape Rome-Naples, où il termina second derrière Gaetano Belloni, il vit un orchestre. Il posa son vélo et alla prendre une trompette. Il fut ovationné pour son solo avant de l'être sur la marche du podium.

Binda devint professionnel tout simplement parce que la Fédération italienne de cyclisme ne donnait pas de licence d'amateur aux émigrés. Au début de sa carrière, il continuait à travailler à plein temps comme plâtrier. Lors de sa première année au sein de l'équipe Legnano, en 1925, il remporta le Tour d'Italie : c'était plus qu'il n'en espérait. « Les routes n'étaient pas goudronnées, raconta-t-il plus tard, on m'avait averti que l'équipe ne m'attendrait pas si je crevais. À cette époque une crevaison faisait perdre plusieurs minutes. Pour réduire les risques, j'ai utilisé des pneus de 500 g alors que ceux des autres en faisaient 390. » Miracle : ses pneus ne se dégonflèrent pas même une seule fois.

L'année suivante, il termina second dans des circonstances qui en disent long sur la manière dont étaient traités les coureurs dans les années 1920. Le premier jour, entre Milan et Turin, alors que son frein avant ne fonctionnait déjà plus, son frein arrière cassa dans une descente. Il avait le choix entre plonger dans un ravin dont il ne voyait pas le fond et se laisser tomber. Il opta pour cette dernière solution et perdit connaissance en chutant. Il resta allongé par terre pendant 40 min, un officiel à ses côtés s'assurant qu'il ne lui serait apporté aucune aide. La pluie finit par le faire revenir à lui. Le mécanicien de Legnano avait réparé ses freins, caché derrière une meule de foin pour ne pas être vu des commissaires. Binda réenfourcha son vélo et arriva second.

Après avoir pris sa retraite, il dirigea l'équipe nationale italienne. Il était dans les coulisses lors des victoires de Coppi durant les éditions de 1949 et 1952 du Tour de France et utilisa ses talents de diplomate pour faire courir ensemble ce dernier et son grand rival Bartali.

UN HOMME INTRANSIGEANT

Lors de l'édition de 1949, il refusa que la femme de Coppi accompagne l'équipe. Elle prit donc 24 heures d'avance sur le *Giro* et n'osa même pas téléphoner à son mari. Binda ne prêchait jamais que ce qu'il avait lui-même fait : « Un vrai professionnel doit se concentrer exclusivement sur son boulot. Quand j'étais numéro un, je ne me permettais qu'un rapport sexuel par an ».

La foule se masse sur les routes bordées d'arbres du nord de la France lors de l'édition de 1925 de Paris-Roubaix. Binda participait rarement à des courses hors d'Italie. Son attaque en solitaire ne portera pas ses fruits : il ne réussira pas à prendre la tête du peloton formé par les 35 coureurs qui disputeront l'arrivée.

LE TOUR D'ESPAGNE

En presque 70 ans d'histoire, *la Vuelta a España* a réussi à s'imposer dans la culture populaire espagnole. Pendant trois semaines en automne, le cyclisme éclipse le football qui tient une place privilégiée dans le sport local. Le soir à la télévision et à la radio, des débats enflammés prennent corps entre anciens coureurs et experts de salon. Le lendemain matin, si le vainqueur de l'étape est espagnol, il fait les manchettes de la florissante presse sportive reléguant le foot au second plan, chose qui était absolument impensable il y a peu. Même le Tour de France n'a pas cet impact, sauf si le gagnant est un enfant du pays bien sûr.

Dans le fantastique paysage accidenté du nord de l'Espagne, les coureurs de tête commencent leur ascension vers la montagne.

LE TOUR D'ESPAGNE

APRÈS S'ÊTRE POLITIQUEMENT COMPROMIS PENDANT DES DIZAINES D'ANNÉES, LE PLUS RÉCENT DES TROIS GRANDS TOURS TENTE DE TOURNER LE DOS À SON PASSÉ.

La benjamine des principales courses cyclistes de trois semaines souffre parfois d'un complexe d'infériorité face à la notoriété de ses aînés : le Tour de France et le *Giro d'Italia.* Déplacé d'avril à septembre en 1995, la *Vuelta* est devenue une course de qualité après des années de stagnation, même si certaines équipes étrangères la considèrent encore comme un terrain d'entraînement pour leurs futurs champions et ou comme une seconde chance lorsqu'elles n'ont pas atteint le succès escompté lors de la Grande Boucle. Cette attitude est accentuée par le fait que le vainqueur du Tour ou du *Giro* voit automatiquement son prestige grandir, ce qui n'est pas le cas pour le lauréat de leur petite sœur espagnole qui tend à être dévalorisée. Après le grand rendez-vous annuel du cyclisme, le Tour de France, les médias ont tendance à se détourner de la discipline. Selon les journalistes les plus intransigeants, ce désintérêt s'expliquerait par le fait que la montagne espagnole ne peut en rien être comparée aux Dolomites ou aux Alpes et que le niveau de compétition y est bien moindre.

L'enjeu est différent vu d'Espagne, où la course est considérée comme l'événement cycliste majeur après le Tour de France. Pour relever le défi, les organisateurs ont ajouté un ultime joyau à la couronne de la *Vuelta* il y a trois ans : l'Angliru, une ascension de 13 km avec des secteurs de dénivelé approchant les 24 %, ce qui n'existe dans aucune autre course d'étapes européenne. Son parcours intègre également d'autres grandes côtes comme celle grimpant aux Lagos de Covadonga dans la région des Pics d'Europe.

Le succès persistant du plus grand événement cycliste du pays pour le public espagnol ne fait aucun doute, l'intérêt des médias le montre. Cela s'explique en partie par la géographie et la démographie. Sur un territoire presque aussi vaste que la France mais qui compte environ deux tiers de sa population, le parcours allant de ville en village traverse des sierras dépeuplées, des étendues désolées et des plateaux balayés par les vents. Aussi, dès sa naissance, le Tour d'Espagne a-t-il voulu cristalliser un fort sentiment d'unité nationale, pas toujours vraiment partagé dans le contexte historique et politique de l'époque.

LA QUESTION BASQUE

Durant la dictature franquiste, qui dura 40 ans, le Général maintint les divisions créées par la Guerre civile pour mieux asseoir son pouvoir. Après sa mort en 1975, le Tour d'Espagne se vit doter d'un rôle politique : unifier le pays. Mais ce fut une décision imposée d'en haut qui ne fut pas toujours bien accueillie.

Contrairement au *Giro* ou à la Grande Boucle, la *Vuelta* fut un instrument politique jusque récemment. Sous Franco, le départ et l'arrivée de la course avaient toujours lieu au Pays basque pour signifier l'appartenance de cette région au pays, qu'il n'en déplaise à ses habitants dont une partie était radicalement contre.

Alors que le cyclisme était resté jusque-là en dehors du champ d'action des séparatistes, dans les années 1970 il n'échappa pas au conflit qui secoua le pays mettant aux prises l'ETA et l'État. Les événements touchèrent à leur paroxysme lors de l'édition de 1978, deux ans et demi après la disparition du dictateur, lorsque des indépendantistes basques répandirent des clous sur la route et dressèrent des barricades sur le parcours des deux étapes finales. La première fut en partie supprimée et la seconde totalement : Bernard Hinault, en tête du classement le jour précédent, fut déclaré vainqueur.

Après cette catastrophe, le *Correo Vasco-Diario Español,* un journal pro-gouvernemental qui organisait l'événement de son siège de Bilbao depuis plus de 30 ans, jeta l'éponge. L'itinéraire n'a plus jamais

Passant par de vastes étendues arides à faible densité de population, la *Vuelta* n'est pas caractérisée, contrairement au Tour de France, par des foules se massant sur le bord de la route pour acclamer les participants. La plupart du temps, les routes sont désertes.

L'ITINÉRAIRE

L'arrivée dans la capitale est aujourd'hui une constante. L'Espagne ayant une faible densité de population, les grandes villes telles de Barcelone, Saragosse et Valence – qui a ouvert l'édition de 2002 comme le montre le parcours – sont régulièrement intégrées à la course. Bien que constituant l'arrivée d'étape la plus prisée des Pyrénées, Andorre n'est plus élue chaque année, les étapes décisives se concentrant désormais davantage dans les Asturies, au nord-ouest, où les ascensions sont courtes mais terriblement raides. Le Pays basque, terre d'élection du cyclisme espagnol, fit traditionnellement partie de la course jusque dans les années 1980 – l'arrivée se déroula à Saint-Sébastien entre 1972 et 1978 – mais, pour des raisons politiques, il est aujourd'hui boudé par les organisateurs. L'île de Majorque a déjà accueilli plusieurs étapes. Il arrive que l'itinéraire déborde sur les pays voisins : France, Portugal, Andorre.

englobé le Pays basque malgré les souhaits de la presse de droite qui sont ignorés par l'actuel organisateur, l'entreprise privée Unipublic qui a ses bureaux à Madrid. Il est difficile de dire quel type de d'accueil recevrait aujourd'hui la course si elle réintégrait la région. Dans d'autres événements cyclistes, au Pays basque lui-même et en Catalogne, où il existe aussi un mouvement nationaliste, les coureurs, espagnols ou étrangers, ont rarement fait l'objet de menaces de la part des supporters.

FREDDY MAERTENS

Dans une carrière jalonnée de hauts et bas, la plus époustouflante victoire de Freddy Maertens fut celle de l'édition 1977 de la Vuelta où il domina du début à la fin : une prestation digne de Merckx.

Maertens n'était certes pas Merckx; mais il passa une grande partie de sa carrière à tenter de se hisser à la hauteur du « Cannibale ». En 1976, il atteignit le record que Merckx avait réalisé en 1971 en remportant 54 victoires dans l'année auxquelles il ajouta 8 étapes du Tour de France. Après s'être cassé le poignet dans une collision lors d'une arrivée dans le *Giro* en 1977, il ne recourut plus de la même façon.

Il remporta le maillot vert lors de l'édition de 1978 de la Grande Boucle. Après avoir disparu pendant deux ans de la scène sans explication, il revint pour enlever 5 étapes du Tour en 1981 et le Championnat du monde. Il ne put défendre son titre l'année suivante, ayant été retrouvé ivre la nuit précédente. Ensuite sa carrière s'étiola : il intégra des équipes mineures, fit des retours sans espoir et subit un désastre financier.

NATIONALITÉ	Belge
DATE DE NAISSANCE	13/02/1952, à Nieuport (Flandre-occidentale)
SURNOM	Le Revenant
PROFESSIONNEL	1972 à 1987
PRINCIPALES VICTOIRES	
1973	Quatre jours de Dunkerque
1974	Tour du Luxembourg
1975	Gand-Wevelgem, Paris-Bruxelles, Paris-Tours, Tour de Belgique, Quatre jours de Dunkerque
1976	Championnat du monde, Gand-Wevelgem, Amstel Gold Race, G P Frankfort, Championnat de Belgique, Quatre jours de Dunkerque, G P Nations, maillot vert du Tour de France, Super Prestige Pernot
1977	Tour d'Espagne + classement par points, Het Volk, Tour de Sardaigne, Paris-Nice, Semaine Catalane, Tour de Catalogne, Super Prestige Pernod
1978	Maillot vert du Tour de France, Het Volk, Quatre jours de Dunkerque
1981	Champ. du monde, maillot vert du Tour de France

Des incidents comme celui de 1959 où Federico Bahamontes, insulté par des Basques, fit demi-tour et les poursuivit pendant des kilomètres les menaçant de sa pompe, sont heureusement rares. Cependant, il suffirait d'un coup d'éclat comme celui de 1978 pour rompre la fragile trêve. Il n'en reste pas moins que la question basque refait régulièrement surface dans la *Vuelta* ce qui n'est pas très surprenant dans la mesure où les deux tiers des cyclistes professionnels courant sous la bannière espagnole sont originaires de cette région. Mais en général, cela se joue sur le terrain de la polémique. En 1999, le grimpeur espagnol José María Jiménez se fit souffler la seconde place par le basque Roberto Laiseka dans l'ascension de l'Abantos près de Madrid. Jiménez, renommé pour ne pas tourner sa langue sept fois dans sa bouche avant de parler, minimisa sa défaite dans la mesure où il avait été battu par un coureur seulement « à moitié espagnol » ce à quoi Laiseka répondit, jetant de l'huile sur le feu, qu'il n'était pas « à moitié espagnol mais basque à 100 % ».

Un événement plus grave, qui rappela ceux de 1978, eut lieu en 1994 dans la région de Navarre considérée par certains mouvements séparatistes comme partie intégrante du Pays basque. Un incident entrava brièvement le déroulement d'une étape lors de laquelle un membre de la *Guardia civil* sortit son pistolet et tira en l'air. Les choses auraient pu mal tourner mais les protestataires battirent en retraite. La *Vuelta* aussi, car on ne la revit plus jamais en Navarre.

LA GUERRE CIVILE ET FRANCO

La vie du pays, dans la seconde moitié du XXe siècle, fut en grande partie façonnée par la guerre civile, la dictature qui s'en suivit puis les troubles dus aux séparatistes. On imagine alors mal comment le Tour d'Espagne aurait pu échapper à cette Histoire d'autant qu'il naquit en 1935, l'année ayant précédé la guerre civile, sans avoir eu le temps de se forger une identité propre. La première édition de la *Vuelta*, après la victoire de Franco, en 1941, se déroula sur des routes ravagées par le conflit, tant le gouvernement au pouvoir était pressé de saisir l'opportunité que lui offrait l'événement, se faisant le chantre de la promotion du sport pour faire oublier à la population l'absence de démocratie.

1936 : les motos de la police escortent la course qui sera remportée par le Belge Gustaaf Deloor pour la seconde fois consécutive. La guerre civile mettra l'événement entre parenthèses, il ne reprendra qu'en 1941.

Avant le départ de l'édition de 1941, tous les concurrents se mirent en ligne à la *Puerta del sol* à Madrid – considérée comme le centre géographique et spirituel de l'État – et chantèrent « Cara al sol », l'hymne du parti fasciste espagnol, le bras droit en l'air. Outre le fait qu'elle fut le premier évènement sportif sponsorisé par le gouvernement franquiste, la *Vuelta* montrait ainsi clairement quel était son camp même si son parcours traversait tant les régions nationalistes que les anciennes provinces pro-républicaines.

Bien que l'hymne fût abandonné en 1950, les amitiés politiques du Tour d'Espagne ne s'altérèrent pas. Certains vainqueurs saluaient les autorités militaires toujours présentes près du podium et lorsque l'arrivée se tenait à Madrid, il n'était pas rare de voir le Caudillo en personne serrer la main des lauréats. Ces relations étaient mutuellement bénéfiques, si tel n'avait pas été le cas pour le gouvernement franquiste, la *Vuelta* aurait disparu après deux éditions.

Même en 1941 et 1942, alors que la Deuxième Guerre mondiale faisait rage, la course eut lieu et fut organisée conjointement par le journal *Gol* et le ministère de l'Éducation et des Loisirs qui la financèrent à hauteur de 25 000 pesetas, une somme importante pour l'époque. En 1966, le gouvernement vint encore à la rescousse du Tour d'Espagne au bord de la banqueroute. Le ministre des Sports, José Antonio Elola, intervint au dernier moment pour remettre la course à flot. L'annulation de l'événement ayant déjà été annoncé, il était trop tard pour que les vedettes étrangères y participent. Aussi, pour la première fois en quatre ans, ce fut un coureur espagnol qui s'imposa, Patxi Gabica.

Il arrive cependant que les moments où se mêlent sport et politique soient plus drôles. En 1976, le parti communiste autorisé depuis peu érigea une banderole au-dessus de la route. La légende veut qu'Eddy Merckx, célèbre pour ses ambitions illimitées quand il s'agissait de vaincre, se mit à sprinter comme un fou croyant remporter un quelconque prix. Il fut déçu d'avoir dépensé autant d'énergie pour rien ! Quoi qu'il en soit, il remporta son unique victoire en 1973.

Les excellentes relations qui liaient la course et l'institution militaire continuèrent après la mort de Franco. En 1981, l'Espagnol José-Luis López Cerron dédia la victoire d'une étape, qu'il venait de remporter avec une avance spectaculaire de 14 min, aux victimes du terrorisme. En remerciement de son geste, il reçut l'Ordre du mérite militaire.

Jacques Anquetil, cinq fois vainqueur du Tour de France, détendu, à côté de son coéquipier l'Allemand Rudy Altig qui remportera cette édition 1962 de la *Vuelta,* offrant à son pays sa première victoire dans un grand événement.

LES ANNÉES D'INCERTITUDE

Si par le passé la course fut étroitement liée au pouvoir fasciste, ce n'est pas un hasard. Son premier organisateur, Informaciones, avait donné le ton dans son éditorial du 29 avril 1935, jour du départ de la première édition. « Comme les autres pays européens, nous avons aujourd'hui notre Tour. *La Vuelta a España* est l'incarnation du sentiment de patriotisme de la Nation ». Dans d'autres circonstances, ce discours empreint de lyrisme aurait pu paraître inoffensif. Cependant, à cette époque il était lourd de sens car, dans toute l'Espagne, le « sentiment de patriotisme » des forces armées les conduisait à comploter contre la jeune République. En présentant l'événement en ces termes, le journal indiquait clairement de quel bord il était.

Objectif politique mis à part, la *Vuelta* n'avait rien d'original, elle se calquait totalement sur les Tours de France et d'Italie. La première course faisait environ 3 500 km répartis en 14 étapes et prévoyait trois jours de repos. Sur les 50 cyclistes au départ, 29 terminèrent. Si parmi les coureurs espagnols, il en fut qui adhéraient à ce sentiment de patriotisme, ils ne le montrèrent guère dans leur prestation sportive car la course fut dominée par six Belges dont la plupart avait au moins une expérience dans les grands Tours. Ils formèrent une coalition efficace contre le seul Espagnol qui aurait pu leur opposer une sérieuse résistance, Mariano Cañardo. Le vainqueur fut un Belge, Gustaaf Deloor. Son compatriote et allié, François Adam, fit aussi les gros titres de la presse lorsqu'il remporta l'étape Séville-Cáceres, non tant pour sa victoire que pour son insistance à vouloir embrasser la jeune hôtesse sur le podium. Pour s'excuser, il s'inclina lui expliquant qu'il s'agissait d'une coutume de son pays.

Après le conflit, la *Vuelta* renaquit de ses cendres en 1941, par la volonté politique du gouvernement franquiste. Mais la dépression économique qui suivit les trois années de guerre civile, de 1936 à 1939, lui porta également un coup. En 1940 au sortir de la guerre, il était prévisible que la course n'eut pas lieu. Cependant, elle fut aussi annulée en 1943 et 1944, en 1949 puis de 1951 à 1954, les sources de financement manquant dans un pays où, après la guerre, le revenu moyen par habitant avait régressé au niveau de celui des années 1920.

L'événement, qui apparaissait donc comme un luxe, subit de plein fouet de cette situation. Avant le départ de l'édition de 1941, les coureurs protestèrent car les organisateurs avaient promis de fournir des chambres à air de qualité mais n'en avaient que pour la moitié des participants. Cañardo, le grand favori d'avant-guerre se retira. Vu les circonstances, son geste était compréhensible. Les 32 coureurs souffrirent terriblement du mauvais état des routes, dont beaucoup n'étaient pas goudronnées : dans l'étape de Verín à Valladolid, longue de 300 km, ils battirent à eux tous le record de 83 crevaisons ! Les routes ne connurent pas de grosses améliorations durant les deux décennies suivantes.

En 1946 par un jour de brouillard, lors de l'étape Séville-Grenade, la voiture de tête, suivie de trois coureurs, se perdit à cause du manque de signalisation. Cela n'empêcha pas l'un d'eux, le Hollandais John Lambrichts, de remporter l'étape. La vedette basque des années 1950, Jesús Loroño, grand rival de Bahamontes, exprimait le sentiment de nombreux coureurs en disant qu'à partir du sud de Madrid, le parcours de la *Vuelta* était plus pénible que l'ascension du col de Tourmalet dans les Pyrénées.

Le déroulement du Tour d'Espagne fut entravé par la Deuxième Guerre mondiale. En 1941, les Belges, qui avaient dominé lors des deux premières éditions avant la guerre civile, firent savoir leur colère aux médias car seuls les Suisses, dont le pays était neutre, avaient pu se préparer à cette compétition. L'absence des Français et des Italiens s'expliquait apparemment par le fait que leurs gouvernements craignaient qu'ils ne saisissent l'opportunité de ce voyage en Espagne pour ne plus rentrer. Le départ fut retardé pour permettre aux quatre Suisses, qui n'avaient pas une grande renommée, de rejoindre Madrid à travers la portion de territoire français sous le contrôle du gouvernement de Vichy. Trois d'entre eux terminèrent dans une course dominée par les Espagnols dont seule la moitié – curieusement – courut avec des maillots identiques portant le logo du ministère de la Santé. Le gouvernement entendait ainsi montrer à tous, qui sponsorisait la course cette année-là.

Pour la *Vuelta* – tout comme pour l'Espagne franquiste – qui aspirait à une reconnaissance internationale, la tâche fut rude, et le resta après le deuxième conflit mondial.

Outre les désastreuses infrastructures du pays et les problèmes engendrés par la guerre, il n'y avait pas d'argent pour payer les coureurs étrangers. Pendant plus d'une décennie, la course fut courue presque exclusivement par des cyclistes nationaux.

De 1941 à 1947, sur un total de 103 étapes, aucun coureur étranger n'endossa le maillot du vainqueur qui changea de couleur un nombre étourdissant de fois. D'orange en 1935 et 1936, il devint blanc en 1941 et de nouveau orange l'année suivante, rouge en 1945 puis blanc barré d'une bande rouge en 1946, 1948 et 1950.

Après 1955, les organisateurs empruntèrent au Tour de France la couleur de son prestigieux maillot qui resta inchangée pendant 40 ans exception faite de l'édition 1977 où il redevint orange ! Depuis l'année 2000, il est couleur or.

Vu les conditions dans lesquelles l'événement se déroulait, son irrégularité et le bas niveau des coureurs étrangers, le record des 34 étapes remportées par Delio Rodríguez, qui n'a pas encore été battu, n'avait rien de très exceptionnel. Aîné de cinq frères, tous cyclistes professionnels, il n'enleva pas moins de 12 étapes sur 22 lors de l'édition de 1941 et s'imposa dans 6 en 1945, l'année où il s'imposa à la première place.

UN STATUT INTERNATIONAL

Ce fut seulement en 1955 que l'Espagne, commençant à se remettre de ses *Años de hambre* (les années de famine), put de permettre le luxe d'organiser un grand Tour. Pour la première fois, plus de 100 participants prirent le départ, la course étant divisées en équipes. Le parcours dépassait assez légèrement le cadre géographique du pays, avec une arrivée d'étape à Bayonne.

Convaincu que l'événement gagnerait en prestige s'il était remporté par un étranger, les organisateurs firent l'effort financier de payer des sommes relativement importantes aux grandes vedettes internationales. Mais la médaille avait son revers !

La présence de Coppi en 1959 passant presque inaperçue, on lui demanda de se retirer, les organisateurs étant désireux de pouvoir économiser les 11 000 pesetas journalières qu'ils payaient pour que la star italienne participe à la course. Le coureur s'exécuta poliment après 14 étapes, seul un membre de l'équipe italienne termina.

La première grande vedette à permettre à la *Vuelta* de tirer des bénéfices de son investissement fut Jacques Anquetil avec sa victoire de 1963. « Maître Jacques » avait un compte à régler avec la course après que son équipier, l'Allemand et champion du monde de poursuite Rudy Altig, eut détruit ses chances de gagner l'année précédente.

L'édition de 1963 démarra par un contre-la-montre de 52 km que les équipes espagnoles avaient vainement tenté de faire supprimer en apprenant que le Français participerait à l'événement. Mais celui-ci était également favorisé par le parcours réduit – seulement 15 étapes – et un total de 4 grandes ascensions sur l'ensemble de la course. Après avoir enlevé la première étape avec presque 3 min d'avance sur ses poursuivants, il domina du début à la fin. Ce fut une édition sans suspens.

L'année suivante, les organisateurs ignorèrent les coureurs espagnols, misant tout sur Raymond Poulidor et Rik Van Looy. Tandis que « Poupou » remplit ses obligations en remportant le contre-la-montre final – 73 km – et la course, Rik II se montra moins coopératif. Après une chute dans une dangereuse pente, le médecin diagnostiqua une forte contusion à l'épaule et considéra qu'il pouvait continuer si son moral le lui permettait. Le lendemain matin il quitta l'Espagne dans le plus grand secret, bien qu'il fût en tête du classement général, en compagnie de son beau-frère, Hugo Mariën, et de son fidèle équipier, Edgar Sorgeloos. L'amende de 1 000 pesetas infligée à ce dernier pour abandon injustifié ne changea pas grand-chose au coût porté à la réputation de la *Vuelta*.

Plus récemment, d'autres étrangers marquèrent davantage la course de leur impact, les équipes espagnoles se ruinant pour « acheter » les meilleurs coureurs. Laurent Jalabert ainsi que les Suisses Alex Zülle et Tony Rominger dominèrent entre 1992 et 1997, courant pour Once et Clas. Mais le plus populaire de tous fut sans conteste Sean Kelly. Il remporta de nombreuses petites courses d'étapes espagnoles quand il courait pour Kas. Il finit par remporter la *Vuelta* en 1988, prenant une revanche sur l'année précédente où il avait fait une douloureuse expérience. Bien qu'il eût subi une intervention lors de laquelle on lui avait retiré un furoncle à l'aine, il domina pendant la majeure partie de la course.

Grimaçant quand il a les pieds sur les pédales, le Suisse Tony Rominger enlèvera sa seconde victoire de la *Vuelta* en 1993, édition mémorable pour s'être déroulée sous une pluie glaciale. Plus tard dans la saison, il représentera une menace pour Miguel Indurain lors du Tour de France.

Mais trois jours avant la fin il abandonna, ses souffrances étaient telles que l'on pouvait l'entendre hurler dans sa chambre d'hôtel.

LES STARS : UN PROBLÈME

De tout temps, les vedettes étrangères ont soit considéré le Tour d'Espagne comme un simple entraînement fut-il de haute qualité, soit empoché l'argent avant d'abandonner. En 1996, la totalité de l'équipe belge Libertas se retira parce que leur sponsor refusait de payer les factures de leurs bombances nocturnes après chaque étape. Cette fois-là, la Fédération espagnole de cyclisme répondit en bannissant l'équipe pour une année entière.

Aujourd'hui, plus de 35 ans après, la *Vuelta* se trouve confrontée au même genre de problèmes, comme ce fut le cas avec Jan Ullrich en 2000 et Marco Pantani l'année suivante. Alors qu'il avait gagné l'année précédente, l'Allemand s'accorda à peine 7 min pour annoncer qu'il quittait la course afin de retourner s'entraîner chez lui en vue des jeux Olympiques. La conférence de presse s'étant déroulée en français et en allemand sans même un interprète espagnol, les médias locaux furent choqués parce qu'ils considérèrent comme un manque de respect flagrant. Après l'absence de Jan Ullrich au Tour de France de 2002, les organisateurs de la *Vuelta* lui ont fait savoir qu'ils seraient heureux de le revoir à nouveau parmi eux. L'attitude de Pantani fut plus patente encore. À entendre les acclamations qui l'accueillirent lors de la présentation de son équipe à Salamanca, le vainqueur du Tour de France de 1998 était sans aucun doute le coureur étranger le plus adulé de l'édition. Cependant, à peine le parcours atteignit-il les Pyrénées, théoriquement le terrain favori de l'Italien, qu'il abandonna suivi de deux de ses équipiers.

Unipublic, l'organisateur actuel, a encore plus de mal à ravaler sa fierté lorsque l'affront vient de stars espagnoles et surtout lorsqu'il vint de Miguel Indurain, cinq fois vainqueur de la Grande Boucle. Après s'être imposé à la seconde place en 1991, il refusa fermement de courir la *Vuelta* de 1992 à 1995, les raisons de son manque d'enthousiasme étant au nombre de deux. D'une part le *Giro* et les courses d'étapes d'une semaine en France étaient plus adaptés à sa préparation du grand événement de la saison, le Tour de France ; d'autre part, le temps était souvent froid et humide lors de la *Vuelta* qui se déroulait en avril, Indurain étant notoirement connu pour sa vulnérabilité aux basses températures.

Unipublic fit tout pour encourager le champion à participer à la course : il insista auprès des autres équipes pour qu'elles fassent courir les cyclistes ayant le meilleur classement UCI à la *Vuelta* et auprès de l'équipe d'Indurain, Banesto. La question de sa participation fut même débattue au parlement !

Lorsque Indurain accepta enfin de recourir le Tour d'Espagne en 1996, il venait de perdre le Tour de France et était sous pression de la part de son équipe. Les sentiments d'Unipublic sur sa participation ne furent pas pris en compte et pour comble de malchance le résultat fut catastrophique. Dans l'étape la plus importante dont l'arrivée se situe sur le mythique Lagos de Covadonga, l'Espagnol perdit du temps dans l'avant dernière ascension, le Fito, se retrouvant seul au sommet. Une fois redescendu, il abandonna. À part sa participation à un critérium à Valence en octobre, ce fut sa dernière apparition avant sa retraite.

Le seul coureur espagnol qui réussit à donner à la *Vuelta* le prestige international qu'elle recherchait, fut Pedro Delgado, le vainqueur du Tour de France de 1988. Charismatique, inconséquent et adorable à la fois, il dit un jour pour plaisanter : « Les gens aiment bien me voir à la télé parce que quand ils vont pisser, ils ne savent jamais si je serai encore dans le peloton quand ils reviendront ». Ses attaques dynamitantes dans la montagne avaient un effet terrible sur le public. À la fin des années 1980, sa seconde victoire dans la *Vuelta* correspondit au début de la transmission en directe à la télévision et au boom économique. L'audience grimpa en flèche, la course devenait enfin une affaire rentable, elle le reste aujourd'hui. Sa première victoire, en 1985, reste entourée de mystère et révéla que les organisateurs n'étaient plus aussi prêts à favoriser les étrangers au détriment des Espagnols, si ce ne fut le contraire. Sa dernière attaque dans l'une des étapes finales aux côtés de Pepe Recio de l'équipe Kelme permit à Delgado de gagner plus de 6 min sur le leader de la course, Robert Millar, bien plus qu'il ne lui en fallait pour endosser le maillot jaune. Millar et son directeur d'équipe, Peugeot, opposèrent qu'à aucun moment ils n'avaient été informés de ce temps pendant l'attaque de l'Espagnol qui s'était déroulée pendant 60 km, ce qui fut confirmé par les journalistes étrangers présents et nié par les organisateurs. D'autres faits contre l'Écossais furent relevés, par exemple ses équipiers furent retenus à un passage à niveau où le train ne passa jamais. Une curieuse succession d'événements comme celui-ci ne fut jamais éclaircie.

JAN JANSSEN

Janssen fut le premier coureur hollandais à s'imposer au Tour de France, en 1968, et ce sans avoir endossé le maillot jaune lors de la course. Le matin de l'étape finale, un contre-la-montre de 53 km reliant Melun à Vincennes, il se plaça troisième derrière les Belges Herman Van Springel et Ferdinand Bracke, tous deux grands spécialistes du contre-la-montre. Il réussit à enlever le premier long contre-la-montre de sa carrière et s'empara du maillot du vainqueur à 55 secondes.

Ce fut une surprise à moins de se rappeler qu'il avait remporté l'édition précédente de la *Vuelta* grâce à sa victoire dans l'avant-dernière étape, un contre-la-montre. La course était dominée par son équipe, Pelforth, Jean-Pierre Ducasse s'étant maintenu en tête pendant 10 étapes jusqu'à ce que Janssen le surpasse le jour précédant l'arrivée à Bilbao.

Janssen aurait pu aussi gagner le Tour de France de 1966 si la radio de la voiture de son équipe n'était tombée en panne l'obligeant à s'arrêter. C'était un coureur complet ayant aussi à son actif des victoires de classiques : le Championnat du monde à Sallanches en 1964 et Paris-Roubaix trois ans plus tard. Ce grand champion disait qu'il passerait la main à la fin de la décennie.

NATIONALITÉ	Hollandaise
DATE DE NAISSANCE	19/05/1940, à Nootdorp (Zuid-Holland)
PROFESSIONNEL	De 1962 à 1972
PRINCIPALES VICTOIRES	
1962	Championnat de Zurich
1964	Championnat du monde, Paris-Nice
1965	Tour de Hollande
1966	Bordeaux-Paris, Flèche Brabançonne
1967	Tour d'Espagne + classement par points du Tour d'Espagne, Super Prestige Pernot, Paris-Roubaix
1968	Tour de France

LA *VUELTA* AUJOURD'HUI

Cela étant, la victoire de Delgado cette année-là marqua le début de l'histoire moderne de la *Vuelta*. « Quand j'ai commencé, il y a avait seulement trois équipes en Espagne, la plupart des coureurs avait un boulot à mi-temps pendant l'hiver, ils étaient routiers ou bossaient sur les chantiers. Les hôtels ne voulaient pas recevoir les équipes parce qu'ils disaient que les coureurs salissaient trop de serviettes. Aujourd'hui, au moins les cyclistes sont bien considérés », racontait Delgado.

Si le fait de n'être pas lié par la tradition, comme le sont le *Giro* et le Tour de France, fait de la *Vuelta* une course moins prestigieuse, il lui a aussi permis d'innover. La bataille qu'elle a remportée contre le dopage en raccourcissant radicalement les étapes ces dernières années en est un exemple positif, un pas que n'ont pas franchi les autres grandes courses. Aussi en 2000, pour mieux marquer sa différence,

a-t-elle adopté le maillot or à la place du maillot jaune. La confiance en soi grandissante du Tour d'Espagne se reflète dans sa constante volonté de faire évoluer le concept de course d'étapes. Le dernier projet d'Unipublic serait d'introduire un changement majeur en créant deux courses de sept étapes, auxquelles participerait un total de 36 équipes pendant une semaine. Au bout de cette période, 18 équipes seraient éliminées et les 18 restantes seraient regroupées en une seule et même course qui durerait quinze jours.

Comme on pouvait le prévoir, cette idée sans précédent a provoqué une levée de boucliers dans les rangs des traditionalistes. Les deux autres grands Tours ne lui emboîteront pas le pas. En faisant ainsi peau neuve la *Vuelta* pourrait donner la meilleure preuve de sa capacité à se frayer son propre chemin dans le monde du cyclisme et à faire oublier ses sinistres liens avec l'époque franquiste.

Sur le podium à Madrid, Angel-Luis Casero, au centre, vient de remporter la victoire sur « El Niño », Oscar Sevilla, à la gauche, qui le talonnait de près. À droite, sortant de l'ombre, l'Allemand Levi Leipheimer, s'impose à la troisième place à la grande surprise de tous.

NATIONALITÉ	**Espagnole**
DATE DE NAISSANCE	**16/07/1964, à Villava (Navarre)**
SURNOM	**Le Roi Miguel, Le Grand**
PROFESSIONNEL	**1985 à 1996**
ÉQUIPES	**Reynolds, Banesto**
PRINCIPALES VICTOIRES	
1986	**Tour de l'Avenir, Tour de Murcie**
1987	**Vallées Minières**
1988	**Tour de Catalogne**
1989	**Paris-Nice, Critérium international**
1990	**Paris-Nice, Clasica San Sebastian**
1991	**Tour de France, Tour du Vaucluse, Tour de Catalogne**
1992	**Tour de France, Tour d'Italie, Tour de Catalogne, Championnat d'Espagne**
1993	**Tour de France, Tour d'Italie, Trophée Castille et Léon, *Vuelta* a los Puertos**
1994	**Tour de France, Tour de l'Oise**
1995	**Tour de France, Championnat du monde du contre-la-montre, Dauphiné-Libéré, Midi Libre, Tour de la Rioja, Tour de Gallice**
1996	**Championnat Olympique du contre-la-montre, Dauphiné-Libéré, Bicicleta Vasca, Tour de l'Alentejo**
PALMARÈS	**99 victoires en tant que professionnel.** **Tour de France : 12 victoires d'étape, 60 jours en maillot jaune; Tour d'Italie : 4 victoires d'étape, 29 jours en maillot rose.** **1991 : médaille de bronze au Championnat du monde sur route, second du Tour d'Espagne; 1993 : médaille d'argent au Championnat du monde; 1994 : 3e du Tour d'Italie, 1995 : médaille d'argent au Championnat du monde;** **Record de l'heure : 53,040 km, Bordeaux, septembre 1994.**

MIGUEL INDURAIN

Pendant une demi-douzaine d'années, la vitesse de Miguel Indurain au contre-la-montre focalisa l'attention du Tour de France. Au milieu de la décennie 1990, « Le Roi Miguel » rejoignait Merckx, Anquetil et Hinault au palmarès des coureurs ayant remporté cinq fois le Tour de France, à cette différence près qu'il était le premier à les avoir enlevés successivement, devenant l'un des sportifs espagnols les plus populaires de son pays.

GARDER LA TÊTE FROIDE

Lorsqu'il courait en amateur, Indurain était un grand adolescent dont les capacités de sprinter n'attendaient que le bon moment pour se transformer en une formidable puissance. Il restait réservé sur son talent comme l'illustrent les paroles de son premier entraîneur, Pepe Barrusso : « Si vous lui demandiez après une course à quelle place il avait terminé, il vous répondait en haussant les épaules : premier. Comme s'il avait voulu être tout, sauf premier ».

Il gardait toujours son sang-froid, les journalistes peuvent compter sur les doigts d'une main les fois où ils le virent en colère dans toute sa carrière. Un jour, lors d'une course en amateur, une bouteille destinée à un autre coureur lui frôla la tête sans qu'il en fasse aucun cas. Parfois, la presse se sentait frustrée de n'obtenir de lui que des bafouillages ou la plus banale des déclarations soulignée de son impénétrable sourire. « Même la femme qui partage sa vie ne sait pas avec qui elle passe ses nuits et ne le saura pas encore dans 20 ans », disait un journaliste espagnol en 1991.

À l'instar de Sean Kelly, le caractère d'Indurain se forgea dans la ferme familiale située à Villava, un village aujourd'hui intégré à la banlieue de Pampelune. S'étant fait voler son vieux vélo, il en acheta un de course qui lui donna l'envie de s'essayer à la compétition.

Pendant ses meilleures années, à peine était-il en selle qu'il dynamitait la course. Lors du Tour de 1990, il perdit 12,30 min à travailler pour son leader, Pedro Delgado, tout en restant seulement à 12,47 min derrière le vainqueur Greg LeMond. L'année d'après, il revint pour remporter la victoire. En 1992, sa prestation au contre-la-montre à Luxembourg augurait de sa carrière : l'écart qu'il créa avec ses concurrents ne s'était pas vu depuis l'époque de Bernard Hinault. « C'est un extraterrestre ! », s'exclama Greg LeMond, trois fois vainqueur du Tour, qui ne pouvait en croire ses yeux.

LE DOUBLÉ

En 1993, il remporta pour la seconde année consécutive les deux Tours d'Italie et de France, un record qui ne sera certainement jamais égalé. En 1994, il devint pour tous « Le Roi Miguel » ou « Le Grand » en escaladant le mont Ventoux à 21 km/h alors que son directeur, qui était derrière lui en voiture, lui demandait de ralentir pour ne pas se détruire la santé.

LA *VUELTA*

Malgré l'impact colossal d'Indurain sur la vie sportive de son pays, il ne réussit jamais à s'imposer dans le Tour d'Espagne. En 1991, alors qu'il était le chef de file de Banesto, il ne parvint pas à déloger le vainqueur surprise Melchior Mauri. Chaque année, on fit pression sur lui pour qu'il participe à la course mais il préférait courir le *Giro* pour mieux se préparer au Tour de France disait-il. En 1996, cependant, il y fut littéralement contraint par son directeur d'équipe, José-Miguel Echávarri, déçu que le Tour de France lui ait échappé. Déjà mauvaises, les relations entre les deux hommes ne firent qu'empirer. Ayant pris du retard pendant la course, il abandonna par un jour pluvieux et ne tarda pas à prendre sa retraite.

Il fut critiqué pour avoir construit ses victoires de la Grande Boucle autour des contre-la-montre, mais « Le Roi Miguel » pouvait aussi surpasser le meilleur des grimpeurs comme le montra son audacieuse attaque dans la Côte des Forges, qui fut décisive pour le résultat final. Alors que la fin de sa carrière approchait, Indurain était toujours aussi déterminé : « Certains courent pour donner des sensations à leurs supporters, d'autres pour gagner, je fais partie des derniers », confia-t-il à *Cyclo Sport* en 1995.

Le plus énigmatique des cyclistes, Miguel Indurain, sous son casque de spécialiste de contre-la-montre, symbolisant à la fois cette épreuve dans laquelle il excelle et son impénétrable personnalité.

CHAMPIONNAT DU MONDE SUR ROUTE

Le Championnat du monde sur route conserve un attrait particulier même si sa place dans le calendrier des courses fait l'objet d'un débat houleux. C'est le seul événement de la saison où les vedettes concourent sous leur drapeau et non sous les couleurs de leur sponsor. Toutes les intrigues sont permises lors de ce festival du patriotisme au cours duquel les supporters des pays de grande tradition cycliste – Italie, Belgique, France, Pays-Bas et l'Espagne – déploient à qui mieux mieux drapeaux et banderoles sur fond de slogans et de chansons.

Imola, 1968. Tous ses concitoyens l'avaient rêvé : Vittorio Adorni seul en tête, la médaille d'or lui souriant. Ce fut un grand jour pour une nation obnubilée par le championnat du monde : les six premiers comptaient cinq Italiens.

CHAMP. DU MONDE SUR ROUTE

LA RÉCOMPENSE À L'ISSUE DE LA COURSE EST UNIQUE : LE MAILLOT ARC-EN-CIEL, AUX COULEURS DE TOUS LES DRAPEAUX DU MONDE, QUE LE VAINQUEUR REVÊTIRA LA SAISON SUIVANTE.

Traditionnellement, le Championnat du monde se tenait en août, un mois après la fin du Tour de France. Cela permettait aux stars du Tour d'y participer et garantissait une météo favorable. Mais en 1995, l'Union cycliste internationale a décidé de le déplacer en octobre pour assurer un nombre raisonnable de participants au Tour d'Espagne qui, se déroulant en septembre, était déserté par des cyclistes trop fatigués. Aujourd'hui, la course sur route des « pro » constitue l'apogée d'une semaine cycliste qui inclut le titre du contre-la-montre ainsi que les championnats du monde juniors hommes et femmes, élites femmes et hommes de moins de 23 ans. Cependant, ce changement de date ne permet plus d'enlever la double victoire du Tour de France et du Championnat en une saison. De nos jours, les titans du Tour comme Lance Armstrong ont fini leur saison lorsque démarre le Championnat du monde, ce qui dépouille quelque peu l'événement de son lustre. Autre point négatif : sa date automnale fait souvent craindre le mauvais temps.

Le Championnat du monde fut fondé après la Première Guerre mondiale à l'initiative des Italiens pour qui la course continue à revêtir une très grande importance. Être sélectionné pour y participer constitue un objectif pour tous les « pros » quels que soient leurs mérites. Avant la course, les spéculations journalistiques vont bon train sur l'espoir que suscite l'équipe à peine formée. Après, les lamentations sur les espérances déçues font souvent la une.

Contrairement aux grandes classiques, dont le départ et l'arrivée se situent dans deux villes distinctes, le Championnat du monde se déroule sur un circuit de 13 à 19 km comportant habituellement un terrain vallonné. Ce type de parcours requiert une tactique particulière dans la mesure où les côtes et les virages doivent être négociés différemment à chaque passage. Cela fait le bonheur des supporters qui, après avoir trouvé l'emplacement idéal, ont tout le loisir d'admirer la course pendant la journée entière.

Tous les fans de cyclisme rêvent de voir leurs idoles se propulser devant eux. Sur ce type d'itinéraire, ils ne sont pas déçus : le spectacle relève tout simplement du prodige. La victoire de Bernard Hinault au Championnat de Sallanches en 1980 en fut l'un des plus beaux exemples. « Le Blaireau » avait quitté le Tour de France avec un genou blessé et avait beaucoup à prouver. Il excella en faisant voler en éclat le peloton par une série d'attaques après l'ascension de Domancy, avant de franchir seul la ligne d'arrivée. À Goodwood en 1982, Giuseppe Saronni réussit le sprint le plus stupéfiant de sa carrière, un concentré de puissance pure, qui lui fit remporter le titre. À Solingen en 1954, Louison Bobet pourchassa sans relâche le Suisse Fritz Schaer avant d'attaquer et de triompher seul et épuisé ; lorsque lui fut décernée la médaille d'or, la Marseillaise retentit sur le sol allemand pour la première fois depuis l'entre-deux guerres. Plus récemment, en 1995, Miguel Indurain et Marco Pantani se livrèrent de nouveau bataille après le Tour de France, dans une ascension à Duitama, en Colombie. Au championnat de Valkenburg en 1998, Lance Armstrong, arrachant la 4e place par une journée hivernale, fit un retour remarqué sur la scène mondiale du cyclisme après une absence prolongée due à son cancer.

QUERELLES ET INTRIGUES

Le Championnat du monde a toujours été le lieu de manigances, ce qui est peu surprenant compte tenu du fait que les professionnels troquent le maillot de leur sponsor pour celui de leur pays.

Il s'ensuit forcément des conflits mettant en cause la loyauté de certains coureurs. Un équipier servant toute l'année un leader ne s'imagine pas courir contre lui un jour, c'est pourtant ce qui arrive durant le Championnat où il doit parfois se mettre au service

Départ du 9e Championnat du monde cycliste professionnel en 1935, à Floreffe en Belgique. Six heures et cinq minutes plus tard, le fils du pays, Jean Aerts, sera le premier coureur à endosser le maillot arc-en-ciel en tant qu'amateur et professionnel.

d'un nouveau chef de file qui était son ennemi juré la semaine précédente et le redeviendra la semaine suivante.

Les spéculations vont bon train pour savoir qui fait quoi, pour qui, et pour quel motif. Le Championnat 2001 à Lisbonne se termina par une dispute entre les Italiens : Paolo Lanfranchi, qui courait pendant l'année pour Mapei, fut soupçonné d'avoir pourchassé Gilberto Simoni, de l'équipe Saeco, à l'approche de l'arrivée, favorisant ainsi l'espagnol Oscar Freire, également de la Mapei, qui triompha pour la seconde fois en trois ans. Des insinuations furent également émises après la victoire de Vittorio Adorni à Imola en 1968. Le meilleur coureur de cette édition était sans conteste Eddy Merckx, qui faisait partie avec Adorni de l'équipe Faema. Ils avaient terminé respectivement premier et second dans le Tour d'Italie mais leur sponsor italien rêvait que le champion du monde fut un compatriote.

Mais les accusations ouvertes ne manquent pas non plus. En 1993, à Oslo, le Russe Andreï Tchmil fut traité de Judas par les supporters belges convaincus qu'il aurait dû servir, Johan Museeuw, le leader de son

Jean Stablinski devant Seamus Elliott à Salò (Italie), en 1962. Le Français sera décoré d'or, le second d'argent. L'Irlandais, alors membre honoraire de l'équipe de France, sera le premier coureur d'outre-Manche à être médaillé dans une course professionnelle.

équipe habituelle. Andrea Tafi fut vilipendé en Italie pour avoir attaqué en 1996 à Lugano, favorisant les chances de son leader du jour – et rival dans l'année – Michele Bartoli. Les supporters irlandais prétendirent que le Hollandais Steven Rooks en n'aidant pas Sean Kelly – son leader dans l'équipe PDM – lors du sprint à Chambéry en 1989, lui avait fait perdre sa plus belle chance de remporter le titre mondial. Les Américains se demandent encore aujourd'hui pourquoi Greg LeMond prit en chasse Jonathan Boyer lors de son échappée à l'approche de la ligne d'arrivée à Goodwood en 1982. De telles accusations ne sont pas nouvelles. Valkenburg, une bourgade de la région hollandaise du Limbourg qui accueille l'Amstel Gold Race chaque année, a vu se dérouler sur son sol trois Championnats du monde dont les titres ont été controversés.

En 1938, l'on s'attendait à ce que le vainqueur du Tour de France, Gino Bartali, dominât dans la côte de Cauberg.

Mais, il fut distancé par Marcel Kint, l'Aigle noir, qui remporta à la surprise générale. Bartali et ses équipiers, Vicini et Bini, abandonnèrent. Par la suite le grand champion déclara « Vicini et Bini ont tout fait pour que je perde. C'est scandaleux ! ».

Le titre de 1946, remporté par le Suisse Hans Knecht sur le circuit de Zurich, fut encore plus contesté. Lorsque Kint s'échappa, à deux tours de l'arrivée, la victoire lui tendait les bras. Mais derrière lui, arrivait à la tête des poursuivants son jeune et très talentueux coéquipier, Rik Van Steenbergen, avec Knecht dans sa roue. Très curieusement lorsqu'ils rattrapèrent Kint, Rik Ier ne fit rien pour l'aider. À l'approche de l'arrivée, ajoutant encore à la confusion, un spectateur retint Kint par la selle l'empêchant de se lancer dans son sprint. Les commentateurs belges en conclurent que Van Steenbergen avait été tenté par le taux alléchant du franc suisse.

La complexité de ces « magouilles » requiert un cerveau machiavélique pour essayer d'en démêler les fils. À partir de la moitié des années 1990, elles devinrent encore plus inextricables par la présence de coureurs originaires de pays n'ayant pas une grande tradition cycliste, qui ne pouvaient pas être sacrés eux-mêmes, mais pouvaient en faire gagner ou perdre d'autres. L'Irlandais Seamus Elliott en est le meilleur exemple. En 1963, à Renaix, il s'échappa avec Simpson qui lui offrit une grosse somme d'argent pour qu'il le serve. Elliott repoussa l'offre, refusant de courir contre son leader, Rik Van Looy. En 1962 à Salò, Elliott courut sous les couleurs françaises, Anquetil étant son leader durant l'année. Les deux nuits précédant la course, l'Irlandais avait partagé une chambre d'hôtel avec le directeur de l'équipe de France, Marcel Bidot. Il fit ralentir les coureurs qui pourchassaient Jean Stablinski, un équipier d'Anquetil, lors de son échappée vers la victoire. Cette faveur ne lui fut pas rendue car l'on apprit plus tard que « Stab » avait demandé aux autres de travailler contre Elliott lors de son attaque à trois tours de l'arrivée.

Faire courir deux leaders d'équipe sous une même bannière, pour une journée, alors qu'ils sont rivaux toute l'année est une vraie prouesse. Le problème est exacerbé chez les Italiens car la polémique entre les champions est une tradition. Sélectionner et diriger l'équipe nationale à l'époque de Moser et Saronni ou de Coppi et Bartali était une tâche qui relevait de la gageure et demandait à ses directeurs, fut-ce Binda ou Martini, de déployer des trésors de diplomatie.

Le rebelle, Jacques Anquetil, fut toujours inflexible et n'adhéra jamais à ce système. En 1965, le directeur de l'équipe de France, tout heureux, lui annonça que Poulidor, son ennemi juré, était d'accord pour l'aider à remporter le titre : « Quoi ? ! Répondit-il. Alors, c'est qu'il est encore plus con que je le croyais ».

RIK VAN STEENBERGEN

Rik Ier, Rik II étant Rik Van Looy, fut la grande star du cyclisme belge des années 1940-1950. Il ne voyait dans les victoires sur route qu'un moyen d'obtenir des contrats lucratifs sur piste. Contrairement à Van Looy et Merckx, il courait l'hiver sur les vélodromes. Au printemps, il utilisait sa vitesse de pistard pour remporter une ou deux courses importantes qui lui assuraient plus de contrats pour l'hiver suivant. Trois fois champion du monde, il ne fut pas loin de remporter le Tour d'Italie en 1951 ce qui est prodigieux pour un piètre grimpeur. Il triompha de Fausto Coppi dans deux remarquables classiques : la Flèche Wallonne en 1949 et Paris-Roubaix en 1952. Véritable contrebandier, il allait régulièrement en Suisse et revenait les bras couverts de montres qu'il revendait ensuite ! On disait qu'il n'utilisait qu'une paire de chaussettes pendant toute une saison. Curieusement pour quelqu'un de si peu dépensier, il s'adonnait passionnément au jeu où il dilapidait les gains issus de ses victoires.

NATIONALITÉ	Belge
DATE DE NAISSANCE	09/09/1924, à Arendonck (Anvers)
SURNOM	Rik Ier
PROFESSIONNEL	De 1943 à 1966
PALMARÈS	
1943	Championnat de Belgique
1944	Tour des Flandres
1945	Championnat de Belgique
1946	Tour des Flandres
1948	Paris-Roubaix
1949	Championnat du monde sur route, Flèche Wallonne
1950	Paris-Bruxelles
1952	Paris-Roubaix
1954	Milan-San Remo, Championnat de Belgique
1956	Championnat du monde sur route, classement par points du Tour d'Espagne
1957	Championnat du monde
1958	Flèche Wallonne

Apothéose pour Greg LeMond, au centre, qui après le Tour de France s'offre la médaille d'or, en 1989. Dimitry Konychev, à droite, est le premier Russe à monter sur le podium tandis que Sean Kelly, à gauche, voit lui échapper sa plus belle chance de jamais revêtir le maillot arc-en-ciel.

COOPÉRATION ET RIVALITÉS

Miguel Indurain ne fut jamais plus noble que lorsqu'il aida le jeune espagnol, Abraham Olano, membre d'une équipe rivale, à remporter la victoire à Duitama en Colombie, en 1995. Indurain, qui avait enlevé le titre du contre-la-montre peu de jours auparavant, franchit la ligne d'arrivée à quelques secondes d'Olano dont l'un des pneus était à plat ! Sean Kelly fit le même geste avec Stephen Roche, l'année de sa stupéfiante triple victoire du *Giro,* du Tour et du Championnat du monde, en 1987.

Cependant, il arrive aussi que les monstres sacrés se déshonorent. L'antagonisme des plus grands rivaux que le cyclisme ait connus, Bartali et Coppi, atteignit son summum à Valkenburg en 1948. Faire perdre l'autre étant devenu leur principal objectif, ils laissèrent la voie libre à Albéric Schotte dont la victoire fut purement fortuite. Pendant que celui-ci, Lucien Teisseire et Apo Lazarides, s'échappaient, Coppi et Bartali se lançaient des regards de défiance en fin de peloton, insensibles aux supplications de leurs supporters et aux menaces de la Fédération italienne de cyclisme.

André Coste illustra ce moment, écrivant dans *France-Soir* qu'ils avaient l'air de voyous venant de faire un casse, chacun des deux craignant que l'autre ne prenne la poudre d'escampette avec le butin. « Bartali avait remporté le Tour de France, expliqua Coppi, je ne pouvais pas lui permettre de me battre au

Championnat. Il voulait conserver sa popularité. Tout ce qu'on pouvait faire, c'était nous mettre mutuellement des bâtons dans les roues. Quand on a su qu'on avait 10 min dans la vue, Bartali a commencé à s'inquiéter, il m'a dit : « Il faut qu'on sauve notre honneur. Allez Fausto ! ». Alors je lui ai répondu que j'allais me reposer un peu ». Au pied de la côte de Cauberg, ils firent demi-tour. Ils furent par la suite suspendus pour trois mois par leur fédération. Ce type de comportement fait du Championnat du monde une loterie où les règles du jeu de la course professionnelle ne s'appliquent plus et où les victoires surprises deviennent monnaie courante. Celle du Hollandais Joop Zoetemelk en fut un exemple lorsqu'en 1985, à Giavera del Montello, fief du cyclisme italien, il s'échappa en douce avant l'arrivée et s'adjugea les lauriers à 38 ans.

Parfois la surprise arrive par un champion qui, pour un jour, change de registre, comme ce fut le cas pour Johan Museeuw à Lugano en 1996. Ce n'était pas un grimpeur mais ce jour-là, il gravit les bosses de Cormano et Crespera sans aucune aide. Il s'infiltra dans le groupe de tête et laissa à la traîne l'équipe d'Italie dont les grands, divisés par la zizanie, roulaient chacun pour soi. « Qui aurait pu imaginer que Museeuw gagne ? » commenta amèrement Michele Bartoli, le leader de l'équipe. De fait, l'itinéraire était trop accidenté pour lui. Le week-end précédent, après son désastreux Paris-Tours, il avait annoncé qu'il prenait sa retraite !

Tom Simpson, qui n'était pas l'un des grands favoris, médusa tout le monde au Pays Basque en 1965, en remportant l'unique victoire britannique du Championnat du monde. Non loin de l'arrivée, il s'échappa avec l'Allemand Rudi Altig, un sprinter plus rapide, que tous imaginaient déjà la médaille d'or autour du cou. Mais, aux dires d'Altig, Simpson rusa : se plaignant d'avoir les jambes fatiguées et d'être au bout du rouleau, il créa la surprise en s'imposant au sprint.

En 1989, juste au-dessus de la route partant de Sallanches, Greg LeMond et Laurent Fignon rejouèrent leur épique Tour de France sur la côte détrempée de Montagnole, s'attaquant mutuellement avant que LeMond triomphe dans le sprint final. L'Américain n'avait cessé de répéter qu'il voulait abandonner mais le maillot arc-en-ciel consacra sa deuxième victoire de la saison après qu'il eut récupéré de l'accident de chasse ayant failli lui coûter la vie.

CONTROVERSES ET SCANDALES

Il arrive que soient sacrés champions du monde les coureurs les plus anonymes. Le dernier en date, Rudy Dhaenens, vainqueur de l'édition 1990 au Japon, était certes un bon équipier mais n'avait pas les capacités pour endosser le maillot arc-en-ciel. Plus incroyable encore fut la victoire du Hollandais Harm Ottenbros, champion du monde en 1969 sur le circuit de Zolder en Belgique où Eddy Merckx était le favori, mais il était tellement éprouvé physiquement qu'il finit par abandonner. Ottenbros s'échappa avec Julien Stevens, un équipier de Merckx, que tous s'attendaient à voir s'imposer au sprint devant une foule de 150 000 supporters belges ayant déjà commencé à célébrer la victoire. Mais Stevens, ayant tout fait pour aider

Au centre, le jeune Eddy Merckx au seuil de son immense carrière à Heerlen dans les Pays-Bas, en 1967. Le « Cannibale » vient de remporter le premier de ses trois titres mondiaux. Le Hollandais Jan Jassen, à gauche, rafle l'argent et Ramon Saez « Tarzan », à droite, offre une des rares médailles espagnoles à son pays avec le bronze.

Merckx auparavant, était fatigué et Ottenbros s'imposa au sprint de 15 cm. Stevens fondit en larmes et la police dut escorter le vainqueur jusqu'au podium pour le protéger des fans belges déchaînés.

Cependant, c'est à Valkenburg aux Pays-Bas et à Renaix en Belgique que le titre de Champion du monde fut le plus controversé.

Dix ans avant que Bartali et Coppi ne détruisent mutuellement leurs chances en 1948, Valkenburg avait assisté à la désertion inexpliquée des équipiers de Bartali. En 1979, on assista au phénomène inverse : l'équipe des Pays-Bas mettant un peu trop de « zèle » à aider son leader. Dans les premiers tours de la course, la télévision hollandaise filma des images qui furent diffusées à souhait. On y voyait les deux leaders, Jan Raas et Gerrie Knetemann, économiser leurs forces en se laissant pousser par leurs équipiers ou en les agrippant par leur maillot, jusqu'en haut de la côte de Cauberg. Hinault en fut témoin et prévint l'équipe de France. Un commissaire à moto les menaça mais aucune mesure ne fut prise contre eux. Raas s'imposa devant l'Allemand Dietrich Thurau dans un sprint épique mais ce fut « le coup de main » des équipiers qui fit les gros titres de la presse. À l'époque, cette pratique était répandue, mais ce jour-là elle fut divulguée par la télévision hollandaise qui avait un compte à régler avec l'équipe de son pays, les cyclistes ayant refusé d'être interviewés pendant le Tour de France après que Joop Zoetemelk, l'un des leurs, eut été testé positif.

En 1963, un événement d'un tout autre genre rendit célèbre Renaix. Depuis 1957, l'équipe de Belgique enchaînait les crises, lors du Championnat du monde, dues aux conflits incessants entre Rik Ier, Van Steenbergen, et le jeune Rik II, Van Looy qui entendait le détrôner. Celui-ci avait déjà été couronné « Empereur » grâce à sa réputation de roi des classiques et son double titre de champion du monde. Cette année-là, sur le sol de la mère-patrie, il entendait bien s'en offrir un troisième. Aussi, avait-il promis une prime à ses équipiers. Mais le jour précédant la course ils lui demandèrent une rallonge, qui lui fit quitter la réunion en claquant la porte. Van Looy était sur le point de triompher lorsqu'il commença son sprint à 350 m de l'arrivée. Gilbert Desmet, qui devait lui servir de meneur de train avait disparu tandis que Benoni Beheyt, qui était en tête, avait déjà refusé de le servir sous prétexte qu'il souffrait d'une crampe. Dans les derniers mètres, Van Looy traversa la route se retrouvant à côté de Beheyt. Celui-ci mit la main sur le dos de son leader, pour le repousser ou pour le tirer en arrière selon la version de chacun d'eux. Quoi qu'il en fût, la déloyauté de Beheyt était avérée et il fut traité comme le dernier des judas par Van Looy qui usa de toute son influence pour que son équipier ne tire pas un profit financier de son titre et finisse sa carrière bien loin des feux de la rampe.

Claude Criquielion, scandalisé à l'arrivée, à Renaix. Boitant, il traîne son vélo cassé après avoir fait une chute dans un sprint serré avec le Canadien Steve Bauer, qu'il accusera de l'avoir fait tomber. Il sera débouté du procès qu'il intentera contre lui pour coups et blessures.

JAN ULLRICH

Les commentateurs et les anciennes vedettes du cyclisme sont quasi unanimes : Jan Ullrich aurait dû remporter un autre tour de France, après sa domination dans l'édition de 1997 où il fit une remarquable échappée dans l'ascension vers Arcalis en Andorre. Il fut le premier Allemand à triompher dans la « Grande Boucle ». L'année précédente, lors de son premier Tour, il était arrivé second derrière son leader Bjarne Riis et en meilleure forme que lui. Il domina également de bout en bout des courses telles que le Tour d'Espagne et l'épreuve sur route des jeux Olympiques de Sydney, en 2000.

Mais son manque de discipline lui joue des tours. Il a tendance à prendre du poids en hiver ce qui rend sa santé plus vulnérable lors de la reprise au printemps. En 2002, il a entaché sa réputation avec une conduite en état d'ivresse et une affaire de dopage aux amphétamines.

NATIONALITÉ	Allemande
DATE DE NAISSANCE	02/12/1973, à Rostock
SURNOM	Le Kaiser, l'Ogre
PROFESSIONNEL	Depuis 1995
PALMARÈS	
1993	Championnat du monde (amateur)
1996	Regio Tour
1997	Tour de France, Championnat d'Allemagne
1999	Tour d'Espagne, épreuve contre-la-montre du Championnat du monde
2000	Épreuve sur route des Jeux olympiques, Coppa Agostini
2001	Championnat d'Allemagne, Tour d'Émilie, épreuve contre-la-montre du Championnat du monde

Un quart de siècle plus tard, Renaix fut le théâtre d'un deuxième coup bas mettant aux prises le favori belge Claude Criquielion, sacré champion du monde quatre ans auparavant, et le Canadien Steve Bauer. À 100 mètres de l'arrivée, alors que celui-ci s'était lancé dans un sprint, « Criq » tenta de le devancer en se faufilant dans l'étroit passage que lui laissait la foule. Bauer se déporta légèrement pour l'empêcher de passer mais il persista et, selon ses dires, reçu un coup de coude de son rival. Le Belge frôla un policier puis heurta un montant avant de chuter. Bauer fut dérouté et l'Italien Maurizio Fondriest en profita pour enlever la médaille d'or à la surprise générale. Lorsque « Criq » franchit la ligne, son vélo cassé à la main, il était à la 11e place. Il accusa Bauer de l'avoir fait chuter. Celui-ci, qui perdit sa médaille d'argent, se défendit prétendant que Criquielion l'avait heurté avant de perdre l'équilibre. Il en résulta que ni l'un ni l'autre ne fut champion du monde. Bauer dû être protégé par la police belge lors du procès que Criquielion lui intenta pour coups et blessures, et d'où il ne sortit rien d'autre que de la rancœur.

Lugano, au nord de Milan, devint en revanche célèbre pour un scandale d'une tout autre nature. Fausto Coppi y remporta le titre de champion du monde en 1953, s'imposant dans les mêmes côtes où Johan Museeuw triomphera de l'équipe d'Italie 43 ans plus tard. Il mena cette victoire après une longue échappée. Ce ne fut pourtant pas cela qui fit la une de la presse italienne mais une photo, celle de Coppi sur le podium, avec derrière lui une jolie femme brune portant un vêtement blanc. La « Dame blanche » fit bientôt les gros titres. Pour la première fois, la liaison entre le héros national et sa maîtresse, mariée elle-aussi, était rendue publique. Selon de nombreux supporters, Coppi ne courrait plus jamais avec la même intensité sous l'influence maléfique de la femme adultère. L'onde de choc fut terrible et sans commune mesure avec les éclats qui secoueront Renaix plus tard. Car cette affaire hautement symbolique prit une dimension dépassant de loin le sport, dans une Italie tenaillée entre un passé dominé par l'Église et un futur tendant vers la laïcité.

Fausto Coppi après avoir remporté son titre de champion du monde à Lugano en 1953. Derrière lui, la « Dame blanche ». Quelques minutes plus tard, sera prise la photo par laquelle arrivera le scandale qui rendra publique leur liaison.

NATIONALITÉ	Americain
DATE DE NAISSANCE	18/09/1971, à Plano (Texas)
SURNOM	Big Tex
PROFESSIONNEL	Depuis 1992
ÉQUIPES	
1992-1996 1997 DEPUIS 1998	Motorola Cofidis US Postal Service
PALMARÈS	
1993	Championnat du monde, Championnat des États-Unis
1995	Clasica San Sebastian
1996	Flèche Wallonne
1998	Tour du Luxembourg
1999	Tour de France
2000	Tour de France, Grand Prix des Nations, Grand Prix Eddy Merckx
2001	Tour de France, Tour de Suisse
2002	Tour de France, Dauphiné Libéré, Grand Prix du Midi Libre

LANCE ARMSTRONG

Le 25 juillet 1999, le drapeau américain flottait sur les Champs Élysées pour saluer un vainqueur du Tour de France unique en son genre, un homme qui a accompli une odyssée personnelle jamais vue dans l'histoire du sport. Dès le premier jour, il avait totalement surclassé les 175 autres concurrents. Mais ce record fut éclipsé par sa victoire sur le cancer qui avait menacé sa vie.

N'ayant jamais connu son père, élevé par une mère courageuse et aimante, Armstrong fut un enfant au talent de cycliste précoce. Son sprint, à Verdun en 1993, fit de lui le plus jeune coureur à s'imposer dans une étape du Tour de France depuis la Deuxième Guerre mondiale. Deux mois plus tard à Oslo, il devint l'un des rares coureurs à avoir été sacré champion du monde avant l'âge de 22 ans.

LE COUP DUR

En 1996, il figurait au top du palmarès du cyclisme après avoir remporté deux classiques et une seconde étape du Tour. Impétueux et confiant dans l'avenir, il n'entendait pas en rester là : une longue et lucrative carrière lui souriait. Mais le 3 octobre de la même année, on lui diagnostiqua un cancer des testicules avec des métastases à l'estomac, aux poumons et au cerveau. Les tumeurs s'étaient multipliées tandis qu'il dominait la Flèche Wallonne et le Tour DuPont.

Alors que les médecins lui annonçaient qu'il avait 40 % de chance de guérir, ils n'envisageaient pas, en réalité, qu'il puisse survivre.

Les opérations et la chimiothérapie en firent l'ombre de lui-même, avec son crâne chauve balafré de deux vilaines cicatrices témoignant de l'ablation des lésions cérébrales. « Lorsque je ne souffrais pas, je vomissais. Quand je ne vomissais pas, je pensais à ma maladie. La chimiothérapie me brûlait les veines, j'étais lentement rongé de l'intérieur par un flot dévastateur de substances toxiques », écrit-il. Alors qu'il touchait le fond, son nouveau sponsor, l'institution financière Cofidis, envoya des représentants à son chevet pour l'informer que son salaire allait être amputé au trois-quarts.

RETROUVER LA FORME

La récupération fut longue. Quand il remonta sur son vélo, les femmes faisant leurs courses à bicyclette dépassaient l'ancien champion du monde qui avait du mal à récupérer son souffle. Mais Armstrong voulait revenir sur le devant de la scène. « Quand on m'a dit que j'avais un cancer, je ne me souviens plus ce que m'est venu à l'esprit en premier : je vais mourir ou ma carrière est finie. Je suis un cycliste, je suis né pour pédaler ».

Une fois son cancer guéri et les restes de chimiothérapie éliminés, les stigmates psychologiques demeurèrent tout comme les tâches blanches laissées par le traitement. Armstrong cessa deux fois de courir, convaincu que le cancer s'était de nouveau déclaré. Fin 1997, aucune équipe européenne ne pensait qu'il retrouverait son niveau d'antan.

Un an plus tard, Armstrong arrivait 4e du Tour d'Espagne et du championnat du monde. En décembre, il reçut un e-mail du directeur de sa nouvelle équipe, le Belge Johan Bruyneel, lui disant qu'il le verrait bien dans le maillot jaune l'année suivante.

LA VICTOIRE

Sa victoire au Tour de France de 1999 fut l'une des plus spectaculaires de la décennie : il domina dans les étapes contre-la-montre, qu'il rafla toutes, et fit une échappée mémorable à Sestrière dans les Alpes. De retour aux États-Unis, il fut congratulé par Bill Clinton et le futur président George W. Bush.

Un second triomphe en 2000 confirma qu'Armstrong était le nouveau numéro un. Son salaire était alors estimé à environ 7,5 millions d'euros et il était payé près de 100 000 euros pour chaque apparition publique. Son livre fut le best-seller le plus vendu aux États-Unis. En 2001, il se hissait au rang de LeMond et Bobet avec ses trois victoires consécutives du Tour de France. L'année suivante, il en ajoutait une quatrième à son palmarès.

Armstrong est le premier cycliste à avoir acquis une telle célébrité dans son pays. Cependant, en dépit de sa gloire, il se voit avant tout comme un homme qui a vaincu la maladie. « Aussi bizarre que ça puisse paraître, je préfère le titre de vainqueur du cancer à celui de vainqueur du Tour, à cause de tout ce que cette expérience m'a apporté en tant qu'être humain, en tant qu'homme, mari, fils et père ».

Lance Armstrong brandissant fièrement le drapeau américain sur les Champs Élysées après sa victoire du Tour de France en 1999.

Lampre
COAST
SPENCER
SPENCER
PANARIA
FIORDO
BORTOLO

LES CLASSIQUES D'AUTOMNE

Alors que les jours raccourcissent, le rideau se baisse sur le dernier acte de la saison cycliste professionnelle avec deux classiques : Paris-Tours et le Tour de Lombardie. Bien que totalement différentes par nature – la première se déroulant en plaine et la seconde sur un relief accidenté – elles ont cependant un point commun : offrir aux coureurs leur dernière chance de l'année. Les cyclistes s'y font leurs adieux au seuil de l'hiver avant de partir en vacances.

PARIS-TOURS

PREMIÈRE DES DEUX COURSES FINALES ANNUELLES, LA CLASSIQUE PARTANT DE PARIS POUR REJOINDRE TOURS EST LA SEULE DE L'ANNÉE OÙ LE SPRINT DE PELOTON EST QUASI DE RIGUEUR.

L'automne arrive vite dans la plaine, au sud de Paris. Dès le premier week-end d'octobre, les champs labourés pour recevoir les semences sont souvent mouchetés de givre et enveloppés de brume. Les vents d'automne poussent les cyclistes vers le sud-ouest de la Capitale, à moins qu'ils ne soufflent de côté ou de face ralentissant leur pénible course vers la Vallée de la Loire.

Parfois les équipes comptent juste le minimum de participants, cinq ou six cyclistes, rêvant des vacances toutes proches. Les coureurs des Tours de France et d'Italie ont déjà terminé la saison. Seuls ceux qui souhaitent aiguiser leurs aptitudes en vue du championnat du monde se tenant le dimanche suivant ou ceux qui veulent redorer leur blason font l'effort de courir Paris-Tours.

Cela ne signifie pas qu'il faille sous-estimer la course. Sponsorisée par *Paris-Vélo,* elle naquit en 1896 – comme Paris-Roubaix – année de la mise en service du vélodrome. Il s'agissait d'une course amateur ouverte à tous : bicyclettes, tricycles, tandems, cycles à trois ou quatre places. Tous les participants, au nombre de 151, qui arriveraient à Tours avant 18 heures recevraient une médaille et un prix dont le premier était une statue de bronze de 1,50 m représentant Jupiter. Au départ, les concurrents étaient munis de bons donnant droit à un abonnement de trois mois au magazine, qu'ils pouvaient utiliser comme « monnaie d'échange » en route, pour effectuer une réparation par exemple.

Le départ, qui se déroula près de la Porte Maillot, fut perturbé par une voiture à cheval avec à son bord quatre dames déterminées à passer à l'endroit où les cyclistes s'apprêtaient à démarrer. Le cocher tenta de se frayer un chemin mais fut arraché de son siège par un cycliste et forcé à changer de cap.

L'arrivée devait avoir lieu avenue de Grammont au centre de Tours, mais face aux 12 000 personnes qui bloquaient la route, les organisateurs dirigèrent les 42 « survivants » vers la périphérie. « Un succès fou, du jamais vu, de l'impensable » titra *Paris-Vélo.*

Il fallut cependant attendre 1901 avant que le magazine ne réorganise l'événement puis après cette seconde édition encore 5 ans pour voir la troisième. Elle fut prise en main par le sponsor du Tour de France né entre temps : *L'Auto.*

Depuis 1906, la course est l'un des événements cyclistes majeurs dont l'organisation fut dévolue à *L'Équipe* lorsque le journal succéda à *L'Auto.*

DU SUR-MESURE POUR SPRINTERS

Aujourd'hui, le départ ne se déroule plus à Paris mais à Saint-Rémy-lès-Chevreuse, en banlieue sud. Dépourvue de bosses, exception faite de deux petites montées en arrivant à Tours, la course se termine sur l'avenue de Grammont, une large rue longue de 3 km parfaitement adaptée à un sprint de peloton. C'est justement cela qui distingue la dernière classique française de la saison. Après avoir démarré en trombe dès Saint-Rémy-lès-Chevreuse, les coureurs se lancent dans une compétition féroce sur l'avenue.

Paris-Tours renaquit sous la forme d'une course pour sprinters après une période de confusion, entre 1974 et 1987, lors de laquelle elle se déroula dans l'autre direction, reliant Blois à Chaville, en banlieue parisienne, et prit le nom de « Blois-Chaville » ou du « Grand Prix d'Automne ». En revenant à son parcours original en 1988, elle se forgea une identité propre avec l'idée sous-jacente de devenir une classique réservée aux sprinters ; les grimpeurs, les spécialistes des pavés et les « escaladeurs » friands des raidillons ayant les leurs.

En 1994, par une journée glaciale, un jeune Allemand quasi inconnu déferla sur l'avenue aux couleurs de Deutsch Telekom.

Sur l'avenue de Grammont à Tours, Richard Virenque, le peloton à ses trousses, remporte la victoire qui lui redonnera sa crédibilité et relancera sa carrière après une interdiction de courir pour dopage.

L'ITINÉRAIRE

La « classique des sprinters » a connu plusieurs variantes : partant parfois de Tours ou de Blois et arrivant à Paris ou dans sa banlieue, elle fut aussi dénommée Blois-Chaville et le Grand Prix d'Automne. Depuis 1988, elle a retrouvé son parcours d'origine, préservant son statut unique de classique pour sprinters. Théoriquement, considérant la platitude du terrain, ils peuvent espérer y briller mais cela dépend aussi du moral des équipiers et du temps. Le vent du sud-ouest soufflant en pleine face des coureurs ne permet pas aux échappés de fuir bien loin tandis que les vents arrières ou ceux les prenant sur le flanc ont souvent pour effet de diviser la course, en général après Amboise ou sur les deux petites bosses, avant que les concurrents ne traversent la Loire.

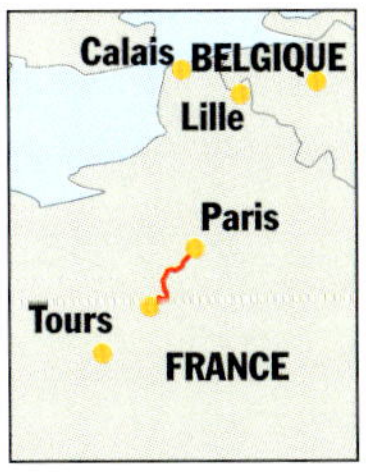

C'était Erik Zabel. Le style avec lequel il remportait sa première victoire significative lui augurait une grande carrière. Depuis, il a enlevé 6 fois le maillot vert du Tour de France, un record, et s'est imposé trois fois dans Milan-San Remo.

L'avenue de Grammont ne se caractérise cependant pas toujours par un sprint de peloton, loin s'en faut. Ces dernières années, la tendance est plutôt à l'échappée de deux ou trois cyclistes talonnés de près par la meute. À cette époque de la saison, certains coureurs accomplissent des exploits pour montrer de quoi ils sont capables comme ce fut le cas d'Andrea Tafi, en 2000, qui voulait faire regretter au sélectionneur de l'équipe italienne pour le Championnat du monde de ne pas l'y avoir intégré. Il se lança dans une attaque fulgurante de dernière minute avant de s'imposer.

Plus solennelle encore fut la victoire de Richard Virenque l'année suivante, deuxième Français à remporter la course depuis 1956. Au printemps, de retour sur la scène après une interdiction de courir pendant huit mois pour dopage, il ne trouva pas une seule équipe qui voulut l'accepter dans ses rangs au plus haut niveau, en partie parce qu'elles doutaient qu'il s'y maintînt toujours, en partie à cause de sa réputation. Il finit par signer un contrat avec le Domo-Farm Frites qui lui offrit le minimum, soit environ 1 700 euros par mois. Virenque prit le départ dans Paris-Tours sans avoir la garantie d'un contrat pour 2002 et passa à l'offensive peu après en compagnie du vainqueur de 1998, Jacky Durand, connu pour ses attaques suicides. Leur folle échappée semblait devoir ne durer que peu de temps, les fuyards seraient rattrapés par le peloton bien avant l'arrivée. D'ailleurs, ni le reste des concurrents ni eux-mêmes ne pensaient que cette fuite les conduirait bien loin. Mais le peloton leur lâcha du lest plus que nécessaire, attendant trop pour les prendre en chasse. Durand donna le meilleur de lui-même juste avant Tours mais son compatriote résista, la horde à ses trousses dans les derniers kilomètres. Ses poursuivants dans sa roue, il franchit la ligne d'arrivée, hurlant, le poing en l'air. Cette victoire triomphale lui rendait sa crédibilité et ramena Paris-Tours à la Une des journaux.

CI-DESSUS : l'édition de 1921 de Paris-Tours n'épargne rien aux coureurs luttant contre le blizzard. Elle sera remportée par Francis Pélissier, le cadet des trois frères qui comptent parmi les grands cyclistes français.

CI-CONTRE : Gino Bartali tel que les Italiens aiment à se le rappeler, traversant un col de montagne du Giro et acclamé par une foule de supporter qui applaudit à chaque coup de pédale.

GINO BARTALI

« Le Pieux » symbolisait les liens entre le cyclisme et le catholicisme. Pendant le Tour de France, il assistait à l'office chaque jour, rien ne pouvait interrompre ce moment sacré. Il fut érigé en modèle par le Vatican, avait des relations avec des groupes de la jeunesse catholique et se fit édifier une petite chapelle dans l'une des pièces de sa demeure en Toscane.

Si Bartali est davantage regardé aujourd'hui comme le grand rival de Fausto Coppi, il ne faut pas oublier qu'il fut avant tout l'un des plus grands grimpeurs de l'histoire du cyclisme. Il remporta le maillot du vainqueur de la montagne huit fois dans les Tours d'Italie et de France. Ce fut un champion à l'incroyable record de longévité, il est à ce jour le seul cycliste à avoir enlevé deux fois la Grande Boucle à dix ans d'intervalle et l'un des plus vieux vainqueurs de cette course. Plus impensable encore : il fut sacré pour la première fois champion d'Italie en 1935 et pour la dernière fois en 1952 !

LE SAUVEUR

Son influence s'étendait bien au-delà de la sphère du cyclisme. En 1938, Mussolini lui ordonna de participer au Tour de France et de gagner pour l'amour de l'Italie. Dix ans plus tard alors que le secrétaire général du Parti communiste italien Palmiro Togliatti venait d'être victime d'une tentative d'assassinat, le président du Conseil en personne lui demanda par téléphone de faire son possible pour canaliser l'agitation des masses, c'est-à-dire remporter la Grande Boucle, ce qu'il fit grâce à une échappée en solitaire dans le col de l'Izoard. L'Italie retrouva son calme et lorsque Togliatti sortit de son coma, sa première préoccupation fut de savoir si Bartali avait gagné. Autre anecdote : à Dachau, en 1943, un gardien demanda à un détenu florentin, Antonio Davitti. « Tu connais Bartali ». Celui-ci sortit une photo du cycliste et la lui montra. Le gardien lui demanda de dresser une liste de 21 prisonniers, y compris lui-même, qui au lieu d'être envoyés à la chambre à gaz furent affectés à l'usine du camp !

NATIONALITÉ	**Italienne**
NAISSANCE/DÉCÈS	**18/07/1914 – 05/05/2000**
SURNOM	**Le Pieux**
PROFESSIONNEL	**1935 à 1954**
PRINCIPALES VICTOIRES	
1935	**Championnat d'Italie, Tour du Pays Basque**
1936	**Tour d'Italie + meilleur grimpeur, Tour de Lombardie**
1937	**Tour d'Italie + meilleur grimpeur, Championnat d'Italie, Tour du Piémont**
1938	**Tour de France + meilleur grimpeur**
1939	**Milan-San Remo, Tour de Lombardie**
1940	**Championnat d'Italie, Milan-San Remo, Tour de Lombardie, meilleur grimpeur du Tour d'Italie**
1946	**Tour d'Italie + meilleur grimpeur, Tour de Suisse**
1947	**Milan-San Remo, meilleur grimpeur du Tour d'Italie**
1948	**Tour de France + meilleur grimpeur**
1950	**Milan-San Remo**
1951	**Tour du Piémont**
1952	**Championnat d'Italie**
PALMARÈS	**1939 : 2e du Tour d'Italie ; 1947 : 2e du Tour d'Italie ; 1949 : 2e du Tour de France, 2e du Tour d'Italie ; 1950 : 2e du Tour d'Italie. Tour de France, 12 victoires d'étape, 20 jours en maillot jaune ; Tour d'Italie : 17 victoires d'étape, 50 jours en maillot rose.**

LE TOUR DE LOMBARDIE

GRIMPANT LES MONTAGNES AUTOUR DU LAC DE CÔME, DANS LE NORD DE L'ITALIE, LE TOUR DE LOMBARDIE CLÔT LA SAISON CYCLISTE TOUT COMME MILAN-SAN REMO L'AVAIT OUVERTE.

La fin de la saison cycliste est symbolisée par une petite chapelle située à un carrefour, sur un coteau boisé au-dessus du lac de Côme. La Madonna del Ghisallo, à qui elle est dédiée, fut désignée comme protectrice des cyclistes par le pape Pie XII en 1949. Depuis, cette chapelle est devenue la leur et lorsque la dernière classique passe devant, elle est accueillie par le tintement de ses cloches. L'édifice est rempli d'objets ayant appartenu à des coureurs : vélos de Coppi, Bartali et Merckx, maillots roses du *Giro* signés par les champions, maillots jaunes rappelant les grands jours des « campionissimi ». Un mur entier est recouvert des photos des coureurs morts sur les routes l'Italie.

L'ascension à partir du lac, aujourd'hui bien goudronnée, est pétrie de l'histoire du cyclisme. En 1925, attiré par le prix de 500 lires offert au premier qui arriverait au sommet, c'est un coureur amateur de Nice qui l'emporta, Alfredo Binda. Il devint dès lors professionnel et revint l'année suivante par une journée où la pluie glaçait les os. Il s'imposa seul, gobant 28 œufs en route que des amis, placés à des endroits stratégiques du parcours, lui tendirent.

Le Ghisallo est le dernier tronçon restant de l'itinéraire d'origine, il continue à faire parler de lui, contant des exploits comme celui de Sean Kelly qui attaqua dans le « Super Ghisallo », une venelle étroite et abrupte située après la chapelle, pour remporter son second Tour de Lombardie à l'automne de sa carrière en 1991. Mais il est aussi le témoin de scènes comiques, telles que la chute de Tony Rominger alors qu'il tentait d'uriner de son vélo en 1992. Cela ne l'empêcha pas d'enlever la victoire.

Le « Giro di Lombardia » n'est pas l'aîné des courses italiennes. Supprimée pendant 20 ans, elle a fait sa réapparition et se court quatre jours avant le Tour de Lombardie. À ces deux courses, s'en ajoute une troisième, le Tour du Piémont, pour clôturer la saison en beauté. C'est cependant l'événement lombard qui a le plus de prestige pour avoir été le premier grand événement cycliste italien de renommée internationale, ouvrant la voie à Milan-San Remo et au Tour d'Italie. Au début du XXe siècle, pour prendre de l'ampleur, les Italiens sentirent la nécessité de mettre sur pied une grande course. Milan-Turin existait déjà mais l'organisation laissait à désirer. D'autres compétitions n'avaient pas fait long feu : Rome-Naples-Rome, Milan-Mantoue et le Tour de la Vénétie. En 1903, l'idée d'un Tour de Lombardie fut lancée mais les routes de la région constituaient un obstacle, il n'y avait guère que des sentiers à mules. Qu'à cela ne tienne, le parcours fut conçu durant l'hiver 1904-1905 et inspecté non sans anxiété par les cyclistes. Sur certains secteurs, ils devraient pousser leur vélo pendant plusieurs centaines de mètres, sur d'autres le chemin ne mesurait pas plus de 45 cm de largeur. Entre Milan et Lodi, l'itinéraire empruntait la voie du tram.

L'ITINÉRAIRE

Traditionnellement, le parcours de la « Classique des feuilles mortes » incluait Milan ou Côme, qui accueillit le départ ou l'arrivée, voire les deux, de 1961 à 1990. Pendant les cinq années qui suivirent, Monza, célèbre pour ses courses automobiles, lui succéda avant que le départ ne fût déplacé à Varese et l'arrivée à Bergame, comme le montre cette carte retraçant l'itinéraire de 2002.

1971 : à l'époque où les coureurs des grands tours ne prennent pas encore leurs vacances en août, Eddy Merckx, revêtu du maillot arc-en-ciel, prend la tête devant le déconcertant Luis Ocaña. Le Belge s'apprête à remporter la première de ses deux victoires dans la « Classique des feuilles mortes ».

Depuis, le parcours a été maintes fois modifié. Actuellement, il se déroule entre Varese et Bergame, situées respectivement au nord-ouest et au nord-est de Milan, les collines autour de cette dernière constituant un test pour le peloton qui se scinde souvent en deux. Les grands cols autour du lac de Côme, tel que le *Valico di Esino Lario,* qui firent partie de la course jusqu'à la moitié des années 1990, sont aujourd'hui considérés comme trop ardus.

LA « CLASSIQUE DES FEUILLES MORTES »

Mauvais temps et victoires en solitaire sont le lot de la course que les Italiens appellent la Classique des feuilles mortes. L'hiver n'est pas loin et parfois la neige recouvre déjà les cimes des Alpes qui se dressent au nord. La Lombardie est connue pour son brouillard et ses pluies glaciales. Le célèbre coureur Alfredo Binda racontait qu'en 1925, lors de sa première victoire, il faisait si froid et si humide que de réussir à plier le bras pour prendre quelque chose dans la poche de son maillot était déjà une véritable victoire en soi.

Durant l'édition de 1992, lors d'une sinistre journée de pluie, les feuilles y mirent du leur. Gianni Bugno, le coureur italien nouvellement sacré champion du monde, était le favori, aussi l'arrivée avait-elle été déplacée à Monza, sa ville, située au nord de Milan.

1965 : le grand champion cycliste britannique Tom Simpson célèbre, avec son épouse, sa victoire à Côme, alors qu'il est revêtu du maillot arc-en-ciel. Deux ans plus tard, il trouvera la mort dans le Tour de France, victime d'un cocktail de produits dopants.

Bugno était un homme nerveux et il ne put contenir son vélo dans une descente transformée en patinoire par les feuilles jonchant la route mouillée.

Le grand champion du Tour de Lombardie restera Fausto Coppi. Il le remporta quatre fois de suite de 1946 à 1949, période incarnant l'âge d'or de sa carrière, lors de victoires en solitaire où il laissa ses rivaux loin derrière. Mais en 1956, ce fut aussi la dernière course significative de sa carrière, il se fit battre de peu sur le vélodrome de Vigorelli, à Milan, par André Darrigade. Coppi avait alors 37 ans et continuait à courir en partie pour faire de la publicité à la marque de vélo qu'il avait créé. En outre, il avait impérativement besoin d'une victoire pour redorer son blason après s'être séparé de sa femme, chose scandaleuse dans l'Italie de l'époque. Il attaqua dans le Ghisallo et ne fut rattrapé que dans la périphérie de Milan par un groupe de poursuivants. À 500 m de l'arrivée, il sprintait en tête lorsque, à 2 m, surgit Darrigade qui lui souffla la victoire. Le « Campionissimo » fondit en larmes. C'était le signe de l'amorce d'une carrière déclinante, lui qui continuait à se battre contre des coureurs beaucoup plus jeunes sans se résoudre à prendre sa retraite.

Sean Kelly fut aussi lié pour toujours à la course, grâce à sa victoire dans l'édition de 1983, qu'il disputa âprement au sprint avec Greg LeMond, Adri Van der Poel, Hennie Kuiper et Francesco Moser. Ce jour-là, commença son règne en tant que « Roi des classiques » : pendant quatre ans, rien ne l'arrêtera. 1991 fut aussi l'année Kelly pour le Tour de Lombardie. Il s'échappa dans la toute nouvelle ascension, le terrible « Super Ghisallo » et surpassa au sprint le français Marcel Gayant franchissant la ligne d'arrivée à Monza, les bras les bras levés derrière la tête en signe de victoire.

La course a été le témoin d'un grand nombre d'autres prouesses. En 1984, Hinault refit surface après une opération du genou pour s'offrir une épique victoire en solitaire. L'année suivante, il se hissait au niveau de Merckx et d'Anquetil enlevant son 5e Tour de France.

En 1989, grâce à sa longue échappée dans Milan, Tony Rominger faisait décoller sa carrière lors de laquelle il s'imposa trois fois de suite dans la Vuelta. En 1993, la Classique des feuilles mortes relança la carrière du Suisse Pascal Richard qui remporta 3 ans plus tard le premier titre olympique sur route ouvert aux professionnels. Aujourd'hui, le monde du cyclisme attend beaucoup du vainqueur de 2001, le blondinet Danilo di Luca dont la ressemblance avec l'acteur lui a valu le surnom de « Di Caprio ».

Rien ne fait plus la fierté du Tour de Lombardie que la victoire remportée par le champion du monde sacré la semaine précédente. Bien visible avec son maillot arc-en-ciel, il fait l'objet d'une poursuite effrénée par ses concurrents, sachant que c'est une bonne roue « à sucer ». Il en résulte que le doublé est difficile à décrocher, le dernier coureur à l'avoir remporté fut le Suisse Oscar Camenzind en 1998, suivant en cela les traces de Binda en 1931, Tom Simpson en 1965 et Eddy Merckx en 1971.

EFFORT ET EXULTATION

Témoin privilégié de la tradition cycliste, la petite chapelle entourée de supporters endiablés un samedi d'octobre, salue le courage de ces hommes depuis près d'un siècle. Surplombant le lac, se dresse le buste de Fausto Coppi dont les exploits sur ce parcours n'ont jamais été égalés et qui reste la figure la plus emblématique du cyclisme italien. L'inscription qui y est apposée résume à elle seule la raison pour laquelle les supporters viennent jusqu'ici acclamer leurs héros, se rendent par milliers au col du Turchino dès mars lors de Milan-San Remo et se déplacent dans toute l'Europe chaque week-end, attendant fiévreusement le passage des coureurs. « Dieu a créé la bicyclette pour qu'en l'utilisant les hommes éprouvent l'effort et l'exaltation sur le dur chemin de la vie » : n'est-ce pas là une éloquente et intemporelle vision du cyclisme et de son dessein. La saison se termine, l'effort et l'exaltation seront bientôt un souvenir. Mais le début de la saison prochaine n'est pas loin et les fans seront de nouveau là.

TOM SIMPSON

Adulé dans toute l'Europe pour son audace et son charisme, Simpson tient une place particulière dans l'histoire du cyclisme : seul Britannique sacré champion du monde et unique coureur à avoir perdu la vie sur la route du Tour de France avec des substances dopantes dans les veines.

Né dans une famille de mineurs dans le comté de Durham, Simpson s'adapta parfaitement au cyclisme d'Europe continentale remportant une belle brochette de victoires qu'aucun de ses compatriotes n'a encore égalée. Son plus grand triomphe fut sans nul doute le Tour de Lombardie en 1965, qu'il remporta seul, à la manière de son héros Fausto Coppi alors qu'il était revêtu du maillot arc-en-ciel.

Simpson avait des reves fous : un train d'époque, un avion. Astucieux, doté d'un courage sans limite, il demandait parfois à son corps plus d'efforts qu'il n'en pouvait fournir. C'est ce qui lui coûta la vie lors du Tour de France de 1967 où, tentant de rester aux côtés des leaders sur le Mont Ventoux, il ne supporta pas le cocktail d'amphétamines et d'alcool qu'il s'était administré.

NATIONALITÉ	Britannique
NAISSANCE/DÉCÈS	30/10/1937 – 13/07/1967
SURNOM	Le Major Thompson
PROFESSIONNEL	1959 à 1967
PRINCIPALES VICTOIRES	
1961	Tour des Flandres
1963	Bordeaux-Paris
1964	Milan-San-Remo
1965	Championnat du monde sur route, Tour de Lombardie, Londres-Holyhead
1967	Paris-Nice

NATIONALITÉ	Italienne
NAISSANCE/DÉCÈS	15/09/1919 — 02/01/1960
SURNOM	Il Campionissimo
PROFESSIONNEL	1940 à 1959
ÉQUIPES	Legnano, Bianchi, Carpano-Coppi Bianchi
PRINCIPALES VICTOIRES	
1940	Tour d'Italie
1941	Tour de Toscane, Tour de Vénétie, Tour d'Émilie, Trois Vallées Varésines
1942	Championnat d'Italie
1946	Milan-San Remo, Tour de Lombardie, Tour de Romagne, G P Nations
1947	Championnat d'Italie, Tour de Lombardie, Tour d'Italie, Tour de Romagne, Tour de Vénétie, Tour d'Émilie, G P Nations
1948	Milan-San Remo, Tour de Lombardie, Trois Vallées Varésines, Tour d'Émilie,
1949	Championnat d'Italie, Tour de France + meilleur grimpeur, Tour d'Italie + meilleur grimpeur, Milan-San Remo, Tour de Lombardie, Tour de Romagne, Tour de Vénétie
1950	Paris-Roubaix, Flèche Wallonne
1952	Tour de France + meilleur grimpeur, Tour d'Italie + meilleur grimpeur
1953	Tour d'Italie, Championnat du Monde
1954	Tour de Lombardie, Tour de Campanie
1955	Championnat d'Italie, Tour des Apennins, Trois Vallées Varésines
PALMARÈS	149 victoires en professionnel.
	1942 : record de l'heure 45,871 km
	1946 : 2e du Tour d'Italie ; 1955 : 2e du Tour d'Italie, 2e de Paris-Roubaix, 2e du Tour de Romagne ;
	Tour de France : 9 victoires d'étape + 19 jours en maillot jaune.

FAUSTO COPPI

Le cyclisme italien est encore dominé par la personnalité tourmentée du « Campionissimo » dont les victoires en solitaire, les douloureuses blessures, la vie privée controversée et la mort tant tragique que prématurée donnèrent lieu à des magazines, des livres et des films.

Fausto Coppi naquit en Ligure dans une famille de paysans. Enfant, il allait livrer les saucisses à vélo. Il devint professionnel à 20 ans et remporta son premier Tour d'Italie l'année suivante, en 1940. En 1942, il pulvérisa le record de l'heure à Milan, avant de partir à la guerre où il fut fait prisonnier par les Britanniques en Afrique du Nord.

LES LÉGENDAIRES DOUBLÉS

Ses plus grandes années furent 1949, où il fut le premier coureur à remporter le Giro et le Tour de France, et 1952 où il réitéra cet exploit. Lors de son premier doublé, il fit une légendaire échappée dans le Tour d'Italie à travers les Alpes où il largua Bartali et prit une revanche épique dans la Grande Boucle après une chute en Bretagne qui lui avait fait perdre du temps le plaçant à 36 min derrière le leader, Jacques Marinelli. Déprimé, il avait menacé d'abandonner la course n'y étant resté que sur l'insistance d'Alfredo Binda, alors directeur de l'équipe. À l'arrivée à Paris, Marinelli franchissait la ligne 25 min derrière lui, Bartali était à 11 min. Par égard pour son grand rival, Coppi n'avait pas trop voulu « forcer » l'écart.

Trois ans plus tard, son échappée de 84 km dans les Alpes pour remporter l'étape à Sestrières et sa première victoire à l'Alpe d'Huez resteront dans les annales. À l'arrivée dans la Capitale, le second, Stan Ockers, était à 28 min, la plus importante marge atteinte dans le Tour depuis la Deuxième Guerre mondiale. La domination du « Campionissimo » était si considérable que les organisateurs durent doubler la valeur du prix de la seconde place pour encourager ses opposants.

UN STYLE PARFAIT

En 1949, le style parfait de Coppi inspira au journaliste et ancien vainqueur du Tour, André Leducq, un article plein d'admiration : « Le buste vissé sur sa selle, il semble caresser son guidon. Ses longues jambes se déploient telles les pattes agiles d'une gazelle. À chaque coup de pédale, ses chevilles se tendent avec une grâce qu'il serait merveilleux d'admirer au ralenti sur un écran de cinéma. Toutes les parties de son corps se meuvent comme si elles étaient parfaitement huilées. Son long visage taillé à coups de serpe donne l'impression de ne pas connaître l'effort lorsqu'il grimpe, posé tel un grand artiste peignant une aquarelle. »

LE SCANDALE

Devenue la plus grande star du sport italien suite à ses luttes acharnées avec son rival Gino Bartali, Coppi scandalisa la très catholique Italie lorsque fut découverte son histoire d'amour avec la femme d'un médecin, Giulia Occhini, immortalisée sous le nom de la « Dame blanche ». Étant tous deux mariés, ils furent excommuniés et jetés en prison pour adultère pendant une petite période. Sa compagne fut contrainte de quitter le pays pour accoucher des enfants qu'elle eut de lui. Le 2 janvier 1960, Coppi s'éteignit, atteint de la malaria qu'il avait attrapée pendant un safari en Afrique. Lors de ses funérailles, sa maison à Castellania en Ligurie fut envahie par des milliers de personnes. Elle est de nos jours un musée dédié à sa mémoire.

Blessures physiques et psychologiques

29 juin 1942 : une chute lors d'un entraînement à Turin lui valut une clavicule cassée. 2 juin 1950 : durant l'étape du Giro, Vicence-Primolano, il se fractura le pubis. 11 mars 1951 : à l'arrivée de Milan-Turin, il tomba se cassant une clavicule. 29 juin 1951 : son frère Serse décéda d'un choc à la tête après un accident dans le Tour de Piémont. 7 août 1952 : une chute sur piste à Perpignan lui occasionna une fracture de l'omoplate. 7 juillet 1954 : lors d'un entraînement à côté de Pavie, il fut blessé par une roue tombant d'un camion, il se cassa l'os du crâne et se fit une entorse au genou. 1956 : il se déplaça les vertèbres et se foula le talon d'Achille lors d'une chute pendant l'étape Mantoue-Rimini du Tour d'Italie. 1er mars 1957 : il tomba lors du critérium de Sassari se fracturant le fémur.

Coppi seul en tête vers la victoire de l'étape finissant à Briançon, lors du Tour de France de 1951. Trop affecté par le décès de son frère Serse, il ne voulut tout d'abord pas y participer. Dans le paysage austère du col de l'Izoard, où cette photo est prise, se dresse un monument à la mémoire du « Campionissimo ».

LES VAINQUEURS

Ce chapitre donne la liste de tous les vainqueurs des courses traitées dans cet ouvrage (n'apparaissent pas les années lors desquelles elles n'ont pas eu lieu). S'y ajoutent les épreuves cyclistes sur route des Jeux olympiques, aujourd'hui ouvertes aux professionnels, et les compétitions récompensant le meilleur coureur de la saison.

LE TOUR DE FRANCE

ANNÉE	VAINQUEUR	TEMPS (h-min-sec)	DISTANCE (km)
1900			
1903	Maurice Garin (Fra)	94.33.00	2,428
1904	Henri Cornet (Fra)	96.05.00	2,388
1905	Louis Trousselier (Fra)	112.18.09	2,975
1906	René Pottier (Fra)	185.47.26	4,637
1907	Lucien Petit-Breton (Fra)	156.22.30	4,488
1908	Lucien Petit-Breton (Fra)	156.09.31	4,488
1909	François Faber (Lux)	156.55.10	4,497
1910			
1910	Octave Lapize (Fra)	163.52.38	4,700
1911	Gustave Garrigou (Fra)	195.35.25	5,544
1912	Odile Defraye (Bel)	184.50.00	5,229
1913	Philippe Thys (Bel)	197.54.00	5,387
1914	Philippe Thys (Bel)	200.28.49	5,414
1919	Firmin Lambot (Bel)	231.07.15	5,560
1920			
1920	Philippe Thys (Bel)	228.36.00	5,503
1921	Leon Scieur (Bel)	221.50.00	5,484
1922	Firmin Lambot (Bel)	222.08.06	5,378
1923	Henri Pelissier (Fra)	222.15.30	5,386
1924	Ottavio Bottechia (Ita)	226.18.21	5,427
1925	Ottavio Bottechia (Ita)	219.10.13	5,430
1926	Lucien Buysse (Bel)	238.44.25	5,475
1927	Nicolas Frantz (Lux)	198.16.42	5,348
1928	Nicolas Frantz (Lux)	192.48.58	5,377
1929	Maurice Dewaele (Bel)	186.39.16	5,286
1930			
1930	Andre Leducq (Fra)	172.12.10	4,818
1931	Antonin Magne (Fra)	177.10.03	5,095
1932	André Leducq (Fra)	154.11.49	4,502
1933	Georges Speicher (Fra)	147.51.37	4,395
1934	Antonin Magne (Fra)	147.03.58	4,363
1935	Romain Maes (Bel)	141.32.00	4,302
1936	Sylvère Maes (Bel)	142.47.32	4,442
1937	Roger Lapébie (Fra)	138.58.31	4,415
1938	Gino Bartali (Ita)	148.29.12	4,694
1939	Sylvère Maes (Bel)	132.03.17	4,224
1940			
1947	Jean Robic (Fra)	148.11.25	4,648
1948	Gino Bartali (Ita)	147.10.36	4,813
1949	Fausto Coppi (Ita)	149.40.49	4,813
1950			
1950	Ferdi Kübler (Sui)	145.36.56	4,776
1951	Hugo Koblet (Sui)	142.20.14	4,474
1952	Fausto Coppi (Ita)	151.57.20	4,707
1953	Louison Bobet (Fra)	129.23.25	4,479
1954	Louison Bobet (Fra)	140.06.50	4,855
1955	Louison Bobet (Fra)	130.29.26	4,495
1956	Roger Walkowiak (Fra)	124.01.16	4,528
1957	Jacques Anquetil (Fra)	135.44.42	4,665
1958	Charly Gaul (Lux)	116.59.05	4,319
1959	Federico Bahamontes (Esp)	113.50.54	4,363
1960			
1960	Gastone Nencini (Ita)	112.08.42	4,172
1961	Jacques Anquetil (Fra)	122.01.33	4,394
1962	Jacques Anquetil (Fra)	114.31.54	4,274
1963	Jacques Anquetil (Fra)	113.30.05	4,141
1964	Jacques Anquetil (Fra)	127.09.44	4,505
1965	Felice Gimondi (Ita)	116.42.06	4,176
1966	Lucien Aimar (Fra)	117.34.21	4,329
1967	Roger Pingeon (Fra)	136.53.50	4,780
1968	Jan Janssen (Pbs)	133.49.42	4,675
1969	Eddy Merckx (Bel)	116.16.02	4,102
1970			
1970	Eddy Merckx (Bel)	119.31.49	4,367
1971	Eddy Merckx (Bel)	96.45.14	3,689
1972	Eddy Merckx (Bel)	108.17.18	3,847
1973	Luis Ocaña (Esp)	122.25.34	4,140
1974	Eddy Merckx (Bel)	116.16.58	4,098
1975	Bernard Thévenet (Fra)	114.35.31	3,999
1976	Lucien Van Impe (Bel)	116.22.23	4,016
1977	Bernard Thévenet (Fra)	115.38.30	4,000
1978	Bernard Hinault (Fra)	108.18.00	4,103
1979	Bernard Hinault (Fra)	103.06.50	4,108
1980			
1980	Joop Zoetemelk (Pbs)	109.19.14	3,996
1981	Bernard Hinault (Fra)	96.19.38	3,740
1982	Bernard Hinault (Fra)	92.08.46	3,573
1983	Laurent Fignon (Fra)	105.07.52	3,750
1984	Laurent Fignon (Fra)	112.03.40	3,900
1985	Bernard Hinault (Fra)	113.24.23	4,006
1986	Greg LeMond (USA)	110.35.19	3,833

FAITS MÉMORABLES

- La plus petite marge entre le vainqueur et le second fut réalisée par Greg LeMond, en 1989, qui l'emporta de 8 secondes sur Laurent Fignon. La plus importante fut celle de Maurice Garin lors de la première édition du Tour : 2 h, 49 min, 45 s. La victoire la plus décisive fut celle de Fausto Coppi sur le Belge Stan Ockers en 1952 avec 28 min, 17 s.
- Le record de vitesse effectué lors d'une étape du Tour de France est détenu par Chris Boardman : 56,375 km/h sur 7 km. Le record de vitesse d'étape de toutes les courses sur route fut réalisé par Mario Cipollini entre Laval et Blois en 1999 : 50,355 km/h sur 196 km.
- Le plus grand nombre de victoires d'étape remporté lors d'une seule édition s'élève à huit. Cet exploit fut accompli par Charles Pélissier (1930), Eddy Merckx (1970 et 1974) et Freddy Maertens (1976).

ANNÉE	VAINQUEUR	TEMPS (h-min-sec)	DISTANCE (km)
1987	Stephen Roche (Irl)	115.27.42	4,235
1988	Pedro Delgado (Esp)	84.27.53	3,300
1989	Greg LeMond (USA)	87.38.35	3,250
1990			
1990	Greg LeMond (USA)	90.43.20	3,449
1991	Miguel Indurain (Esp)	101.01.20	3,915
1992	Miguel Indurain (Esp)	100.49.30	3,983
1993	Miguel Indurain (Esp)	95.57.09	3,720
1994	Miguel Indurain (Esp)	103.38.38	3,972

ANNÉE	VAINQUEUR	TEMPS (h-min-sec)	DISTANCE (km)
1995	Miguel Indurain (Esp)	92.44.59	3,535
1996	Bjarne Riis (Dan)	95.57.16	3,753
1997	Jan Ullrich (All)	100.30.35	3,942
1998	Marco Pantani (Ita)	92.50.17	3,850
1999	Lance Armstrong (USA)	91.32.16	3,687
2000			
2000	Lance Armstrong (USA)	92.33.08	3,662
2001	Lance Armstrong (USA)	86.17.28	3,453
2002	Lance Armstrong (USA)	82.05.12	3,278

MILAN-SAN REMO

ANNÉE	VAINQUEUR	DISTANCE (km)	VIT. MOY. (km/h)
1900			
1907	Lucien Petit Breton (Fra)	281	26,206
1908	Cyrille Van Hauwert (Bel)	281	25,108
1909	Luigi Ganna (Ita)	281	30,420
1910	Eugène Christophe (Fra)	281	23,330
1911	Gustave Garrrigou (Fra)	281	29,570
1912	Henri Pelissier (Fra)	281	29,722
1913	Odile Defraye (Bel)	281	31,143
1914	Ugo Agostoni (Ita)	281	27,200
1915	Ezio Corlaita (Ita)	281	27,263
1917	Gaetano Belloni (Ita)	281	22,500
1918	Costante Girardengo (Ita)	281	24,279
1919	Angelo Gremo (Ita)	281	24,800
1920			
1920	Gaetano Belloni (Ita)	281	30,317
1921	Costante Girardengo (Ita)	281	30,105
1922	Giovanni Brunero (Ita)	281	27,293
1923	Costante Girardengo (Ita)	281	27,996
1924	Pietro Linari (Ita)	281	26,400
1925	Costante Girardengo (Ita)	281	27,722
1926	Costante Girardengo (Ita)	281	29,284
1927	Pietro Chiesi (Ita)	281	29,485
1928	Costante Girardengo (Ita)	281	24,680
1929	Alfredo Binda (Ita)	281	31,628
1930			
1930	Michele Mara (Ita)	269	29,485
1931	Alfredo Binda (Ita)	281	29,843
1932	Alfredo Bovet (Ita)	281	34,432
1933	Learco Guerra (Ita)	281	36,138
1934	Jos Demuysère (Bel)	281	35,978
1935	Giuseppe Olmo (Ita)	281	36,089
1936	Angelo Varetto (Ita)	281	36,479
1937	Cesare del Cancia (Ita)	281	37,408
1938	Giuseppe Olmo (Ita)	281	38,517
1939	Gino Bartali (Ita)	281	37,386
1940			
1940	Gino Bartali (Ita)	286	36,670
1941	Pierino Favalli (Ita)	281	36,155
1942	Adolfo Leoni (Ita)	281	34,469
1943	Cino Cinelli (Ita)	281	34,753
1946	Fausto Coppi (Ita)	292	35,940
1947	Gino Bartali (Ita)	285	33,300
1948	Fausto Coppi (Ita)	281	37,284
1949	Fausto Coppi (Ita)	290	39,397
1950			
1950	Gino Bartali (Ita)	282	38,853

LE « DOUBLÉ » ITALIEN

Reflétant la domination d'un champion sur une saison entière, le doublé Italien Milan-San Remo Tour de Lombardie fut plus fréquent lors des premières années du cyclisme avec les victoires de Costante Girardengo (1921), Michele Mara (1930), Alfredo Binda (1931) et Gino Bartali (1939 et 1940). Après la dernière guerre, Fausto Coppi réussit l'incroyable exploit de le remporter trois fois, en 1946, 1948 et 1949. Depuis, le seul cycliste qui parvint à réaliser le doublé fut Eddy Merckx, en 1971 et 1972.

ANNÉE	VAINQUEUR	DISTANCE (km)	VIT. MOY. (km/h)
1951	Louison Bobet (Fra)	282	37,578
1952	Loretto Petrucci (Ita)	282	38,270
1953	Loretto Petrucci (Ita)	282	40,340
1954	Rik Van Steenbergen (Bel)	282	39,344
1955	German Derycke (Bel)	282	39,927
1956	Alfred de Bruyne (Bel)	281	40,415
1957	Miguel Poblet (Spain)	282	40,667
1958	Rik van Looy (Bel)	282	42,176
1959	Miguel Poblet (Esp)	281	41,575
1960			
1960	René Privat (Fra)	288	42,640
1961	Raymond Poulidor (Fra)	288	34,474
1962	Émie Daems (Bel)	288	42,342
1963	Joseph Groussard (Fra)	288	41,178
1964	Tom Simpson (GB)	288	43,420
1965	Arie den Hertog (Hol)	287	41,641
1966	Eddy Merckx (Bel)	288	43,182
1967	Eddy Merckx (Bel)	288	44,805
1968	Rudi Altiig (All)	288	41,945
1969	Eddy Merckx (Bel)	288	43,425
1970			
1970	Michele Dancelli (Ita)	288	43,976
1971	Eddy Merckx (Bel)	288	39,152
1972	Eddy Merckx (Bel)	288	43,909
1973	Roger de Vlaeminck (Bel)	288	41,782
1974	Felice Gimondi (Ita)	288	42,533
1975	Eddy Merckx (Bel)	288	37,530
1976	Eddy Merckx (Bel)	288	42,015
1977	Jan Raas (Hol)	288	42,986
1978	Roger de Vlaeminck (Bel)	288	42,386
1979	Roger de Vlaeminck (Bel)	288	40,588
1980			
1980	Pierino Gavazzi (Ita)	288	42,972
1981	Alfons de Wolf (Bel)	288	43,081
1982	Marc Gomez (Fra)	294	41,584

ANNÉE	VAINQUEUR	DISTANCE (km)	VIT. MOY. (km/h)
1983	Giuseppe Saronni (Ita)	294	41,216
1984	Francesco Moser (Ita)	294	39,871
1985	Hennie Kuiper (Hol)	294	38,636
1986	Sean Kelly (Ire)	294	42,126
1987	Erich Maechler (Sui)	294	41,913
1988	Laurent Fignon (Fra)	294	41,376
1989	Laurent Fignon (Fra)	297	41,181
1990			
1990	Gianni Bugno (Ita)	294	45,806
1991	Claudio Chiappucci (Ita)	294	42,342
1992	Sean Kelly (Irl)	294	39,052

ANNÉE	VAINQUEUR	DISTANCE (km)	VIT. MOY. (km/h)
1993	Maurizio Fondriest (Ita)	297	39,989
1994	Giorgio Furlan (Ita)	294	41,445
1995	Laurent Jalabert (Fra)	294	43,519
1996	Gabriele Colombo (Ita)	294	41,995
1997	Erik Zabel (All)	294	42,223
1998	Erik Zabel (All)	294	41,001
1999	Andrei Tchmil (Bel)	294	42,752
2000			
2000	Erik Zabel (All)	294	40,882
2001	Erik Zabel (All)	287	38,852
2002	Mario Cipollini (Ita)	287	43,105

LES CLASSIQUES DU NORD

LE TOUR DES FLANDRES

ANNÉE	VAINQUEUR	DISTANCE (km)	VIT. MOY. (km/h)
1910			
1913	Paul Deman (Bel)	324	26,880
1914	Marcel Buysse (Bel)	280	27,097
1919	H. Van Lerberghe (Bel)	203	26,421
1920			
1920	Jules van Hevel (Bel)	248	26,105
1921	René Vermandel (Bel)	250	25,168
1922	Leon de Vos (Bel)	253	27,956
1923	Henri Suter (Sui)	243	27,956
1924	Gerard Debaets (Bel)	284	27,528
1925	Julien Delbecque (Bel)	228	25,680
1926	Denis Verschueren (Bel)	217	30,104
1927	Gerard Debaets (Bel)	205	27,528
1928	Jan Mertens (Bel)	225	32,530
1929	Josef Dervaes (Bel)	216	30,713
1930			
1930	Frans Bonduel (Bel)	227	32,199
1931	Romain Gijssels (Bel)	227	33,058
1932	Romain Gijssels (Bel)	227	32,506
1933	Alfonse Schepers (Bel)	227	33,139
1934	Gaston Rebry (Bel)	239	33,172
1935	Louis Duerloo (Bel)	260	34,899
1936	Louis Hardiquest (Bel)	250	33,333
1937	Michel D'hooghe (Bel)	267	35,679
1938	Edgar de Caluwe (Bel)	260	33,766
1939	Karel Kaers (Bel)	230	35,204
1940			
1940	Achiel Buysse (Bel)	211	34,972
1941	Achiel Buysse (Bel)	198	35,148
1942	Albéric Schotte (Bel)	226	34,242
1943	Achiel Buysse (Bel)	205	33,424
1944	Rik van Steenbergen (Bel)	224	35,091
1945	Sylvain Grysolle (Bel)	222	34,961
1946	Rik van Steenbergen (Bel)	275	37,062
1947	Emiel Faignaert (Bel)	275	38,823
1948	Albéric Schotte (Bel)	257	38,263
1949	Fiorenzo Magni (Ita)	268	36,462
1950			
1950	Fiorenzo Magni (Ita)	273	33,090
1951	Fiorenzo Magni (Ita)	274	35,503
1952	Roger Decock (Bel)	258	34,630
1953	Wim van Est (Hol)	253	34,578
1954	Raymond Impanis (Bel)	255	33,774

ANNÉE	VAINQUEUR	DISTANCE (km)	VIT. MOY. (km/h)
1955	Louison Bobet (Fra)	263	35,302
1956	Jean Forestier (Fra)	238	38,690
1957	Fred de Bruyne (Bel)	240	40,223
1958	Germain Derijcke (Bel)	239	37,602
1959	Rik Van Looy (Bel)	242	38,823
1960			
1960	Arthur de Cabooter (Bel)	227	38,693
1961	Tom Simpson (GBR)	255	40,052
1962	Rik Van Looy (Bel)	256	38,823
1963	Noël Foré (Bel)	249	40,683
1964	Rudi Altig (All)	236	40,990
1965	Jo de Roo (Hol)	235	40,577
1966	Ward Sels (Bel)	243	41,303
1967	Dino Zandegu (Ita)	245	39,050
1968	Walter Godefroot (Bel)	249	42,443
1969	Eddy Merckx (Bel)	259	40,984
1970			
1970	Éric Leman (Bel)	255	41,406
1971	Evert Dolman (Hol)	268	43,225
1972	Eric Leman (Bel)	250	41,152
1973	Eric Leman (Bel)	260	41,379
1974	Cees Bal (Hol)	256	41,513
1975	Eddy Merckx (Bel)	225	40,690
1976	Walter Planckaert (Bel)	261	42,324
1977	Roger de Vlaeminck (Bel)	264	39,207
1978	Walter Godefroot (Bel)	260	41,935
1979	Jan Raas (Hol)	267	40,971
1980			
1980	Michel Pollentier (Bel)	265	39,810
1981	Hennie Kuiper (Hol)	266	40,650
1982	René Martens (Bel)	267	40,320
1983	Jan Raas (Hol)	272	41,087
1984	Johan Lammerts (Hol)	268	38,941
1985	Eric Vanderaerden (Bel)	271	39,650
1986	Adri Van der Poel (Hol)	275	38,297
1987	Claude Criquelion (Bel)	274	37,350
1988	Eddy Planckaert (Bel)	279	37,810
1989	Edwig van Hooydonck (Bel)	264	37,624
1990			
1990	Moreno Argentin (Ita)	265	39,026
1991	Edwig van Hooydonck (Bel)	261	36,683
1992	Jacky Durand (Fra)	260	38,810
1993	Johan Museeuw (Bel)	263	40,305
1994	Gianni Bugno (Ita)	268	39,671

ANNÉE	VAINQUEUR	DISTANCE (km)	VIT. MOY. (km/h)
1995	Johan Museeuw (Bel)	261	39,505
1996	Michele Bartoli (Ita)	269	41,705
1997	Rolf Sorensen (Dan)	256	42,023
1998	Johan Museeuw (Bel)	277	39,580
1999	Peter Van Petegem (Bel)	270	43,200
2000			
2000	Andrei Tchmil (Bel)	269	39,531
2001	Gianluca Bortolami (Ita)	269	43,580
2002	Andrea Tafi (Ita)	264	38,354

HET VOLK

ANNÉE	VAINQUEUR	DISTANCE (km)	VIT. MOY. (km/h)
1940			
1945	Jean Bogaerts (Bel)	187	33,006
1946	André Pieters (Bel)	225	35,809
1947	Albert Sercu (Bel)	240	32,832
1948	Sylvain Grisolle (Bel)	240	35,997
1949	André Declerck (Bel)	239	33,271
1950			
1950	André Declerck (Bel)	235	37,852
1951	Jean Bogaerts (Bel)	204	36,519
1952	Ernest Sterckx (Bel)	221	36,660
1953	Ernest Sterckx (Bel)	220	35,967
1954	Karel de Baere (Bel)	228	36,286
1955	Lode Anthonis (Bel)	233	33,049
1956	Ernest Sterckx (Bel)	227	34,417
1957	Norbert Kerckhove (Bel)	207	38,490
1958	Jef Planckaert (Bel)	203	37,270
1959	Seamus Elliott (Irl)	209	40,965
1960			
1961	Arthur de Cabooter (Bel)	177	43,164
1962	Robert de Middeleir (Bel)	218	38,866
1963	René van Meenen (Bel)	181	39,926
1964	Frans Melckenbeeck (Bel)	194	42,637
1965	Noël de Pauw (Bel)	223	41,424
1966	Jo de Roo (Hol)	213	41,225
1967	Willy Vekemans (Bel)	203	40,735
1968	Herman van Springel (Bel)	193	40,278
1969	Roger de Vlaeminck (Bel)	193	40,774
1970			
1970	Frans Verbeeck (Bel)	185	40,068
1971	Eddy Merckx (Bel)	198	41,684
1972	Frans Verbeeck (Bel)	198	40,824
1973	Eddy Merckx (Bel)	198	42,888
1974	Jos Bruyère (Bel)	193	42,109
1975	Jos Bruyère (Bel)	198	43,352
1976	Willem Peeters (Bel)	202	42,377
1977	Freddy Maertens (Bel)	201	42,918
1978	Freddy Maertens (Bel)	218	42,310
1979	Roger de Vlaeminck (Bel)	215	40,396
1980			
1980	Jos Bruyère (Bel)	216	39,754
1981	Jan Raas (Hol)	224	38,731
1982	Alfons de Wolf (Bel)	217	39,817
1983	Alfons de Wolf (Bel)	220	39,639
1984	Eddy Planckaert (Bel)	226	41,662
1985	Eddy Planckaert (Bel)	223	36,859
1987	Teun van Vliet (Hol)	237	38,852
1988	Ronny van Holen (Bel)	246	42,171
1989	Etienne de Wilde (Bel)	244	36,059
1990			
1990	Johan Capiot (Bel)	198	36,553

ANNÉE	VAINQUEUR	DISTANCE (km)	VIT. MOY. (km/h)
1991	Andreas Kappes (All)	201	42,095
1992	Johan Capiot (Bel)	208	41,462
1993	Wilfried Nelissen (Bel)	202	38,971
1994	Wilfried Nelissen (Bel)	200	41,670
1995	Franco Ballerini (Ita)	205	39,850
1996	Tom Steels (Bel)	205	40,196
1997	Peter Van Petegem (Bel)	200	38,960
1998	Peter Van Petegem (Bel)	202	39,351
1999	Frank Vandenbroucke (Bel)	202	38,846
2000			
2000	Johan Museeuw (Bel)	204	40,664
2001	Michele Bartoli (Ita)	200	41,096
2002	Peter Van Petegem (Bel)	200	41,436

GAND-WEVELGEM

ANNÉE	VAINQUEUR	DISTANCE (km)	VIT. MOY. (km/h)
1930			
1934*	Gustave van Belle (Bel)	–	–
1935	Albert Debreitere (Bel)	–	–
1936	Robert van Eenaeme (Bel)	–	–
1937	Robert van Eenaeme (Bel)	–	–
1938	Hubert Godart (Bel)	–	–
1939	André Declerck (Bel)	–	–
1940			
1945	Robert van Eenaeme (Bel)	200	35,820
1946	Ernest Sterckx (Bel)	200	35,088
1947	Maurice Desempelaere (Bel)	230	34,074
1948	Valeré Ollivier (Bel)	276	36,720
1949	Marcel Kint (Bel)	250	33,708
1950			
1950	Albéric Schotte (Bel)	255	37,872
1951	André Rosseel (Bel)	250	36,363
1952	Raymond Impanis (Bel)	240	37,210
1953	Raymond Impanis (Bel)	240	30,784
1954	Rolf Graf (Sui)	235	35,968
1955	Albéric Schotte (Bel)	232	37,120
1956	Rik van Looy (Bel)	228	35,905
1957	Rik van Looy (Bel)	207	40,142
1958	Noël Foré (Bel)	231	41,597
1959	Leon Van Daele (Bel)	221	42,776
1960			
1960	Frans Aerenhouts (Bel)	253	38,430
1961	Frans Aerenhouts (Bel)	231	41,202
1962	Rik van Looy (Bel)	237	39,964
1963	Benoni Beheyt (Bel)	231	39,449
1964	Jacques Anquetil (Fra)	233	41,572
1965	Noël De Pauw (Bel)	235	41,964
1966	Herman van Springel (Bel)	251	38,324
1967	Eddy Merckx (Bel)	242	39,349
1968	Walter Godefroot (Bel)	246	42,171
1969	Willy Vekemans (Bel)	250	43,346
1970			
1970	Eddy Merckx (Bel) 2	33	40,195
1971	Georges Pintens (Bel)	237	44,576
1972	Roger Swerts (Bel)	245	42,000
1973	Eddy Merckx (Bel)	250	39,682
1974	Barry Hoban (GBR)	244	44,383
1975	Freddy Maertens (Bel)	250	40,106
1976	Freddy Maertens (Bel)	262	41,892

* La première édition de Gand-Wevelgem fut une course juniors. Depuis 1945, elle est courue par des indépendants, une catégorie à mi-chemin entre les professionnels et les amateurs.

ANNÉE	VAINQUEUR	DISTANCE (km)	VIT. MOY. (km/h)
1977	Bernard Hinault (Fra)	277	41,191
1978	Ferdi van dan Haute (Bel)	244	38,281
1979	Francesco Moser (Ita)	252	43,448
1980			
1980	Henk Lubberding (Hol)	264	42,127
1981	Jan Raas (Hol)	254	43,988
1982	Frank Hoste (Bel)	245	39,200
1983	Leo van Vliet (Hol)	255	39,331
1984	Guido Bontempi (Ita)	255	41,463
1985	Éric Vanderaerden (Bel)	262	41,957
1986	Guido Bontempi (Ita)	250	44,776
1987	Teun Van Vliet (Hol)	243	42,384
1988	Sean Kelly (Irl)	275	38,364
1989	Gerrit Solleveld (Hol)	265	39,750
1990			
1990	Herman Frison (Bel)	210	35,139
1991	Djamolidin Abduzhaparov (Ouzb)	210	39,036
1992	Mario Cipollini (Ita)	210	43,599
1993	Mario Cipollini (Ita)	210	38,989
1994	Wilfried Peeters (Bel)	210	40,909
1995	Lars Michaelsen (Dan)	207	41,959
1996	Tom Steels (Bel)	208	42,593
1997	Philippe Gaumont (Fra)	208	43,368
1998	Frank Vandenbroucke (Bel)	190	40,784
1999	Tom Steels (Bel)	210	40,000
2000			
2000	Geert van Bondt (Bel)	214	42,650
2000	George Hincapie (USA)	215	42,881
2002	Mario Cipollini (Ita)	215	44,781

L'IMPOSSIBLE TRIPLÉ

- Aucun cycliste ne réussit jamais à totaliser les trois victoires de Het Volk, Gand-Wevelgem et du Tour des Flandres la même année. Eddy Merckx et Jan Raas ne passèrent pas loin, remportant Het Volk et Gand-Wevelgem puis s'imposant à la troisième place dans le « Ronde », respectivement en 1973 et en 1981. Le doublé Het Volk-Gand-Wevelgem fut aussi enlevé par Noël De Pauw en 1965 et par Tom Steels en 1996.

PARIS-ROUBAIX

ANNÉE	VAINQUEUR	DISTANCE (km)	VIT. MOY. (km/h)
1890			
1896*	Josef Fischer (All)	280	30,162
1897	Maurice Garin (Fra)	280	28,124
1898	Maurice Garin (Fra)	268	32,599
1899	Albert Champion (Fra)	268	31,976
1900			
1900	Émie Bouhours (Fra)	268	37,352
1901	Lucien Lesna (Fra)	280	25,861
1902	Lucien Lesna (Fra)	268	28,088
1903	Hippolyte Aucouturier (Fra)	268	29,104
1904	Hippolyte Aucouturier (Fra)	268	32,518
1905	Louis Trousselier (Fra)	268	33,206
1906	Henri Cornet (Fra)	270	27,034
1907	Georges Passerieu (Fra)	270	30,971
1908	Cyrille Van Hauwaert (Bel)	271	25,630
1909	Octave Lapize (Fra)	276	30,469
1910			
1910	Octave Lapize (Fra)	266	29,274
1911	Octave Lapize (Fra)	266	31,345
1912	Charles Crupelandt (Fra)	266	31,294
1913	François Faber (Lux)	265	35,333
1914	Charles Crupelandt (Fra)	274	30,332
1919	Henri Pelissier (Fra)	280	22,857
1920			
1920	Paul Deman (Bel)	263	24,377
1921	Henri Pelissier (Fra)	263	29,068
1922	Albert Dejonghe (Bel)	262	34,690
1923	Henri Suter (Sui)	270	30,098
1924	Jules Van Hevel (Bel)	270	25,962
1925	Felix Sellier (Bel)	260	28,031
1926	Julien Delbecque (Bel)	270	31,962
1927	Georges Ronsse (Bel)	260	30,449
1928	André Leducq (Fra)	260	33,597
1929	Charles Meunier (Bel)	260	29,168
1930			
1930	Julien Vervaecke (Bel)	255	31,146
1931	Gaston Rebry (Bel)	255	36,342
1932	Romain Gijssels (Bel)	255	37,320
1933	Sylvère Maes (Bel)	255	36,523
1934	Gaston Rebry (Bel)	255	32,415
1935	Gaston Rebry (Bel)	255	37,363
1936	Georges Speicher (Fra)	262	36,137
1937	Jules Rossi (Ita)	255	34,935
1938	Lucien Storme (Bel)	255	30,936
1939	Émie Masson (Bel)	262	35,934
1940			
1943	Marcel Kint (Bel)	250	41,822
1944	Maurice De Simpelaere (Bel)	246	39,897
1945	Paul Maye (Fra)	246	31,212
1946	Georges Claes (Bel)	246	34,055
1947	Georges Claes (Bel)	246	39,831
1948	Rik Van Steenbergen (Bel)	246	43,612
1949	Ex-aequo A. Mahé (Fra), S. Coppi (Ita)	244	39,396
1950			
1950	Fausto Coppi (Ita)	247	39,123
1951	Antonio Bevilacqua (Ita)	247	40,355
1952	Rik Van Steenbergen (Bel)	245	41,938
1953	Germain Derycke (Bel)	245	43,522
1954	Raymond Impanis (Bel)	246	35,590
1955	Jean Forestier (Fra)	249	40,741
1956	Louison Bobet (Fra)	252	41,831
1957	Fred De Bruyne (Bel)	252	34,738
1958	Léon Van Daele (Bel)	269	33,300
1959	Noël Foré (Bel)	262	42,760
1960			
1960	Pino Cerami (Bel)	262	43,538
1961	Rik Van Looy (Bel)	263	41,700
1962	Rik Van Looy (Bel)	258	38,321

* La course fut courue avec des meneurs de train à vélo en 1896 et 1897 puis en voiture de 1898 à 1900 et de nouveau à vélo de 1901 à 1909. En 1908 et 1909, ils ne furent autorisés que jusqu'à Beauvais.

ANNÉE	VAINQUEUR	DISTANCE (km)	VIT. MOY. (km/h)
1963	Émie Daems (Bel)	266	37,681
1964	Peter Post (Pbs)	265	45,129
1965	Rik Van Looy (Bel)	267	41,847
1966	Felice Gimondi (Ita)	262	37,546
1967	Jan Janssen (Hol)	263	36,824
1968	Eddy Merckx (Bel)	262	36,606
1969	Walter Godefroot (Bel)	264	38,939
1970			
1970	Eddy Merckx (Bel)	266	41,644
1971	Roger Rosiers (Bel)	266	42,108
1972	Roger De Vlaeminck (Bel)	272	36,709
1973	Eddy Merckx (Bel)	272	36,370
1974	Roger De Vlaeminck (Bel)	274	37,567
1975	Roger De Vlaeminck (Bel)	277	40,406
1976	Marc De Meyer (Bel)	279	40,811
1977	Roger De Vlaeminck (Bel)	250	40,464
1978	Francesco Moser (Ita)	263	36,494
1979	Francesco Moser (Ita)	259	41,010
1980			
1980	Francesco Moser (Ita)	264	43,106
1981	Bernard Hinault (Fra)	263	40,868
1982	Jan Raas (Hol)	270	36,733
1983	Hennie Kuiper (Hol)	274	40,308
1984	Sean Kelly (Irl)	265	36,074
1985	Marc Madiot (Fra)	265	36,109
1986	Sean Kelly (Irl)	268	39,374
1987	Eric Vanderaerden (Bel)	264	36,982
1988	Dirk De Mol (Bel)	266	40,324
1989	Jean-Marie Wampers (Bel)	265	39,164
1990			
1990	Eddy Planckaert (Bel)	265	34,855
1991	Marc Madiot (Fra)	266	37,332
1992	Gilbert Duclos-Lassalle (Fra)	267	41,480
1993	Gilbert Duclos-Lassalle (Fra)	267	41,652
1994	Andreï Tchmil (Rus)	270	36,160
1995	Franco Ballerini (Ita)	266	41,303
1996	Johan Museeuw (Bel)	262	43,310
1997	Frédéric Guesdon (Fra)	267	40,280
1998	Franco Ballerini (Ita)	267	38,505
1999	Andrea Tafi (Ita)	273	40,519
2000			
2000	Johan Museeuw (Bel)	272	40,098
2001	Servais Knaven (Hol)	254,5	39,191
2002	Johan Museeuw (Bel)	261	39,350

VICTOIRES CONTROVERSÉES

- En pas moins de quatre occasions, la victoire dans Paris-Roubaix fut refusée au coureur qui avait franchi le premier la ligne d'arrivée. Tout comme les déboires de Roger Lapébie en 1934 et l'affaire André Mahé-Serse Coppi en 1949, qui ont été évoqués dans le chapitre réservé à cette course, les éditions de 1930 et de 1936 méritent que l'on s'y arrête. En 1930, Jean Maréchal s'imposa mais fut accusé d'avoir fait chuter Julien Vervaeck auquel la victoire fut attribuée. Aujourd'hui, tout le monde s'accorde à reconnaître que des pressions furent faites par Alcyon, l'équipe de ce dernier qui était aussi le plus gros sponsor de la course à cette époque. Six ans plus tard, le Belge Romain Maes termina premier sans équivoque, photo-finish à l'appui. Les commissaires attribuèrent cependant la victoire au Français Georges Speicher. Le fait que les Belges eurent remporté les sept éditions précédentes ne fut certainement pas une coïncidence.
- Seuls sept coureurs réussirent à enlever le doublé Paris-Roubaix-le Tour des Flandres, une « course de pavés » elle aussi, le premier fut Henri Suter en 1923.

LES CLASSIQUES DES ARDENNES

LA FLÈCHE WALLONNE

ANNÉE	VAINQUEUR	DISTANCE (km)	VIT. MOY. (km/h)
1930			
1936[1]	Philippe De Meersman (Bel)	236	33,376
1937[1]	Adolphe Braeckeveldt (Bel)	291	31,285
1938[1]	Émile Masson Jr (Bel)	300	35,785
1939[2]	Edmund Delathouwer (Bel)	285	35,668
1940			
1941[2]	Sylvain Grysolle (Bel)	205	38,198
1942[3]	Karel Thijs (Bel)	208	35,657
1943[3]	Marcel Kint (Bel)	208	36,705
1944[3]	Marcel Kint (Bel)	208	33,638
1945[4]	Marcel Kint (Bel)	213	34,344
1946[2]	Désiré Keteleer (Bel)	253	36,246
1947[2]	Ernest Sterckx (Bel)	276	31,663
1948[5]	Fermo Camellini (Ita)	234	34,400
1949[5]	Rik Van Steenbergen (Bel)	231	36,410
1950			
1950[5]	Fausto Coppi (Ita)	235	36,654
1951[5]	Ferdi Kübler (Sui)	220	34,556
1952[5]	Ferdi Kübler (Sui)	220	36,668
1953[5]	Stan Ockers (Bel)	220	34,337
1954[5]	Germain Derycke (Bel)	220	33,350
1955[5]	Stan Ockers (Bel)	220	35,453
1956[5]	Richard Van Genechten (Bel)	221	36,520
1957[5]	Raymond Impanis (Bel)	226	37,477
1958[5]	Rik Van Steenbergen (Bel)	235	36,061
1959[5]	Joseph Hoevenaars (Bel)	218	36,524
1960			
1960[6]	Pino Cerami (Bel)	208	36,535
1961[6]	Willi Vannitsen (Bel)	193	39,569
1962[6]	Henri De Wolf (Bel)	201	35,321
1963[6]	Raymond Poulidor (Fra)	213	34,667
1964[6]	Gilbert Desmet (Fra)	215	34,246
1965[7]	Roberto Poggiali (Ita)	214	33,630
1966[7]	Michele Dancelli (Ita)	233	38,614
1967[7]	Eddy Merckx (Bel)	223	37,373
1968[7]	Rik Van Looy (Bel)	222	36,575
1969[7]	Joseph Huysmans (Bel)	222	38,034
1970			
1970[7]	Eddy Merckx (Bel)	225	38,682
1971[7]	Roger De Vlaeminck (Bel)	225	38,028
1972[8]	Eddy Merckx (Bel)	249	38,880
1973[8]	André Dierickx (Bel)	249	36,479
1974[9]	Frans Verbeeck (Bel)	225	38,028
1975[9]	André Dierickx (Bel)	225	38,711
1976[9]	Joop Zoetemelk (Hol)	227	39,569

ANNÉE	VAINQUEUR	DISTANCE (km)	VIT. MOY. (km/h)
1977[9]	Francesco Moser (Ita)	223	37,630
1978[9]	Michel Laurent (Fra)	223	37,545
1979[10]	Bernard Hinault (Fra)	248	39,586
1980			
1980[11]	Giuseppe Saronni (Ita)	248	38,313
1981[12]	Daniel Willems (Bel)	240	41,260
1982[13]	Mario Beccia (Ita)	251	37,450
1983[14]	Bernard Hinault (Fra)	248	36,650
1984[14]	Kim Andersen (Dan)	247	39,538
1985[14]	Claude Criquelion (Bel)	219	38,071
1986[15]	Laurent Fignon (Fra)	248	38,685
1987[15]	Jean Claude Leclerq (Sui)	245	38,747
1988[15]	Rolf Gölz (All)	243	37,194
1989[15]	Claude Criquelion (Bel)	253	38,960
1990			
1990[15]	Moreno Argentin (Ita)	208	38,878
1991[15]	Moreno Argentin (Ita)	203	39,571
1992[15]	Giorgio Furlan (Ita)	204	37,162
1993[15]	Maurizio Fondriest (Ita)	206	38,870
1994[15]	Moreno Argentin (Ita)	205	41,550
1995[15]	Laurent Jalabert (Fra)	203	41,960
1996[15]	Lance Armstrong (US)	201	42,960
1997[15]	Laurent Jalabert (Fra)	200	39,190
1998[15]	Bo Hamburger (Dan)	201	39,300
1999[16]	Michele Bartoli (Ita)	200	40,988
2000			
2000[16]	Francesco Casagrande (Ita)	200	40,937
2001[16]	Rik Verbrugghe (Bel)	198	40,958
2002[16]	Mario Aerts (Bel)	198	41,640

AUTRES ITINÉRAIRES
Tournai-Liège[1] Mons-Liège[2] Mons-Marcinelle[3] Mons-Chaleroi[4] Charleroi-Liège[5] Liège-Charleroi[6] Liège-Marcinelle[7] Verviers-Marcinelle[8] Verviers-Verviers[9] Esneux-Marcinelle[10] Mons-Spa[11] Esp-Mons[12] Charleroi-Spa[13] Huy-Huy[14] Esp-Huy[15] Charleroi-Huy[16]

LIÈGE-BASTOGNE-LIÈGE

DATE	VAINQUEUR	DISTANCE (km)	VIT. MOY. (km/h)
1890			
1892	Léon Houa (Bel)	250	22,935
1893	Léon Houa (Bel)	250	24,509
1894[1]	Léon Houa (Bel)	223	25,150
années 1900			
1908	A. Trousselier (Fra)	235	28,649
1909	Victor Fastre (Bel)	235	28,142
1911	Joseph Van Daele (Bel)	234	28,631
1912	Omer Verschoore (Bel)	257	29,941
1913	M. Moritz (Bel)	233	30,490
1919	Léon Devos (Bel)	237	24,101
1920			
1920	Léon Scieur (Bel)	245	28,710
1921	Louis Mottiat (Bel)	209	28,306
1922	Louis Mottiat (Bel)	218	29,229
1923	René Vermandel (Bel)	218	29,376
1924	René Vermandel (Bel)	245	28,053
1925	Georges Ronsse (Bel)	231	28,755
1926	D. Smets (Bel)	231	27,176
1927	M. Raes (Bel)	231	31,862
1928	Ernest Mottard (Bel)	231	29,935
1929	Alfons Schepers (Bel)	231	24,864

AUTRE ITINÉRAIRE Esp-Bastogne-Spa[1]

ANNÉE	VAINQUEUR	DISTANCE (km)	VIT. MOY. (km/h)
1930			
1930	Herman Buse (All)	231	27,445
1931	Alfons Schepers (Bel)	213	28,435
1932	Marcel Hoyoux (Bel)	214	32,752
1933	François Gardier (Bel)	213	34,975
1934	Theo Heckenrath (Bel)	213	34,171
1935	Alfons Schepers (Bel)	240	36,219
1936	Albert Beckaert (Bel)	211	36,067
1937	Eloi Meulenbergh (Bel)	211	36,188
1938	Alfons Deloor (Bel)	211	37,051
1939	Albert Ritserveldt (Bel)	211	37,345
1940			
1943	Richard Depoorter (Bel)	211	37,679
1945	Jean Engels (Bel)	204	32,929
1946	Prosper Depredomme (Bel)	205	33,974
1947	Richard Depoorter (Bel)	218	36,286
1948	Maurice Mollin (Bel)	205	34,943
1949	Camille Danguillaume (Fra)	256	36,775
1950			
1950	Prosper Depredomme (Bel)	263	35,427
1951	Ferdi Kübler (Sui)	211	37,124
1952	Ferdi Kübler (Sui)	229	35,400
1953	Alois De Hertog (Bel)	236	34,215
1954	Marcel Ernzer (Lux)	236	34,016
1955	Stan Ockers (Bel)	238	34,747
1956	Alfred De Bruyne (Bel)	247	37,973
1957	Frans Schoubben (Bel)	255	34,386
1958	Alfred De Bruyne (Bel)	246	34,480
1959	Alfred De Bruyne (Bel)	240	35,511
1960			
1960	Abe Geldermans (Hol)	248	36,401
1961	Rik Van Looy (Bel)	251	37,224
1962	Jos Planckaert (Bel)	254	36,581
1963	Frans Melckenbeeck (Bel)	237	37,179
1964	Willy Bocklandt (Bel)	245	34,615
1965	Carmine Preziosi (Ita)	253	36,051
1966	Jacques Anquetil (Fra)	253	36,164
1967	Walter Godefroot (Bel)	256	35,971
1968	Valeer Van Sweevelt (Bel)	268	36,380
1969	Eddy Merckx (Bel)	253	37,024
1970			
1970	Roger De Vlaeminck (Bel)	235	35,971
1971	Eddy Merckx (Bel)	251	36,115
1972	Eddy Merckx (Bel)	239	36,488
1973	Eddy Merckx (Bel)	236	37,869
1974	Georges Pintens (Bel)	246	38,537
1975	Eddy Merckx (Bel)	247	38,247
1976	Jos Bruyere (Bel)	247	37,396
1977	Bernard Hinault (Fra)	243	37,654
1978	Joseph Bruyere (Bel)	242	36,464
1979	Dietrich Thurau (All)	242	36,713
1980			
1980	Bernard Hinault (Fra)	244	34,716
1981	Josef Fuchs (Sui)	244	35,362
1982	Silvano Contini (Ita)	244	34,033
1983	Steven Rooks (Hol)	246	35,516
1984	Sean Kelly (Irl)	247	36,366
1985	Moreno Argentin (Ita)	245	37,021
1986	Moreno Argentin (Ita)	253	37,673
1987	Moreno Argentin (Ita)	258	38,700
1988	Adrie Van der Poel (Hol)	260	38,801
1989	Sean Kelly (Irl)	268	36,243

ANNÉE	VAINQUEUR	DISTANCE (km)	VIT. MOY. (km/h)
1990			
1990	Eric Van Lancker (Bel)	256	35,560
1991	Moreno Argentin (Ita)	267	36,627
1992	Dirk De Wolf (Bel)	262	35,882
1993	Rolf Sörensen (Dan)	261	36,072
1994	Evgeni Berzin (Rus)	268	36,838
1995	Mauro Gianetti (Sui)	261	39,305
1996	Pascal Richard (Sui)	263	37,700
1997	Michele Bartoli (Ita)	262	36,650
1998	Michele Bartoli (Ita)	262	40,077
1999	Frank Vandenbroucke (Bel)	262	41,079
2000	Paolo Bettini (Ita)	264	40,769
2001	Oscar Camenzind (Sui)	258	38,507
2002	Paolo Bettini (Ita)	258	38,800

AMSTEL GOLD RACE

ANNÉE	VAINQUEUR	DISTANCE (km)	VIT. MOY. (km/h)
1960			
1966	Jean Stablinski (Fra)	302	38,649
1967	Arie dan Hartog (Hol)	213	43,711
1968	Harry Steevens (Hol)	245	41,704
1969	Gudio Reybrouck (Bel)	259	40,782
1970			
1970	Georges Pintens (Bel)	240	37,745
1971	Frans Verbeeck (Bel)	233	37,622
1972	Walter Planckaert (Bel)	237	37,653
1973	Eddy Merckx (Bel)	238	35,650
1974	Gerrie Knetemann (Hol)	238	38,963
1975	Eddy Merckx (Bel)	230	37,231
1976	Freddie Maertens (Bel)	230	39,078
1977	Jan Raas (Hol)	230	39,894
1978	Jan Raas (Hol)	237	37,803
1979	Jan Raas (Hol)	238	39,507
1980			
1980	Jan Raas (Hol)	237	41,417
1981	Bernard Hinault (Fra)	237	39,741
1982	Jan Raas (Hol)	242	38,354
1983	Phil Anderson (Aus)	247	41,434
1984	Jacques Hanegraaf (Hol)	242	40,584
1985	Gerrie Knetemann (Hol)	242	37,446
1986	Steven Rooks (Hol)	242	39,665
1987	Joop Zoetemelk (Hol)	242	38,943
1988	Jelle Nijdam (Hol)	242	37,386
1989	Erik Van Lancker (Bel)	242	40,187
1990			
1990	Adri van der Poel (Hol)	249	41,507
1991	Frans Maassen (Hol)	244	40,135
1992	Olaf Ludwig (All)	248	38,219
1993	Rolf Järmann (Sui)	249	37,343
1994	Johan Museeuw (Bel)	249	37,260
1995	Mauro Gianetti (Sui)	250	39,261
1996	Stefano Zanini (Ita)	250	42,600
1997	Bjarne Riis (Dan)	253	41,689
1998	Rolf Järmann (Sui)	258	38,280
1999	Michael Boogerd (Hol)	253	38,547
2000			
2000	Erik Zabel (All)	258	41,110
2001	Erik Dekker (Hol)	255	38,620
2002	Michele Bartoli (Ita)	254	37,370

LE DOUBLÉ DES ARDENNES

La victoire de Liège-Bastogne-Liège et de la Flèche Wallonne la même année n'a été remportée qu'à cinq occasions : par Ferdi Kübler en 1951 et 1952, Stan Ockers en 1955, Eddy Merckx en 1972 et Moreno Argentin en 1991. De 1950 à 1964, un seul gagnant fut désigné pour les deux courses qui furent réunies dans le Week-end des Ardennes, les vainqueurs furent : 1950 Raymond Impanis (Bel) ; 1951 Ferdi Kübler (Sui) ; 1952 Ferdi Kübler (Sui) ; 1953 Jan Storms (Bel) ; 1954 Marcel Ernzer (Lux) ; 1955 Stan Ockers (Bel) ; 1956 Richard Van Genechten (Bel) ; 1957 Frans Schouben (Bel) ; 1958 Fred De Bruyne (Bel) ; 1959 Frans Schouben (Bel) ; 1960 Ab Geldermans (Bel) ; 1961 Rik Van Looy (Bel) ; 1962 Jo Planckaert (Bel) ; 1963 Raymond Poulidor (Fra) ; 1964 Willi Bocklandt (Bel).

Le doublé Liège-Bastogne-Liège et Amstel Gold Race fut encore plus rare. Eddy Merckx réussit cet exploit deux fois, en 1973 et 1975, et faillit remporter le triplé en 1973 en s'imposant deuxième dans la Flèche Wallonne. Le Suisse Mauro Gianetti créa deux surprises en enlevant le doublé en 1995. Aucun cycliste ne fut vainqueur des trois courses la même année, ni du doublé Amstel Gold-la Flèche.

LE TOUR D'ITALIE (GIRO)

ANNÉE	VAINQUEUR	TEMPS (h-min-sec)	DISTANCE (km)
1900			
1909	Luigi Ganna (Ita)	25pts*	2 448
1910	Carlo Galetti (Ita)	28pts	2 987
1911	Carlo Galetti (Ita)	50pts	3 530
1912	Atala	33pts	2 439
1913	Carlo Oriani (Ita)	37pts	2 932
1914	Alfonso Calzolari (Ita)	135.17.56	3 162
1919	Costante Girardengo (Ita)	112.51.29	2 984
1920			
1920	Gaetano Belloni (Ita)	102.47.33	2 632
1921	Giovanni Brunero (Ita)	120.24.39	3 107
1922	Giovanni Brunero (Ita)	119.43.00	3 095
1923	Costante Girardengo (Ita)	122.58.17	3 202
1924	Giuseppe Enrici (Ita)	143.43.37	3 613
1925	Alfredo Binda (Ita)	137.31.13	3 520
1926	Giovanni Brunero (Ita)	137.55.29	3 429
1927	Alfredo Binda (Ita)	144.15.35	3 758
1928	Alfredo Binda (Ita)	114.15.19	3 044
1929	Alfredo Binda (Ita)	107.18.24	2 920
1930			
1930	Luigi Marchisio (Ita)	115.11.55	3 097
1931	Francesco Camusso (Ita)	102.40.46	3 012
1932	Antonio Pesenti (Ita)	105.42.41	3 235
1933	Alfredo Binda (Ita)	111.01.52	3 343
1934	Learco Guerra (Ita)	121.17.17	3 706
1935	Vasco Bergamaschi (Ita)	113.22.46	3 577
1936	Gino Bartali (Ita)	120.12.30	3 766
1937	Gino Bartali (Ita)	122.25.40	3 840

* De 1909 à 1913, la victoire fut basée sur un classement par points, en 1912 elle fut attribuée à une équipe.

ANNÉE	VAINQUEUR	TEMPS (h-min-sec)	DISTANCE (km)
1938	Giovanni Valetti (Ita)	112.49.28	3 645
1939	Giovanni Valetti (Ita)	88.02.00	3 011
1940			
1940	Fausto Coppi (Ita)	107.31.10	3 574
1946	Gino Bartali (Ita)	95.32.20	3 039
1947	Fausto Coppi (Ita)	115.555.07	3 843
1948	Fiorenzo Magni (Ita)	124.51.52	4 164
1949	Fausto Coppi (Ita)	125.25.50†	4 088
1950			
1950	Hugo Koblet (Sui)	117.28.03	3 981
1951	Fiorenzo Magni (Ita)	121.11.37	4 153
1952	Fausto Coppi (Ita)	114.36.43	3 964
1953	Fausto Coppi (Ita)	118.37.26	4 035
1954	Carlo Clerici (Sui)	129.13.07	4 337
1955	Fiorenzo Magni (Ita)	108.56.12	3 871
1956	Charly Gaul (Lux)	101.39.46	3 523
1957	Gastone Nencini (Ita)	104.45.06	3 926
1958	Ercole Baldini (Ita)	92.09.30	3 341
1959	Charly Gaul (Lux)	101.50.26	3 657
1960			
1960	Jacques Anquetil (Fra)	94.03.54	3 841
1961	Arnaldo Pambianco (Ita)	111.25.38	4 004
1962	Franco Balmamion (Ita)	123.06.03	4 180
1963	Franco Balmamion (Ita)	116.50.16	4 063
1964	Jacques Anquetil (Fra)	115.10.27	4 119
1965	Vittorio Adorni (Ita)	121.08.18	4 151
1966	Gianni Motta (Ita)	111.10.48	3 916
1967	Felice Gimondi (Ita)	101.15.34	3 572
1968	Eddy Merckx (Bel)	108.42.27	3 917
1969	Felice Gimondi (Ita)	106.47.03	3 731
1970			
1970	Eddy Merckx (Bel)	90.08.47	3 292
1971	Gosta Pettersson (Sue)	97.24.03	3 567
1972	Eddy Merckx (Bel)	103.04.04	3 725
1973	Eddy Merckx (Bel)	106.54.41	3 796
1974	Eddy Merckx (Bel)	113.08.13	4 001
1975	Fausto Bertoglio (Ita)	111.31.24	3 963
1976	Felice Gimondi (Ita)	119.58.15	4 161
1977	Michel Pollentier (Bel)	107.27.16	3 968
1978	Johan De Muynck (Bel)	101.31.22	3 610
1979	Giuseppe Saronni (Ita)	89.29.18	3 301

LES RECORDS DU GIRO

- Le benjamin des vainqueurs du Tour d'Italie fut Fausto Coppi qui remporta la course en 1940 à l'âge de 20 ans. Le plus âgé fut Fiorenzo Magni qui s'imposa en 1955 à 35 ans. Le record du nombre de victoires d'étape (41) jamais enlevé dans une carrière est attribué à Alfredo Binda qui en comptabilisa 12 lors d'une seule édition du Giro, et ne fut pas loin d'en remporter 15 en 1927. Mario Cipollini le suit de près avec un total de 40 victoires d'étape à son actif.
- Le record de vitesse d'étape du Giro fut remporté par le Belge Rik Verbrugghe qui s'imposa au prologue de 2001 à Pescara avec une moyenne de 58,874 km/h.

ANNÉE	VAINQUEUR	TEMPS (h-min-sec)	DISTANCE (km)
1980			
1980	Bernard Hinault (Fra)	112.08.20	4 025
1981	Giovanni Battaglin (Ita)	104.51.36	3 895
1982	Bernard Hinault (Fra)	110.07.55	4 010
1983	Giuseppe Saronni (Ita)	100.45.30	3 922
1984	Francesco Moser (Ita)	98.32.20	3 808
1985	Bernard Hinault (Fra)	105.46.51	3 998
1986	Roberto Visentini (Ita)	102.33.55	3 858
1987	Stephen Roche (Irl)	105.39.42	3 915
1988	Andrew Hampsten (USA)	97.18.56	3 579
1989	Laurent Fignon (Fra)	93.30.16	3 418
1990			
1990	Gianni Bugno (Ita)	91.51.08	3 450
1991	Franco Chioccioli (Ita)	99.35.43	3 715
1992	Miguel Indurain (Esp)	103.36.08	3 843
1993	Miguel Indurain (Esp)	98.09.44	3 702
1994	Evgeni Berzin (Rus)	100.41.21	3 721
1995	Tony Rominger (Sui)	97.39.50	3 736
1996	Pavel Tonkov (Rus)	105.20.23	3 990
1997	Ivan Gotti (Ita)	102.53.58	3 889
1998	Marco Pantani (Ita)	94.48.32	3 811
1999	Ivan Gotti (Ita)	99.55.56	3 757
2000			
2000	Stefano Garzelli (Ita)	98.30.14	3 698
2001	Gilberto Simoni (Ita)	89.02.58	3 144
2002	Paolo Savoldelli (Ita)	89.22.42	3 334

† dont 10 mn de bonus déduites.

LE TOUR D'ESPAGNE

ANNÉE	VAINQUEUR	TEMPS (h-min-sec)	DISTANCE (km)
1930/1940			
1935	Gustaf Deloor (Bel)	120.01.02	3 431
1936	Gustaf Deloor (Bel)	150.07.54	4 349
1941	Julian Berrendero (Esp)	168.45.26	4,442
1942	Julian Berrendero (Esp)	134.05.09	3 634
1945	Delio Rodriguez (Esp)	135.43.55	3 723
1946	Dalmacio Langarica (Esp)	137.10.38	3 847
1947	Eduard Van Dijck (Bel)	132.27.00	3 818
1948	Bernardo Ruiz (Esp)	155.06.30	4 090
1950			
1950	Emilio Rodriguez (Esp)	134.49.19	3 924
1955	Jean Dotto (Fra)	81.04.02	2 735
1956	Angelo Conterno (Ita)	105.37.52	3 204

ANNÉE	VAINQUEUR	TEMPS (h-min-sec)	DISTANCE (km)
1957	Jesus Lorono (Esp)	84.44.06	2 943
1958	Jean Stablinski (Fra)	94.54.21	3 276
1959	Antonio Suarez (Esp)	84.36.20	3 060
1960			
1960	Franz De Mulder (Bel)	103.05.57	3 368
1961	Angelino Soler (Esp)	77.36.17	2 818
1962	Rudi Altig (All)	78.35.27	2 843
1963	Jacques Anquetil (Fra)	64.46.20	2 419
1964	Raymond Poulidor (Fra)	78.23.35	2 865
1965	Rolf Wolfshohl (All)	92.36.03	3 409
1966	Francisco Gabica (Esp)	78.53.55	2 950
1967	Jan Janssen (Hol)	76.38.04	2 941
1968	Felice Gimondi (Ita)	78.29.00	2 981

ANNÉE	VAINQUEUR	TEMPS (h-min-sec)	DISTANCE (km)
1969	Roger Pingeon (Fra)	73.18.45	2 921
1970			
1970	Luis Ocaña (Esp)	89.57.12	3 560
1971	Ferdinand Bracke (Bel)	73.50.05	2 793
1972	Jose-Manuel Fuente (Esp)	82.34.14	3 078
1973	Eddy Merckx (Bel)	84.40.50	3 056
1974	Jose-Manuel Fuente (Esp)	86.48.18	2 987
1975	Agustin Tamames (Esp)	88.00.56	3 075
1976	Jose Pesarrodona (Esp)	93.19.10	3 343
1977	Freddy Maertens (Bel)	78.54.36	2 785
1978	Bernard Hinault (Fra)	85.24.14	2 990
1979	Joop Zoetemelk (Hol)	94.57.05	3 373
1980			
1980	Faustino Ruperez (Esp)	88.23.21	3 216
1981	Giovanni Battaglin (Ita)	98.04.49	3 446
1982	Marino Lejaretta (Esp)*	95.47.23	3 456
1983	Bernard Hinault (Fra)	94.28.26	3 398
1984	Eric Caritoux (Fra)	90.08.03	3 593
1985	Pedro Delgado (Esp)	95.58.00	3 474
1986	Alvaro Pino (Esp)	98.16.04	3 666
1987	Luis Herrera (Col)	105.34.26	3 921
1988	Sean Kelly (Irl)	89.19.23	3 428
1989	Pedro Delgado (Esp)	93.01.17	3 683
1990			
1990	Marco Giovannetti (Ita)	94.36.50	3 711
1991	Melchior Mauri (Esp)	82.48.07	3 212

DOUBLÉS ET TRIPLÉS

La combinaison Tour d'Italie et d'Espagne est une rareté que Eddy Merckx en 1973 et l'Italien Giovanni Battaglin en 1981 réussirent à remporter. Anquetil en 1963 et Hinault en 1978 sont les seuls cyclistes qui aient jamais enlevé le Tour et la Vuelta la même année.

Être vainqueur des trois grandes courses d'étapes dans sa carrière est également un record réservé à un petit nombre de coureurs : Anquetil, Merckx, Gimondi et Hinault le réalisèrent. Courir ces trois événements en une seule saison est déjà une rare prouesse que Marino Lejarreta fut le seul à réussir entre le 24 avril et le 22 juillet 1989 : il termina 20e à la Vuelta, 10e au Giro et 5e au Tour de France. Il participa également aux trois courses lors des deux saisons suivantes, se plaçant quatre fois parmi les dix premiers.

ANNÉE	VAINQUEUR	TEMPS (h-min-sec)	DISTANCE (km)
1992	Tony Rominger (Sui)	96.24.50	3 395
1993	Tony Rominger (Sui)	96.07.03	3 605
1994	Tony Rominger (Sui)	92.07.48	3 531
1995	Laurent Jalabert (Fra)	95.30.33	3 637
1996	Alex Zülle (Sui)	97.31.46	3 947
1997	Alex Zülle (Sui)	91.15.55	3 759
1998	Abraham Olano (Esp)	93.44.08	3 781
1999	Jan Ullrich (All)	89.52.03	3 548
2000			
2000	Roberto Heras (Esp)	70.26.14	2 894
2001	Angel Casero (Esp)	70-49-05	2 986
2002	Aitor Gonzalez (Esp)	75-13-52	3 128

CHAMPIONNAT DU MONDE SUR ROUTE

ANNÉE	PLACE	VAINQUEUR
1920		
1927	Nurburgring (All)	Alfredo Binda (Ita)
1928	Budapest (Hon)	Georges Ronsse (Bel)
1929	Zurich (Sui)	Georges Ronsse (Bel)
1930		
1930	Liège (Bel)	Alfredo Binda (Ita)
1931	Copenhague (Dan)	Learco Guerra (Ita)
1932	Rome (Ita)	Alfredo Binda (Ita)
1933	Monthléry (Fra)	Georges Speicher (Fra)
1934	Leipzig (All)	Karel Kaers (Bel)
1935	Floreffe (Bel)	Jean Aerts (Bel)
1936	Berne (Sui)	Antonin Magne (Fra)
1937	Copenhague (Dan)	Eloi Meulenberg (Bel)
1938	Valkenburg (Pbs)	Marcel Kint (Bel)
1940		
1946	Zurich (Sui)	Hans Knecht (Sui)
1947	Reims (Fra)	Theo Middelkamp (Pbs)
1948	Valkenburg (Pbs)	Albéric Schotte (Bel)
1949	Copenhague (Dan)	Rik Van Steenbergen (Bel)
1950		
1950	Moorslede (Bel)	Albéric Schotte (Bel)
1951	Varese (Ita)	Ferdi Kübler (Sue)
1952	Luxembourg	Heinz Muller (All)
1953	Lugano (Ita)	Fausto Coppi (Ita)
1954	Solingen (All)	Louison Bobet (Fra)
1955	Frascati (Ita)	Stan Ockers (Bel)
1956	Ballerup (Dan)	Rik Van Steenbergen (Bel)
1957	Waregem (Bel)	Rik Van Steenbergen (Bel)
1958	Reims (Fra)	Ercole Baldini (Ita)

ANNÉE	PLACE	VAINQUEUR
1959	Zandtvoort (Pbs)	Andre Darrigade (Fra)
1960		
1960	Sachsenring (All)	Rik Van Looy (Bel)
1961	Berne (Sui)	Rik Van Looy (Bel)
1962	Salo (Ita)	Jean Stablinski (Fra)
1963	Ronse (Bel)	Benoni Beheyt (Bel)
1964	Sallanches (Fra)	Jan Janssen (Pbs)
1965	Lasarte (Esp)	Tom Simpson (GBR)
1966	Nurburgring (All)	Rudi Altig (All)
1967	Heerlen (Pbs)	Eddy Merckx (Bel)
1968	Imola (Ita)	Vittorio Adorni (Ita)
1969	Zolder (Bel)	Harm Ottenbros (Pbs)
1970		
1970	Leicester (GBR)	Jean-Pierre Monséré (Bel)
1971	Mendrisio (Sui)	Eddy Merckx (Bel)
1972	Gap (Fra)	Marino Basso (Ita)
1973	Montjuich (Esp)	Felice Gimondi (Ita)
1974	Montréal (Can)	Eddy Merckx (Bel)
1975	Yvoir (Bel)	Hennie Kuiper (Pbs)
1976	Ostuni (Ita)	Freddy Maertens (Bel)
1977	San Cristobal (Ven)	Francesco Moser (Ita)
1978	Nurburgring (All)	Gerrie Knetemann (Pbs)
1979	Valkenburg (Pbs)	Jan Raas (Pbs)
1980		
1980	Sallanches (Fra)	Bernard Hinault (Fra)
1981	Prague (Tchè)	Freddy Maertens (Bel)
1982	Goodwood (GBR)	Giuseppe Saronni (Ita)
1983	Altenrhein (Sui)	Greg LeMond (USA)
1984	Barcelone (Esp)	Claude Criquelion (Bel)

ANNÉE	PLACE	VAINQUEUR
1985	Giavera (Ita)	Joop Zoetemelk (Pbs)
1986	Colorado Springs (USA)	Moreno Argentin (Ita)
1987	Villach (Aut)	Stephen Roche (Irl)
1988	Ronse (Bel)	Maurizio Fondriest (Ita)
1989	Chambéry (Fra)	Greg LeMond (USA)
1990		
1990	Utsunomiya (Jap)	Rudy Dhaenens (Bel)
1991	Stuttgart (All)	Gianni Bugno (Ita)
1992	Benidorm (Esp)	Gianni Bugno (Ita)
1993	Oslo (Nor)	Lance Armstrong (USA)
1994	Agrigento (Ita)	Luc Leblanc (Fra)
1995	Duitama (Col)	Abraham Olano (Esp)
1996	Lugano (Sue)	Johan Museeuw (Bel)
1997	San Sebastian (Esp)	Laurent Brochard (Fra)
1998	Valkenburg (Pbs)	Oscar Camenzind (Sui)
1999	Vérone (Ita)	Oscar Freire (Esp)
2000		
2000	Plouay (Fra)	Romans Vainsteins (Let)
2001	Lisbon (Port)	Oscar Freire (Esp)
2002	Zolder (Bel)	Mario Cipollini (Ita)

LA MALÉDICTION DU MAILLOT ARC-EN-CIEL

La tradition cycliste veut que le champion du monde porte le maillot du vainqueur dans toutes les courses auxquelles il participe tant qu'il reste le tenant du titre. Plusieurs lauréats ont connu un sort plus ou moins dramatique, le maillot arc-en-ciel porterait-il malheur ?

Rudy Dhaenens (Bel) : ne remporta jamais de grande course après son titre en 1990 et mourut dans un accident de voiture en 1999.

Laurent Brochard (Fra) : accusé de dopage lors du Tour de France alors qu'il portait le maillot arc-en-ciel.

Luc Leblanc (Fra) : après avoir remporté le titre en 1994, une vieille blessure au genou se réveilla. Son sponsor, qui connaissait des difficultés financières, coupa les vivres à l'équipe au milieu de la saison.

Stephen Roche (Irl) : la saison consécutive à sa victoire, en 1987, fut en grande partie perdue pour lui. Il ne parviendra ensuite plus jamais au niveau qu'il avait atteint avant d'être sacré champion du monde. Rappelons que cette année-là, il avait remporté le doublé Giro-Tour de France avant d'endosser le maillot arc-en-ciel.

Freddy Maertnes (Bel) : après avoir enlevé le titre à Prague en 1981, il ne réussit jamais à se maintenir en tête d'une course. Il subit un désastre financier et vit aujourd'hui dans l'ombre.

LES CLASSIQUES D'AUTOMNE

PARIS-TOURS

ANNÉE	VAINQUEUR	DISTANCE (km)	VIT. MOY. (km/h)
1896	E. Prévost (Fra)	250	31,200
1900			
1901	Jean Fischer (Fra)	253	26,982
1906	Lucien Petit-Breton (Fra)	234	29,557
1907	Georges Passerieu (Fra)	245	32,186
1908	Omer Beaugendre (Fra)	248	30,690
1909	François Faber (Lux)*	248	30,680
1910	François Faber (Lux)	248	32,105
1911	Octave Lapize (Fra)	248	27,054
1912	Louis Heusghem (Bel)	246	26,348
1913	Charles Crupelandt (Fra)	246	33,931
1914	Oscar Egg (Sui)	316	32,147
1917	Philippe Thys (Bel)	246	34,009
1918	Charles Mantelet (Fra)	248	30,182
1919	Hector Thiberghien (Bel)	342	27,178
1920			
1920	Eugène Christophe (Fra)	342	25,570
1921	Francis Pélissier (Fra)	342	22,893
1922	Henri Pélissier (Fra)	342	29,653
1923	Paul Deman (Bel)	342	25,014
1924	Louis Mottiat (Bel)	342	28,423
1925	Dan. Verschueren (Bel)	342	27,469
1926	Henri Suter (Sui)	324	28,230
1927	Henri Suter (Sui)	253	35,324
1928	Dan. Verschueren (Bel)	253	34,746
1929	Nicolas Frantz (Bel)	253	27,355
1930			
1930	Jean Maréchal (Fra)	253	34,112
1931	André Leducq (Fra)	240	31,276
1932	Julien Moineau (Fra)	253	37,251
1933	Jules Merviel (Fra)	243	37,528
1934	Gustave Danneels (Bel)	243	38,358
1935	René Le Grevès (Fra)	251	37,900
1936	Gustave Danneels (Bel)	251	41,455
1937	Gustave Danneels (Bel)	251	41,092
1938	Jules Rossi (Ita)	251	42,097
1939	Frans Bonduel (Bel)	251	39,655
1940			
1941	Paul Maye (Fra)	249	36,096
1942	Paul Maye (Fra)	248	36,024
1943	Gaby Gaudin (Fra)	241	37,422
1944	Lucien Teisseire (Fra)	253	41,452
1945	Paul Maye (Fra)	253	37,161
1946	Albéric Schotte (Bel)	251	37,714
1947	Albéric Schotte (Bel)	251	35,678
1948	Louis Caput (Fra)	251	43,096
1949	Albert Ramon (Bel)	251	41,377
1950			
1950	André Mahé (Fra)	251	39,536
1951	Jacques Dupont (Fra)	251	41,691
1952	Raymond Guégan (Fra)	253	40,861
1953	Jozef Schils (Bel)	253	43,529
1954	Gilbert Scodeller (Fra)	253	40,881
1955	Jacques Dupont (Fra)	253	43,766
1956	Albert Bouvet (Fra)	251	40,844
1957	Alfred De Bruyne (Bel)	251	42,842
1958	Gilbert De Smet (Bel)	251	37,148
1959	Rik Van Looy (Bel)	267	37,791
1960			
1960	Jo De Haan (Hol)	267	40,001
1961	Jos Wouters (Bel)	267	38,407
1962	Jo De Roo (Hol)	267	44,903
1963	Jo De Roo (Hol)	255	39,162
1964	Guido Reybroeck (Bel)	248	36,466
1965†	Gerben Karstens (Hol)	247	45,029
1966	Guido Reybroeck (Bel)	249	43,355
1967	Rik Van Looy (Bel)	249	41,720
1968	Guido Reybroeck (Bel)	249	44,584
1969	Herman Vanspringel (Bel)	286	43,038

ANNÉE	VAINQUEUR	DISTANCE (km)	VIT. MOY. (km/h)
1970			
1970	Jurgen Tschan (All)	286	41,011
1971	Rik Van Linden (Bel)	285	40,766
1972	Noël Vantyghem (Bel)	292	40,679
1973	Rik Van Linden (Bel)	264	42,076
1974[1]	Francesco Moser (Ita)	254	43,268
1975[1]	Freddy Maertens (Bel)	247	41,241
1976[1]	Ronald De Witte (Bel)	253	43,519
1977[1]	Joop Zoetemelk (Hol)	259	44,531
1978[2]	Jan Raas (Hol)	271	38,896
1979[3]	Joop Zoetemelk (Hol)	228	41,838
1980			
1980[3]	Daniel Willems (Bel)	228	40,449
1981[3]	Jan Raas (Hol)	228	40,113
1982[3]	Luc Vandenbroucke (Bel)	228	40,777
1983[3]	Ludo Peeters (Bel)	237	43,431
1984[3]	Sean Kelly (Irl)	249	41,411
1985[4]	Ludo Peeters (Bel)	249	38,607
1986[1]	Phil Anderson (Aus)	253	40,765
1987[1]	Adri Van Der Poel (Hol)	255	38,734
1988	Peter Pieters (Hol)	290	34,202
1989	Jelle Nijdam (Hol)	283	39,402
1990			
1990	Rolf Sorensen (Dan)	283	39,601
1991	Johan Capiot (Bel)	286	38,406
1992	Hendrik Redant (Bel)	286	46,745
1993	Johan Museeuw (Bel)	251	38,142
1994	Erik Zabel (All)	250	39,934
1995	Nicola Minali (Ita)	250	43,363
1996	Nicola Minali (Ita)	249	44,860
1997	Andrei Tchmil (Ukr)	254	48,400
1998	Jacky Durand (Fra)	254	44,231
1999	Marc Wauters (Bel)	254	41,281
2000			
2000	Andrea Tafi (Ita)	254	38,300
2001	Richard Virenque (Fra)	254.5	36,484
2002	Jakob Storm Piil (Dan)	257	45,460

* Premier des trois coureurs à avoir été disqualifiés pour n'avoir pas suivi le bon itinéraire.

AUTRES ITINÉRAIRES :
Tours-Paris[1] **Blois–Montlhery**[2]
Blois-Chaville[3] (Grand Prix d'Automne)
Créteil-Chaville[4] (Grand Prix d'Automne)

TOUR DE LOMBARDIE

ANNÉE	VAINQUEUR	DISTANCE (km)	VIT. MOY. (km/h)
1900			
1905	Giovanni Gerbi (Ita)	230	24,950
1906	Giuseppe Brambilla (Ita)	197	26,452
1907	Gustave Garrigou (Fra)	210	27,668
1908	François Faber (Lux)	210	28,750
1909	Giovanni Cuniolo (Ita)	193	20,850
1910	Giovanni Micheletto (Ita)	232	27,030
1911	Henri Pélissier (Fra)	232	30,660
1912	Carlo Oriani (Ita)	235	31,298
1913	Henri Pélissier (Fra)	235	30,400
1914	Lauro Bordin (Ita)	235	32,290
1915	Gaetano Belloni (Ita)	190	28,330
1916	Leopodo Torricelli (Ita)	232	25,330
1917	Philippe Thijs (Bel)	204	29,280

LE DOUBLÉ DES CLASSIQUES D'AUTOMNE

Le premier coureur à avoir réussi un doublé lors des courses classiques d'automne fut Philippe Thys, en 1917. Il fut également le premier à avoir remporté trois fois le Tour de France, en 1913, 1914 et 1920. Qui sait jusqu'où le Belge aurait été si la Grande Guerre n'avait pas amputé sa courte carrière ?

Quarante-deux ans plus tard, Rik Van Looy suivait les traces de son compatriote, confirmant son statut d'Empereur et peut-être celui de plus grand coureur de classiques de tous les temps, compte tenu qu'il fut aussi le seul à avoir remporté le « triplé des pavés », en 1962 : le Tour des Flandres, Paris-Roubaix et Gand-Wevelgem.

La surprise fut le Hollandais Jo De Roo, un spécialiste de classiques sur toute la ligne, qui dû attendre de remporter deux doublés d'affilée, en 1962 et 1963, pour connaître la célébrité. Lors de sa première victoire, sa vitesse moyenne fut de 44,903 km/h, un record dans une classique, symbolisé par l'officieux ruban jaune. La configuration plate de l'itinéraire de Paris-Tours en a toujours fait l'une des plus classiques les plus rapides. Aujourd'hui c'est Andreï Tchmil, avec sa moyenne de 47,539 km/h, en 1997, qui détient le ruban jaune.

Plus convoitée encore que le doublé des classiques d'automne, est le titre de champion du monde associé à la victoire du Tour de Lombardie. Seuls six coureurs ont à ce jour accompli cette prouesse : Alfredo Binda en 1927, Tom Simpson en 1965, Eddy Merckx en 1971, Felice Gimondi en 1973 après la disqualification du « Cannibale », Giuseppe Saronni en 1982 et Oscar Camenzind en 1998. Le doublé Paris-Tours-Championnat du monde attend toujours preneur.

ANNÉE	VAINQUEUR	DISTANCE (km)	VIT. MOY. (km/h)
1918	Gaetano Belloni (Ita)	190	26,500
1919	Costante Girardengo (Ita)	256	26,391
1920			
1920	Henri Pélissier (Fra)	241	28,819
1921	Costante Girardengo (Ita)	261	27,449
1922	Costante Girardengo (Ita)	246	27,349
1923	Giovanni Brunero (Ita)	250	26,497
1924	Giovanni Brunero (Ita)	250	28,935
1925	Alfredo Binda (Ita)	251	28,804
1926	Alfredo Binda (Ita)	251	26,120
1927	Alfredo Binda (Ita)	252	28,182
1928	Gaetano Belloni (Ita)	248	27,606
1929	Piero Fossati (Ita)	238	28,958
1930			
1930	Michele Mara (Ita)	237	30,913
1931	Alfredo Binda (Ita)	234	27,385
1932	Antonio Negrini (Ita)	265	30,576
1933	Domenico Piemontesi (Ita)	230	32,502
1934	Learco Guerra (Ita)	245	32,368
1935	Enrico Mollo (Ita)	238	32,268
1936	Gino Bartali (Ita)	241	35,616
1937	Aldo Bini (Ita)	252	33,297
1938	Cino Cinelli (Ita)	232	34,974
1939	Gino Bartali (Ita)	231	33,715
1940			
1940	Gino Bartali (Ita)	225	34,405
1941	Mario Ricci (Ita)	217	33,670
1942	Aldo Bini (Ita)	184	36,073
1945	Mario Ricci (Ita)	222	36,177
1946	Fausto Coppi (Ita)	231	36,046
1947	Fausto Coppi (Ita)	222	32,876
1948	Fausto Coppi (Ita)	222	37,849
1949	Fausto Coppi (Ita)	222	38,002

ANNÉE	VAINQUEUR	DISTANCE (km)	VIT. MOY. (km/h)
1950			
1950	Renzo Soldani (Ita)	222	38,093
1951	Louison Bobet (Fra)	226	38,626
1952	Giuseppe Minardi (Ita)	226	37,293
1953	Bruno Landi (Ita)	222	36,812
1954	Fausto Coppi (Ita)	222	37,415
1955	Cleto Maule (Ita)	222	38,670
1956	André Darrigade (Fra)	238	38,468
1957	Diego Ronchini (Ita)	240	38,945
1958	Nino Defilippis (Ita)	243	39,705
1959	Rik Van Looy (Bel)	240	40,899
1960			
1960	Émie Daems (Bel)	226	40,627
1961	Vito Taccone (Ita)	253	35,604
1962	Jo De Roo (Hol)	253	35,633
1963	Jo De Roo (Hol)	263	37,085
1964	Gianni Motta (Ita)	266	38,550
1965	Tom Simpson (GBR)	266	39,613
1966	Felice Gimondi (Ita)	266	38,272
1967	Franco Bitossi (Ita)	266	38,473
1968	Herman Van Springel (Bel)	266	38,092
1969	Jean-Pierre Monseré (Bel)	266	40,009
1970			
1970	Franco Bitossi (Ita)	266	38,241
1971	Eddy Merckx (Bel)	266	39,365
1972	Eddy Merckx (Bel)	266	39,127
1973	Felice Gimondi (Ita)	266	37,315
1974	Roger De Vlaeminck (Bel)	266	37,290
1975	Francesco Moser (Ita)	266	35,945
1976	Roger De Vlaeminck (Bel)	253	39,326
1977	Gian-Battista Baronchelli (Ita)	257	36,453
1978	Francesco Moser (Ita)	266	39,213
1979	Bernard Hinault (Fra)	251	40,008
1990			
1980	Alfons de Wolf (Bel)	255	35,747
1981	Hennie Kuiper (Hol)	259	39,642
1982	Giuseppe Saronni (Ita)	248	40,754
1983	Sean Kelly (Irl)	253	39,164
1984	Bernard Hinault (Fra)	251	40,831
1985	Sean Kelly (Irl)	255	41,208
1986	Gian-Battista Baronchelli (Ita)	262	37,329
1987	Moreno Argentin (Ita)	265	38,576
1988	Charly Mottet (Fra)	260	38,134
1989	Tony Rominger (Sui)	260	38,368
1990			
1990	Gilles Delion (Fra)	246	39,704
1991	Sean Kelly (Irl)	242	39,176
1992	Tony Rominger (Sui)	241	39,311
1993	Pascal Richard (Sui)	242	39,821
1994	Vladislav Bobrik (Rus)	244	34,378
1995	Gianni Faresin (Ita)	252	42,116
1996	Andrea Tafi (Ita)	250	42,642
1997	Laurent Jalabert (Fra)	250	43,013
1998	Oscar Camenzind (Sui)	253	42,282
1999	Mirko Celestino (Ita)	262	41,170
2000			
2000	Raimondas Rumsas (Lit)	258	40,892
2001	Danilo di Luca (Ita)	256	38,847
2002	Michele Bartoli (Ita)	251	40,910

LES JEUX OLYMPIQUES

ANNÉE	VILLE	VAINQUEUR	DIST (km)/TEMPS (h-m-s)
ÉPREUVE SUR ROUTE			
1896	Athènes	Aristidis Konstantanides (Gr)	87 / 3.22.31
1900	Paris	Not held	
1906	Athènes	Fernand Vast (France)	84 / 2.41.28
ÉPREUVE CONTRE-LA-MONTRE			
1908	Londres	—	
1912	Stockholm	Rudolph Lewis (Afr. S)	300 / 10.42.39
1920	Anvers	Harry Stenquist (Sui)	175 / 4.40.01
1924	Paris	Armand Blanchonnet (Fra)	188 / 6.20.48
1928	Amsterdam	Henry Hansen (Dan)	169 / 4.47.18
1932	Los Angeles	Attilio Pavesi (Ita)	100 / 2.28.05
ÉPREUVE SUR ROUTE			
1936	Berlin	Robert Carpentier (Fra)	100 / 2.33.05
1948	Londres	José Bayaert (Fra)	199 / 5.18.12
1952	Helsinki	André Noyelle (Bel)	190 / 5.06.03
1956	Melbourne	Ercole Baldini (Ita)	187 / 5.21.17
1960	Rome	Viktor Kapitonov (URSS)	175 / 4.20.30
1964	Tokyo	Mario Zanin (Ita)	194 / 4.39.51
1968	Mexico	Pier Franco Vianelli (Ita)	196 / 4.41.25
1972	Munich	Hennie Kuiper (Hol)	182 / 4.14.37
1976	Montréal	Bernt Johansson (Sue)	175 / 4.46.52
1980	Moscou	Sergei Soukhoroutchenkov (URSS)	189 / 4.48.28
1984	Los Angeles	Alexei Grewal (USA)	190 / 4.59.57
1988	Séoul	Olaf Ludwig (E All)	196 / 4.32.22
1992	Barcelone	Fabio Casartelli (Ita)	194 / 4.35.21

ANNÉE	VILLE	VAINQUEUR	DIST (km)/TEMPS (h-m-s)
ÉPREUVE SUR ROUTE ET CONTRE-LA-MONTRE			
1996	Atlanta		
	sur route	Pascal Richard (Sui)	221,8 / 4.53.56
	ctr.-la-montre	Miguel Indurain (Esp)	52 / 1.04.05
2000	Sydney		
	sur route	Jan Ullrich (All)	239 / 5.29.08
	ctr.-la-montre	Viatcheslav Ekimov (Russie)	46 / 0.57.40

AMATEURS, PROFESSIONNELS ET ÉLITES

Ce n'est qu'à partir de 1996 que les épreuves sur route des Jeux olympiques s'ouvrirent aux professionnels. Les catégories « amateur » et « professionnel » disparurent de la discipline et, pour des raisons administratives, leurs échelons supérieurs fusionnèrent en une seule catégorie baptisée « élite ».

Avant, peu de cyclistes ayant remporté le titre olympique en amateurs réussissaient à s'imposer dans d'autres courses en tant que professionnels. L'une des exceptions fut Ercole Baldini, vainqueur de l'épreuve sur route aux Jeux olympiques de Melbourne en 1956 et de la course sur route professionnels à Reims, deux ans plus tard. L'Italien enleva aussi le Tour d'Italie, le record du monde de l'heure et de nombreuses classiques.

Il fut un émule en Hennie Kuiper dans les années 1970 : après avoir été champion olympique à Munich en 1972 et champion du monde sur route en 1975 à Yvoir en Belgique, le Hollandais remporta Paris-Roubaix, le Tour des Flandres et le Tour de Lombardie. Il termina deux fois second dans le Tour de France.

CLASSEMENTS INTERNATIONAUX

CHALLENGE DESGRANGE-COLOMBO

1948	Albéric Schotte (Bel)
1949	Fausto Coppi (Ita)
1950	Ferdi Kübler (Sui)
1951	Louison Bobet (Fra)
1952	Ferdi Kübler (Sui)
1953	Loretto Petrucci (Ita)
1954	Ferdi Kübler (Sui)
1955	Stan Ockers (Bel)
1956	Fred de Bruyne (Bel)
1957	Fred de Bruyne (Bel)
1958	Fred de Bruyne (Bel)

SUPER PRESTIGE

1959	Jean Forestier (Fra)
1960	Henri Anglade (Fra)
1961	Jean Graczyk (Fra)
1962	Jo de Roo (Pbs)
1963	Jacques Anquetil (Fra)
1964	Raymond Poulidor (Fra)
1965	Jacques Anquetil (Fra)
1966	Jacques Anquetil (Fra)
1967	Jan Janssen (Pbs)
1968	Herman van Springel (Bel)
1969	Eddy Merckx (Bel)
1970	Eddy Merckx (Bel)
1971	Eddy Merckx (Bel)
1972	Eddy Merckx (Bel)
1973	Eddy Merckx (Bel)
1974	Eddy Merckx (Bel)
1975	Eddy Merckx (Bel)
1976	Freddy Maertens (Bel)
1977	Freddy Maertens (Bel)
1978	Francesco Moser (Ita)
1979	Bernard Hinault (Fra)
1980	Bernard Hinault (Fra)
1981	Bernard Hinault (Fra)
1982	Bernard Hinault (Fra)
1983	Greg LeMond (USA)
1984	Sean Kelly (Irl)
1985	Sean Kelly (Irl)
1986	Sean Kelly (Irl)
1987	Sean Kelly (Irl)

COUPE DU MONDE DE L'UCI

1989	Sean Kelly (Irl)
1990	Gianni Bugno (Ita)
1991	Maurizio Fondriest (Ita)
1992	Olaf Ludwig (All)
1993	Maurizio Fondriest (Ita)
1994	Gianluca Bortolami (Ita)
1995	Johan Museeuw (Bel)
1996	Johan Museeuw (Bel)
1997	Michele Bartoli (Ita)
1998	Michele Bartoli (Ita)
1999	Andrei Tchmil (Bel)
2000	Paolo Bettini (Ita)
2001	Erik Dekker (Pbs)
2002	Erik Zabel (All)

CLASSEMENT DE L'UCI

1986	Sean Kelly (Irl)
1987	Sean Kelly (Irl)
1988	Sean Kelly (Irl)
1989	Laurent Fignon (Fra)
1990	Gianni Bugno (Ita)
1991	Gianni Bugno (Ita)
1992	Miguel Indurain (Esp)
1993	Miguel Indurain (Esp)
1994	Tony Rominger (Sui)
1995	Laurent Jalabert (Fra)
1996	Laurent Jalabert (Fra)
1997	Laurent Jalabert (Fra)
1998	Michele Bartoli (Ita)
1999	Laurent Jalabert (Fra)
2000	Francesco Casagrande (Ita)
2001	Eric Zabel (All)
2002	Eric Zabel (All)

VÉLO D'OR DU MAGAZINE *LE VÉLO*

1992	Miguel Indurain (Esp)
1993	Miguel Indurain (Esp)
1994	Tony Rominger (Sui)
1995	Laurent Jalabert (Fra)
1996	Johan Museeuw (Bel)
1997	Jan Ullrich (All)
1998	Marco Pantani (Ita)
1999	Lance Armstrong (USA)
2000	Lance Armstrong (USA)
2001	Lance Armstrong (USA)
2002	Mario Cipollini (Ita)

CLASSEMENTS MONDIAUX

La désignation du meilleur cycliste de l'année reste l'une des grandes énigmes du cyclisme professionnel. L'idée fut lancée peu après la Première Guerre mondiale lorsque les organisateurs des grandes courses se réunirent au plan international pour décider d'un prix annuel qui serait décerné sur la base des performances réalisées par les coureurs dans divers événements de la saison. Le premier, le Challenge Desgrange-Colombo, prit le nom des organisateurs des Tours de France et d'Italie. Le trophée était décerné selon un classement par points dans les courses d'étapes et les classiques et fut remplacé par le Super Prestige, sponsorisé par Pernod pendant des années.

Le Super Prestige fut supprimé à la fin des années 1980. Lui succédèrent deux classements légèrement différents. La Coupe du monde de l'Union cycliste internationale (UCI), dont le nom fut emprunté à une compétition annuelle par équipes créée en 1961, récompense le meilleur coureur de classiques de l'année. Elle se base sur un classement par points dans une série de 10 ou 12 événements incluant toujours les cinq piliers du cyclisme – Milan-San Remo, le Tour des Flandres, Paris-Roubaix, Liège-Bastogne-Liège et le Tour de Lombardie – ainsi que l'Amstel Gold Race, Paris-Tours, la Clasica San Sebastian. S'y ajoute des courses se déroulant en Grande-Bretagne, au Canada et en Allemagne.

Le classement de l'UCI est plus précis. Fondé en 1968 selon un système mis en place par l'actuel organisateur du Tour de France Jean-Marie Leblanc, il est basé sur le classement ATP du tennis. Les points sont notés pour tous les événements du calendrier international, qui sont hiérarchisés en fonction de leur difficulté et de leur prestige. À mesure que les points sont attribués pour l'année en cours, ceux de l'année passée sont déduits.

Cependant, aucune de ces méthodes n'est parfaitement transparente. À titre d'exemple, en 1989, année où Greg LeMond remporta le doublé Tour de France–Championnat du monde sur route, il était indiscutablement le meilleur coureur de la saison. Pourtant, la Coupe du monde fut attribuée à Sean Kelly, médaille de bronze au Championnat, et la première place du classement de l'UCI revint à Laurent Fignon, qui, s'il avait remporté plusieurs victoires de mars à octobre, était arrivé second au Tour de France.

Lance Armstrong n'a jamais vu son nom inscrit au palmarès de l'un de ces classements. À l'époque de Merckx ou de Kelly, un simple coup d'œil au nombre de courses remportées constituait déjà un bon indicateur, aujourd'hui les grands vainqueurs de l'année sont davantage choisis en fonction de la quantité d'événements courus que de la qualité de leurs prestations. Le meilleur cliché est peut-être celui que donne le magazine *Le Vélo* avec son Vélo d'or, prix octroyé par un panel international de journalistes.

INDEX

Les pages en italiques indiquent des illustrations.

A

Abdujaparov Djamolidine, 23, *23,* 64
Affaire Dreyfus, 12
Affaire Festina, 33, 36
Altig Rudy, *126*
Amstel Gold Race, 96
Amstrong Lance, *11,* 84, *87,* 98, 136, 147, *147*
Anderson Phil, 98
Anquetil Jacques, 25, 27, 39, 93, 108, *126,* 128, 139
Ardoni Vittorio, *135,* 138
Argentin Moreno, 47, 86, *86, 92,* 93

B

Bahamontes Frederico, *25,* 33, *112*
Ballerini Franco, *62,* 76
Bartali Gino, 44, 109, 139, 140, 153, *153,* 152, *155*
Bartoli Michele, 94, 138
Basso Ivan, *11*
Bauer Steve, 144
Belloni Gaetano, 44
Berzin, 86
Binda Alfredo, 44, 107, *119,* 119, 154, *156*
Bini Aldo, 106
Bobet Louison, 26, *26,* 27, 44, 61, 136
Bonduel Frans, 56
Boogerd Michael, 25, 83, 98
Boardman Chris, 34
Bovet Alfredo, 44
Boyer Jonathan, 138
Buckler, *98*
Bugno Gianni, 47, 48, 156
Buse Herman, 88
Buysse Achiel, 61

C

Carsatelli Fabio, 23
Casagrande Fransesco, *83*
Casero Angel-luis, *131*
Cerami Pino, 78, 87
Championnat du monde sur route, 135
Chesi Pietro, 44
Chiappucci Claudio, 25, 46, *46*
Christophe Eugène, 20
Cipollini Mario, 47, 48, 49, *64,* 112, *114*
Chute, 22, 23, 70, *77*
Classiques d'Automne, 149
Classiques des Ardennes, 83
Classique des feuilles mortes, 156
Classiques du Nord, 55
Cocchi, 44
Contre-la-montre, 25
Coppi Fausto, 12, 25, 44, 45, *45,* 79, *85,* 87, 108, 109, 140, 144, *144,* 159, *159*
Coppi Serse, 76
« Coup d'Agen », 27
Criquelion Claude, 84, *142,* 144
Curtel Joseph, 76
Darrigde André, 24, 156

D

Delgado Pedro, 27, 130
DekkerErik, 98
Deman paul, 59
Derycke Germain, 94
De Vlaemink Roger, *62,* 63, 85
De Zan Adriano, 48
Dhaenens Rudy, 141
Di Luca Danilo, 157
Dopage, *31,* 36, 39, 112, 114, 116, 130
Duclos-Lassalle Gilbert, 76, 78, *78*
Durand Jacky, 61, 152

E

Elliott Seamus, *138,* 139
EuroGiro, 116

F

Fiescher Josef, 70, 70
Fignon Laurent, 27, 141
Flèche Brabançonne, 59
Flèche Wallonne, 83
Fondriest Maurizio, 144
Freire Oscar, 138
Furlan Giorgio, 47, 86

G

Gabica Patxi, 125
Gand-Wevelgem, 56, 64
Ganna Luigi, 44
Garin, 72
Garrigou Gustave, 42
Gaul Charly, *106,* 107, 108
Gerbi Gerbi, 42
Ghisallo, 154
Gimondi Felice, 46, 108
Girardengo Costante, 44, 48
Giro, 104
Grand Prix E3, 59
Godefroot Walter, 56
Gomez Marc, 47
Guerra Learco, 44

H

Hampsten Andrew, 108
Harmeling Rob, 62
Het Volk, 56, 59, 62
Hinault Bernard, 20, 25, 27, 79, 94, 96, *100,* 101, 108, 136, 157
Houa Léon, 88

I

Indurain Miguel, 25, 108, 129, 133, 136, 140

J

Jalabert Laurent, *11,* 84
Jansen Jan, 130,141

K

Kelly Sean, 47, 56, 81, 128, 138, 140, *140,* 157
Kint Marcel, 139
Knaven Servais, 75
Knecht Hans, 139
Knetemann Gerrie, 96, 142
Koblet Hugo, 27, 106
Konychev Dimitry, 23, 140
Kuiper Hennie, 61, 78
Kübler Ferdi, 23, 90, *90,* 91
Küurne-Bruxelles-Küurne, 59

L

Lapize Octave, 73
Leipheimer Levi, *131*
Lemond Greg, 20, 27, 34, 35, 138, *140,* 141
Liège- Bastogne- Liège, 83, 88
Ludwig Olaf, *23*

M

MacEwen Robbie, *11*
Madiot Marc, 76
Madonna del Ghisallo, 154
Maechler Erich, 47
Maertens Freddy, 60, 63, 124
Magne Antonin, 14, 20
Magni Fiorenzo, 59, 60
Magouilles, 106, 136
Mahé André, 76
Martens René, 61
Martinelli Gianvito, *70*

Merckx Eddy, 25, 33, 48, 50, *50,* 53, 60, 79, 93, 96, 108, *109,* 138, 141
Meulenberg Eloi, 84
Milan-San Remo, 41
Montagne, 24
Moser Francesco, *78,* 107, 110
Museeuw Johan, 56, 58, *59,* 75, *75,* 78, 138, 141

O

Ocaña Luis, 25, *33*
Okers Stan, 67, 90
Olmo Giuseppe, 106
Ottenbros Harm, 141, 142

P

Pantani Marco, 108, 112, *115,* 129, 136
Paris-Tour, 150
Paris- Roubaix, 69
Peeters Wilfried, 69
Pelissier Henri, 17, *17,* 75
Petit-Breton, 42
Poggio, 44
Poli Eros, 20
Poulidor Raymond, 27, 29, 39

R

Raas Jan, 48, *94,* 95, 96, 98, 142
Record de l'heure, 39, 53
Richard Pascal, 157
Riis Bjarne, 96
Rivalités, 108, 111, 140
Rivière Roger, 23
Robic Jean, *28*
Roche Stephen, 108, 111, 140
Rodriguez Delio, 128
Rominger Tony, *129,* 154, 157
Ronde, 56, 57
Rooks Steven, 138

S

Saez Ramon, *141*
Salaire, 35, 147
Saronni Giuseppe, 110, 136
Schotte Albéric, 56, 140
Schoubben Frans, 94
Sevilla Oscar, *131*
Simon Pascal, 22
Simpson Tom, 24, 30, 61, 141, 157
Sorensen Rolf, 46
Stablinsky Jean, 96, 138
Stevens Julien, 141, 142

T

Tafi Andrea, 138, 152
Tchmil Andreï, 48, 56, *61, 138*
Thys Philippe, *18,* 19
Tour de France, 11
Tour des Flandres, 56
Tour d'Espagne, 121
Tour de Lombardie, 154
Tour d'Italie, 104
Tour du Piemont, 154

U

Ullrich Jan, 129, *142*

V

Van Est Wim, 61
Van Hooydonck, 62
Van Looy Rik, 67, *67,* 79, 87, 128, 142
Van Steebergen Rik, 67, 79, 87
Vietto René, 20
Virenque Richard, 150, 152
Visentini Roberto, 111
Vlaeminck de Roger, 78
Vuelta, 121

Z

Zabel Erik, 47, 48, 49, *49,* 152
Zoetemelk Joop, 27, 98

CRÉDITS PHOTOS

2 Presse Sports, 7 Presse Sports/Feure, 8-9 Presse Sports/Papon, 10 Presse Sports/Papon, 13 Presse Sports, 15 gauche Presse Sports, 15 droite Presse Sports, 16 Presse Sports, 18 Presse Sports, 21 Presse Sports, 22-23 Presse Sports/Rochard, 24 Presse Sports/Rondeau, 25 Presse Sports, 26 Presse Sports, 28-29 Presse Sports, 30 Presse Sports/Roger Krieger, 31 Presse Sports/Fablet, 32 Presse Sports, 35 Presse Sports/Boutroux, 36-37 Presse Sports/Pochat, 38 Presse Sports/Krieger, 40 Graham Watson, 43 Presse Sports/Biville, 45 Presse Sports, 46 Presse Sports/Clement, 49 Presse Sports/Clement, 50-51 Presse Sports, 52 Presse Sports, 53 Cor Vos, 54 Presse Sports, 57 Presse Sports/Fel, 58 Presse Sports/Fablet, 61 Presse Sports/Papon, 62 Presse Sports/Fablet, 63 Presse Sports, 65 Presse Sports/Biville, 66 Presse Sports, 68 Presse Sports/Deschaors, 70 Presse Sports/Laget, 71 Presse Sports/Clement, 72 Presse Sports, 74-75 Presse Sports/Boutroux, 77 Presse Sports, 78 Presse Sports/Boutroux, 79 Presse Sports, 80 Presse Sports/Clement, 82-83 Cor Vos, 85 Presse Sports, 86 Presse Sports/Clement, 87 Presse Sports/Clement, 89 Cor Vos, 90 Presse Sports/Clement, 91 Presse Sports, 92 Presse Sports/Clement, 94 Presse Sports/Deschamps, 95 Cor Vos, 97 Presse Sports/Fablet, 99 Presse Sports/Clement, 100 Presse Sports, 102-103 Presse Sports, 105 EPA Photo/Ansa/Daniel Del Zennaro, 106 Presse Sports, 109 Presse Sports, 110 Presse Sports/Clement, 113 Presse Sports, 114 AFP/Carlo Ferraro, 115 Presse Sports/Papon, 116-117 Cor Vos, 118 Presse Sports, 120-121 Presse Sports/Biville, 123 Presse Sports/Feure, 125 Presse Sports, 126 Presse Sports, 129 Presse Sports/Clement, 131 Presse Sports/Biville, 132 Presse Sports/Pochat, 134 Presse Sports, 137 Presse Sports, 138 Presse Sports, 140 Presse Sports/Landrain, 141 PressPresse Sports, 143 Presse Sports/Landrain, 144-145 Presse Sports, 146 AFP/Joel Saget, 148-149 Presse Sports/Fablet, 151 Presse Sports/Fablet, 152 Presse Sports, 153 Presse Sports, 155 Presse Sports, 156 Presse Sports, 158 Presse Sports.